2017

经济社会蓝皮书

2017

经济社会蓝皮书

天津市经济社会形势分析与预测

（下）

王立国　主编

课 题 组

组　　长　王立国

副 组 长　张　强　宋岗新

主要成员　（按姓氏笔画为序）

王来华　方学敏　卢　卫　李同柏

武晓庆　黄　瑛　黄凤羽　雷　鸣

潘允康

主　　编　王立国

副 主 编　潘允康　张　强　黄凤羽

杨金星　王来华　卢　卫

目 录

综 合 篇

部 门 篇

专　题　篇

综　合　篇

2016～2017年天津市社会发展形势分析与预测

天津社会科学院社会学研究所课题组

2016年是“十三五”规划开局之年。天津市委、市政府坚决贯彻落实习近平总书记在天津考察时提出的重要指示，坚持着力提高发展质量和效益、着力保障和改善民生、着力加强和改善党的领导、加快打造美丽天津取得的新变化、新进展、新成效，使天津社会发展保持了稳定、积极、向上的形势，社会建设与民生改善均取得重要进展。

2016年前三季度全市生产总值13339.44亿元，同比增长9.1%（按可比价格计算）。城镇常住居民人均可支配收入为29662元，增长8.9%；农村常住居民人均可支配收入为15310元，增长8.6%。城乡居民收入增长相对均衡。2016年，企业、机关事业单位退休人员基本养老金同步调整，惠及全市202.5万退休人员，月人均增幅6.7%。全市最低工资标准由每月1850元提高到1950元。2016年，全市中心城区旧楼区居住功能综合提升改造工程经过4年努力全部完成，累计提升改造旧楼区2186个、6920万平方米，113万户、340万居民直接受益，居住功能、居住环境得到明显提升，中心城区一半以上人口的居住条件和生活质量显著改善。

（一）公共服务效能不断提高

1. 就业及培训服务

2016年全市新增就业48万人，城镇登记失业率保持在3.8%以内。全年共发放创业担保贷款4亿元，扶持创业4万人，带动就业12万人。通过发放培训费补贴、鉴定费补贴、职工培训津贴、生活费补贴、实习补贴和师资培训补贴，鼓励和引导各类人员参加职业培训，35万人取得职业资格证书。

2. 生活便利化服务

全市继续实施"15 分钟便民消费圈"项目,现已基本实现中心城区、滨海新区全覆盖。目前全市拥有社区连锁便利店 4200 余家,基本实现 5 分钟可达。全市标准化菜市场总数达到 325 个,另有 198 个社区菜店作为补充,基本实现步行 10 分钟可达。全市社区商业中心超过 100 个,综合型商业设施服务基本覆盖中心城区,实现 15 分钟可达。

3. 公共卫生服务

2016 年全市基本公共卫生服务项目补助标准达到每万人口 50 万元,面向本市户籍及居住满 6 个月非本市户籍居民开展 18 类 80 项服务内容。主要包括建立居民健康档案、传染病及突发公共卫生事件报告和处理、地方病防治、艾滋病预防、预防接种、孕产妇健康管理、儿童健康管理、老年人健康管理、适龄儿童窝沟封闭、大肠癌筛查、2 型糖尿病患者健康管理、严重精神障碍患者健康管理、肢残人员康复管理等。2016 年全市开始推广分级诊疗,以高血压、糖尿病为试点病种,逐步覆盖至所有慢性病。

4. 公共文化服务

2016 年度天津文化惠民卡继续增加发行,文惠卡普通卡全部售罄。日前《天津市繁荣演出市场专项资金管理办法》修订出台,实行以专业剧场作为演出收入补贴主体,取消所有制和经营主体的限制。剧场演出须划定 10% 以上的低价票区,并引入绩效评价机制,规定剧场演出的基础场次数量,设置低价票上限等,以此促进演出市场的繁荣发展。

5. 城市公共交通

2016 年,全市持续推进公交惠民政策,新开优化公交线路 60 条,调整优化 37 条,新增、更新公交运营车辆 1000 部,促进了公交均等化建设,市区线网布局进一步完善。此外,今年全市推动人防战备资源服务于基础设施建设,预计年内将新建改建地下停车位 15000 个,以满足居民停车需求。

(二)社会保障水平显著提升

1. 实施全民参保计划

2016 年市政府发布了《天津市人民政府办公厅关于实施全民参保计划的通知》,计划从 2016 年到 2018 年末,基本养老保险覆盖全体职工和适龄城乡居民,参保人数每年增加 20 万人以上,期末达到 806 万人。同时,基本医疗保险实现全民覆盖,参保人数每年增加 8 万人以上,期末达到 1078 万人。工伤、失业、生育保险参保率也将达到 90% 以上。

2. 大病保障全覆盖

2016 年,全市参加居民基本医保的人员全部纳入大病保障范围,参保人员因住院(含门诊特定病种)治疗发生的政策范围内医疗费用,经基本医保报销后,个人负担在 2 万元以上 30 万元以下的费用,由大病保险按照“分段计算、累加给付”的原则报销。参加职工基本医保并按照规定缴纳大额医疗救助费的人员,因住院(含门诊特定病种)治疗发生的政策范围内医疗费用,在 15 万元以上 35 万元以下的部分由大额医疗费救助基金报销 80%。

3. 扩大门诊报销范围

2016 年,全市扩大居民医保门诊报销范围并调整了门诊报销起付线。参保城乡居民到实行公立医院改革的二级医院就医发生的普通门诊医疗费用,纳入居民医保报销范围,年度内起付标准为 500 元、最高支付标准 3000 元,报销比例 50%。

4. 提高医疗保险补助标准

2016 年,全市提高城乡居民基本医疗保险政府补助标准,由 670 元增加到 730 元。提高部分乙类药品报销比例,对住院医疗费中 29 个乙类药品的个人增付比例由 15% 下调至 10%,27 个乙类药品由 10% 下调到 5%。将 1300 个低价药纳入社区医保报销,职工医保的报销比例为 75%,较二、三级医院分别提高 10% 和 20%,减轻了参保患者医疗负担。提高低保户和低收入家庭救助人员城乡居民基本医疗保险政府补助标准,从 850 元提高到 1080 元,并按规定提高医疗费报销比例。

5. 提高失业保险金标准

2016 年 7 月 1 日,全市提高了失业保险金发放标准,领取期限处于第一至第十二个月的,月发放标准由 960 元提高到 1050 元;领取期限处于第十三至第二十四个月的,月发放标准由 920 元提高到 1010 元。

(三)社会救助范围不断扩展

2016 年 4 月,全市降低了低收入家庭申请救助门槛,城市居民最低生活保障标准由每人每月 705 元调整至 780 元,农村居民最低生活保障标准由每人每月 540 元调整至 700 元。城市低收入家庭范围调整为家庭月人均收入 780 元至 1170 元,救助标准由每户每月 212 元调整至 234 元;农村低收入家庭范围调整为家庭月人均收入 700 元至 1050 元,救助标准由每户每月 162 元调整至 210 元。城市特困人员供养标准由每人每月 1410 元调整为 1560 元,农村特困人员供养(农村五保供养)的集中供养标准由每人每月

1080 元调整为 1400 元，分散供养标准由每人每月 810 元调整为 1050 元。

（四）城乡生态环境进一步改善

1. 大气及水环境治理

2016 年我市《锅炉大气污染物排放标准》正式实施，全市区域所有锅炉都执行统一的排放标准，使锅炉结构向有利于监管的大容量发展。《天津市水污染防治工作方案》本年度正式出台，2017 年前城市建成区基本消除黑臭水体。

2. 垃圾分类

2016 年，全市在 16 个区创建"生活垃圾源头分类示范楼门"1000 个。在农村倡导垃圾源头分类，年内启动 400 个垃圾源头分类试点村，探索村庄垃圾源头分类经验。

3. 湿地保护

《天津市湿地保护条例》于 2016 年 10 月 1 日起正式施行。这是本市首部保护湿地的地方性法规，成为保障美丽天津建设的重要地方性法规。

4. 公共绿化

2016 年，全市通过实施生态绿廊、道路绿化、公园绿化、场馆绿化、街心绿化、社区绿化、环城绿道、河岸绿化、垂直绿化、立体绿化等 10 项绿化建设提升工程，实施 66 条路段道路绿化提升、8 条河岸绿化提升、135 处 22 公里垂直绿化等，实现绿化覆盖率、绿地率、人均公园绿地面积达到 38.5%、32.5%和 12 平方米。

（五）智慧城市建设快速推进

2016 年，全市通过推动开展"宽带天津"、三网融合、智能交通、智能电网、智慧水务、智慧口岸等重点专项，加快构建下一代信息基础设施，推动城市公用基础设施智能化改造，使全市城市基础设施服务能级得到全面提升。截至目前，本市互联网出口带宽达到 4680G，带宽接入能力达到 100Mbps，城市宽带可用下载速率位居全国第三位。光纤入户能力达 650 万户，成为国内首个实现全光纤网络的城市。在"宽带天津"方面，在优化第三代移动通信（3G）网络的同时，加快建设 4G 网络，进一步推动公共区域无线局域网覆盖，在重点公共区域新建 10 万个无线访问接入点（AP），向市民免费提供以"i－Tianjin"为标识的无线局域网服务。2016 年，我市《关于积极推进"互联网＋"行动的实施意见》正式实施，推动了"互联网＋"与多领域的融合创新，特别是在民生领域，如健康医疗、教育服务、社会保障等公共服务将更加便捷普惠，电力、燃气、交通、水务、物流等公用基础设施智能化水平大幅提升。

（六）京津冀社会协同发展取得新成果

在交通方面，2016 年京津冀一体化互联互通项目共启动 8 个普通公路项目，总里程 100 公里。其中津围北二线、梅丰公路省界出口段等 2 个项目年底前建成通车。滨玉公路、梅丰公路、邦喜公路 3 个项目进行了前期征地拆迁工作，并全面实施路基土方和桥梁施工。高王公路、侯玉公路、仓桑公路等 3 个项目年底前进场施工。在养老方面，2016 年天津武清、河北高碑店等津冀地区的试点机构可以享受北京市养老床位运营补贴、机构综合责任保险、医保政策互联互通等政策。在医保方面，我市建立了“天津市基本医疗保险异地就医联网即时结算平台”，实现了京津冀三地异地安置退休人员住院医疗费用联网即时结算，并将逐步扩大适用区域。此外，我市修订并实施了新的《天津市重污染天气应急预案》，实现了北京市、天津市、河北省的全部城市及河南、山东的部分城市执行统一预警标准，更好地应对区域性、大范围空气重污染。

二、2017 年天津社会发展形势展望

2017 年是我市在“十三五”时期加快推进社会管理制度改革，促进社会建设以及着力保障和改善民生的重要一年。特别是通过就业、社保、教育、卫生、交通、养老等领域持续改善与发展，完善基本公共服务体系以及实现基本公共服务全覆盖，让全市城乡居民的生活水平、生活环境有一个较大提高，这将对天津完成“十三五”时期社会发展总目标具有重要意义。

（一）基本公共服务更加均衡，服务水平进一步提升

2017 年，我市基本公共服务均衡化以及服务体系建设将会有较大发展。①在就业方面，城乡一体的就业创业服务体系逐步完善，对重点群体如农民工、失业人员和转岗职工、退役军人等开展的免费职业培训，将会全面提高其就业能力；②在社会保障方面，全民参保计划继续实施，职工养老保险多缴多得激励机制更加完善，医疗、生育和居民大病保险水平进一步提高，城乡居民最低生活保障等社会救助体系更加健全；③在教育方面，随着

《天津市教育综合改革方案(2016~2020年)》出台,我市的教育现代化迈出新步伐,城乡义务教育一体化更加均衡发展,高中阶段教育、高等教育、特殊教育及随迁子女义务教育进一步完善,我市教育发展主要指标将接近发达国家平均水平;④在公共卫生方面,我市将加快健康城市建设,推广分级诊疗制度,鼓励社会力量办医,完善基本医疗卫生制度。同时,优质医疗资源供给继续增加,卫生机构布局及就医格局不断优化,家庭医生签约服务覆盖率将有较大幅度上升;⑤在交通方面,随着《天津城市交通改善项目》的实施,中心城区核心区绿色交通改善工程、地铁接驳工程、公共自行车系统示范工程、公交场站建设工程全面展开,将使我市交通系统化、多样性程度显著提升,市民出行的便捷程度会有一定提高;⑥在养老方面,我市将进一步构建以居家为基础、社区为依托、机构为补充的多层次养老服务体系,通过大力推行"医养结合"及"居家智能养老"服务模式,努力使老年人不出家门和社区就能获得便利的服务。

(二)政府购买专项经费增加,社会组织发展获新动力

随着《社区公益事业专项补助经费使用管理暂行办法》的出台,政府购买社区社会组织服务项目专项补助经费提高到每年每户12元标准。专项补助经费使用范围涉及五类:①扶老助老类,即为独居、失独、残疾、高龄等老人提供生活照料、精神慰藉、社会参与等服务,支持养老服务网络构建,为老年人日间照料、居家养老服务提供专业支持;②扶残助残类,即为残疾人提供生活援助、医疗义诊、心理咨询、康复指导和服务、技能培训、居家就业、法律援助等服务;③扶贫助困类,即为城乡贫困居民、低保户、特殊病患者、贫弱妇女儿童等特殊人群和困难群体提供的生活照料、困难帮扶、紧急援助、精神慰藉、心理疏导、康复护理等社会服务;④社工服务类,即专业社工机构运用社会工作专业方法为社区居民提供的困难救助、矛盾调处、人文关怀、心理疏导、行为矫治、关系调适、资源协调、社会功能修复等专业服务项目,开展社区社会组织扶持,专业公益人才、志愿者骨干培训等服务;⑤社区公益类,即依托某一个或多个社区开展的为社区居民直接提供的社区治理、社区安全、矛盾排解、法律援助、婚姻家庭辅导、健康教育、社区儿童照看服务等公益服务项目。政府购买专项经费的增加,将为我市社会组织的快速发展提供动力基础。

(三)户籍改革效应显现,区域人口流动迁徙增速

随着《天津市关于进一步推进户籍制度改革的意见》出台,我市建立了

城乡统一的户口登记制度，实现城乡户籍登记“一元化”，取消了农业户口与非农业户口性质区分，统一登记为天津市居民户口。按照配套政策要求，我市户口迁移政策进行调整，在全市范围内对具有本人名下合法固定住所的本市户籍人口，逐步放开本人及其共同居住生活的配偶、子女、父母在市内的迁徙限制，实现全市户籍人口的自由迁移流动。在此背景下，全市城乡教育一体化均衡发展将得到完善，城乡统一的人力资源市场将得到健全，城乡统一的医疗卫生服务制度，以及城乡统一的基本医疗和养老保险制度、社会救助保障制度、城乡住房保障政策等，都需要进一步调整。为此，我市各有关方面将研究制定落实相关配套政策，以适应户籍改革后区域人口流动增速带来的问题，社会动态管理水平将得到较大提升。

（四）以全运会为契机，城乡环境与精神文明进一步提升

第 13 届全运会 2017 年将在天津举行，这为城乡环境进一步改善及城市精神文明提高提供了难得的契机。目前全市已启动市容环境综合整治工作，整治将围绕 53 个比赛场馆和重点迎宾线、重点窗口地区、城市道路、城际铁路和轨道交通等 6 类重点区域展开，统筹机场、港口、铁路、公路、轨道等交通设施的建设、衔接，实施“绿化、美化、净化、亮化、细化”5 大工程，以靓丽、大气、整洁、有序的市容环境迎接全运会的到来。同时，我市深入开展“迎全运、讲文明、树新风”主题教育活动，提高市民文明素质，营造全市人民关心、参与、服务全运会的浓厚氛围。通过举办全运会，我市基础体育设施条件进一步改善，这将推动全市全民健身和青少年体育活动向纵深发展。

（五）网络信息建设加快，“智慧天津”雏形基本形成

到 2017 年，全市将基本构建起“智慧天津”的总体框架，在公共服务、城市管理、智慧经济、信息安全四个体系取得明显成效，一个智能、融合、惠民、安全的智慧城市初步显现。在基础设施方面，全市互联网城市出口带宽将达到每秒 5000G，光纤网络、第四代移动通信（4G）网络实现城乡全覆盖，所有家庭用户及商务用户均具备 20Mbps 以上的带宽接入能力，无线访问接入点（AP）达到 20 万个。以此为背景，我市电力、燃气、交通、水务、物流等公用基础设施智能化水平将大幅提升，“互联网 + 社区”“互联网 + 民生”“互联网 + 社保”等快速发展，将为改善民生服务提供新方式。

（六）京津冀社会协同继续推进，社会融合程度不断加深

日前，京津冀三地共同签署了《京津冀养老工作协同发展合作协议

(2016~2020 年)》,力争在五年内合力破解跨区域老年福利和养老服务方面的身份和户籍壁垒,让京津冀三地老人异地养老无障碍。在医保方面,京津冀医保交流合作将进一步增强,京津冀医保在政策制定、经办管理、异地就医结算、定点资格互认、药品管理、监督检查等方面深入开展合作,实现三地医保一体化协同发展。此外,京津冀三地还将在职业教育、对口扶贫、旅游、环境等诸多领域深化合作,对三地社会协同与社会融合产生促进作用。

三、2017 年天津社会发展的相关建议

(一)做好户籍改革过程中的政策调整工作

我市户籍改革涉及诸多社会公共政策的调整、协调,在这个过程中应主要关注以下政策的完善落实:(1)加快农村土地确权、登记、颁证,保障农民的土地承包经营权、宅基地使用权;(2)及时将本市农业转移人口纳入市、区政府教育发展规划和财政保障范畴;(3)建立健全城乡统一的人力资源市场,面向农业转移人口全面提供政府补贴职业技能培训服务,促进农村转移劳动力就业;(4)完善城乡统一的医疗卫生服务制度,将农业转移人口纳入社区卫生和计划生育服务体系;(5)完善城乡统一的基本医疗和养老保险制度,把进城落户农民完全纳入城镇社会保障体系;(6)建立城乡居民统一的养老服务和社会救助保障制度,完善以低保制度为核心的社会救助体系;(7)加快实施城乡居民统一的住房保障制度,把进城落户农民按照住房保障政策规定纳入城镇住房保障体系,保障农业转移人口基本住房需求。

(二)以文化品质为核心塑造魅力人文之都

我市"十三五"规划确定了建设文化繁荣、社会文明的魅力人文之都的奋斗目标。城市魅力的体现既包括自然资源特色,也包括人文资源优势;既有高楼大厦、宽敞马路、静谧小区,又有悠久历史、独特文化、文明素质;既包括物质文明的硬实力,也包括精神文明的软实力。天津要打造魅力人文之都,应当发挥和彰显有山有河有海的优势,让人们感受人与自然和谐之美。同时,挖掘和整合 600 多年历史文化资源,擦亮"近代百年看天津"这一品牌,让人们从中得到文化熏陶。通过弘扬爱国诚信、务实创新、开放包容、崇德尊法的社会风尚,引导人们积极向上、向善向美。要不断繁荣文化事业和发展文化产业,扩大公共文化有效供给,满足人们的精神文化需求。大力开

展群众性精神文明创建活动，使道德讲堂走进社区街道，志愿服务活动遍地开花，让天津城市的独特魅力不断提升。

（三）进一步完善城市基层社会治理体系

我市应继续完善城市基层社会治理体系，全面提升治理能力和管理服务效能，为广大群众创造和谐有序、便利宜居的良好环境。一是完善城市基层社会治理组织体系，提升多元主体参与治理的能力和水平，形成共建共享城市基层社会治理格局；二是完善城市基层社会治理服务体系，以社区养老服务站、志愿服务站、社会组织公益服务站和综合服务中心、文化活动中心、医疗服务中心建设为重点，强化社区基础设施和公共服务配套，通过政府购买服务等多种方式，提高公共服务有效供给水平；三是完善城市基层社会管理体系，不断提升社区物业和停车、绿化、卫生保洁、垃圾清理等规范化管理水平；四是完善城市基层社会治理方式，强化运用行政、法律、经济、科技、教育等综合手段建立健全管理服务制度，通过搭建多种形式的协商议事平台，充分调动群众参与社区治理的积极性。

（四）加快推进民营卫生医疗机构的健康发展

为提升优化卫生医疗资源配置，我市发布了《关于加快推进社会办医项目建设的通知》，对促进民营卫生医疗机构的快速发展提供了政策依据。为此，有关部门应当在制订医疗卫生机构布局规划和医疗卫生服务体系建设规划中，充分考虑民营卫生医疗资源的独特作用，为社会办医预留充足发展空间，不得随意拒绝准入和设备配置，取消对民营卫生医疗机构数量和地点限制。政府应着力通过购买服务等方式，鼓励和支持社会资本在新建城区举办和运营医疗机构，以均衡卫生医疗资源的总体布局。

（执笔人：张宝义　天津社会科学院社会学研究所）

部　门　篇

2016～2017 年天津市教育事业发展状况分析与预测

杨春芳　杨　旭

2016 年，我市认真落实"四个全面"战略布局，牢牢把握"五大战略机遇"，以促进教育公平、提高教育质量为主线，以推进教育治理体系和治理能力现代化为主攻方向，全面提升教育现代化水平，不断满足经济社会发展和人民群众对优质教育日益增长的需求，实现"十三五"规划良好开局。

一、2016 年教育事业发展的基本情况

（一）基础教育优质协调发展

1. 学前教育公益普惠发展

全市学前教育五年行动计划（2016～2020 年）启动实施，新建、改扩建 40 所幼儿园，提升改造 120 所幼儿园，并对 150 所普惠性民办幼儿园给予扶持，使全市公办幼儿园办园标准不断完善，生均公用经费标准得到落实。《天津市学前教育条例》颁布实施，内容共七章四十六条，从总则、规划与建设、保育与教育、保育教育人员、保障与监督、法律责任、附则七个方面进行了规范。《条例》明确规定发展学前教育应当坚持公益性和普惠性，坚持政府主导、合理布局、社会参与、公办民办并举的原则，大力发展公办幼儿园，扶持普惠性民办幼儿园，鼓励社会力量以多种形式开办幼儿园，逐步满足适龄儿童入园需求。同时，规范了市和各区人民政府以及各相关部门职责。作为本市第一部针对学前教育的地方性法规，条例的实施为维护学龄前儿童、保育教育人员和幼儿园的合法权益，促进学前教育健康发展提供法律依据。

2. 义务教育高水平均衡发展

我市继续推进小学、初中免试就近入学制度。通过大力推进校长、教师轮岗交流、推进九年一贯制、集团化办学、学校联盟、引进高校及社会资源等措施,扩大优质教育资源的覆盖率。为进一步巩固和提高前两轮义务教育学校现代化建设成果,第三轮义务教育学校现代化标准建设工程(2016～2020 年)启动实施。

为进一步提升学生综合素质,启动实施《天津市中小学生素质拓展课外活动计划》,在全市中小学开展素质拓展课外活动,各中小学校都要在每周的课外时间组织学生开展素质拓展活动,且每周不少于 2 天、每次活动不少于 1 小时。到 2020 年,基本形成课内外教育有效衔接、校内外教育良性互动,对接社区、覆盖城乡、保障有力的中小学生课外活动工作体系,中小学生的人文、艺术和科学素养整体提升,体质健康水平明显提高,学生的社会责任感、创新精神和实践能力显著增强。实施《天津市关于加快发展青少年校园足球的行动计划(2015～2017 年)》,明确到 2017 年,本市将建设 200 所青少年校园足球特色学校,创建一至两个国家级青少年校园足球试点区,经常参与校园足球活动学生达到 15 万人,基本形成政府统筹、社会参与、保障有力的青少年校园足球发展服务体系。

3. 普通高中多样化特色发展

启动实施普通高中学校现代化建设工程(2016～2020 年),对首批 24 所特色高中进行评估验收。为贯彻落实党的十八届三中全会关于考试招生制度改革的要求,本市出台《天津市深化考试招生制度改革实施方案》,并研究制定了《天津市普通高中学生综合素质评价实施办法》。改革实施方案对高考综合改革的主体内容进行明确规定,可以概括为“不分文理;两依据,一参考”。各项改革内容和要求,将分年逐步实施。2016 年启动改进录取方式、改革监督管理机制等,并选择部分试点实施高中学生综合素质评价。2017 年开始实施英语科目两次考试,从 2020 年起,高校招生录取总成绩由语文、数学、外语 3 门统一高考科目成绩和 3 门学生自主选择的普通高中学业水平等级性考试科目成绩构成。普通高中学生综合素质评价主要突出学生的思想品德、学业水平、身心健康、艺术素养、社会实践等方面,反映学生德智体美全面发展情况和个性特长,注重考察学生社会责任感、创新精神和实践能力。为适应新高考,普通高中学校进一步改革高中教学组织形式,积极探索“选课制”“走班制”教学,开展学生生涯与学涯指导,积极探索普职融通及综合高中建设。

（二）职业教育高标准领先发展

1. 明确职业教育改革发展的任务表与路线图

出台《天津市人民政府关于加快发展现代职业教育的意见》，明确本市推动现代职业教育改革发展的主要任务包括：建设国家现代职业教育改革创新示范区、加快构建现代职业教育体系、加快实现职业院校治理能力现代化、深入推进教育教学改革等。到2020年，将高水平建设国家现代职业教育改革创新示范区，形成与天津城市功能定位相适应，以行业企业办学为主，产教深度融合，国际深度合作，中等职业教育与高等职业教育紧密衔接、职业教育与普通教育相互融通、继续教育和终身学习通道便捷畅通，具有天津特点、中国特色、世界水平的现代职业教育体系。

2. 深化工学结合人才培养模式改革

我市积极探索符合职业教育特点的学位制度，搭建职业教育人才多样化成长、职业可持续发展的“立交桥”。探索建立集团化、区域化现代职业教育协同培养体系，推行学历学位证书和职业资格证书“双证书”制度，完善职业院校毕业生取得相应职业资格证书办法。

我市在坚持行业企业办学的基础上，进一步加强政府统筹力度，市教委与市商务委成立了商务行业职业教育教学指导委员会、与渤海化工集团成立了石油和化工行业职业教育教学指导委员会。目前，我市已组建19个中、高职教学相衔接、学历教育与职工培训相结合的“集约化、规模化”行业职教集团。我市25所高职院校将创新创业教育融入人才培养方案，校企合作推进“天津职业院校联合众创空间”建设，7所高职院校入围天津市首批认定的17个高校众创空间。我市共有7个国家级专业教学资源库，在全国名列前茅。2016年市财政投入9600万专项资金支持27所职业院校开展优质专业群对接优势产业群，有力地支撑了天津经济社会升级转型发展。① 同时，启动世界先进水平职业院校建设试点工作。由天津渤海职业技术学院在泰国大城府大城学院建立的“鲁班工坊”正式挂牌成立，这也是我国在海外设立的首个职业教育领域的“孔子学院”，标志着天津市作为国家现代职业教育改革创新示范区，正在围绕国家“一带一路”战略，配合中国装备“走出去”和国际产能合作，把优秀职业教育成果与世界分享，搭建起天津职业教育与世界对话、交流的实体桥梁。同时表明，天津职业教育的国际交流合

---

① 张雯婧. 紧贴五大战略，天津职教优势凸显［N］. 天津日报，2016-05-04.

作和国际化发展已经迈向中高水平发展的新阶段。

3. 推进现代职业教育改革创新示范区升级版建设

按照国内领先、世界一流的标准,全面启动国家现代职业教育改革创新示范区建设。以提升信息化和国际化水平为重点,建立职业教育信息化管理平台和数字化资源平台,完善海河教育园区优质资源共享机制。

为落实教育部《高等职业教育创新发展行动计划(2015~2018 年)》,启动实施高等职业教育三年行动计划,突出重点领域,完善和提升京津冀协同发展装备制造业等 8 个现代职业教育产教对接平台,构建文化产业、民族教育等 12 个现代职业教育产教对接平台。启动优质专业群对接优势产业群试点工作,按照高职、中职和终身教育三个类型,重点建设了 36 个优质专业群,为国家经济发展方式转变和现代产业体系建设提供充足的技术技能人才支撑。

4. 高品质承办第九届全国职业院校技能大赛

我市作为主赛区承办了 75 个大项中的 25 个项目,同期,第二届职业教育活动周在本市举行全国启动仪式。本届职业教育活动周的主题是“弘扬工匠精神,打造技能强国”,共设置了活动周开幕式版块、活动周体验版块、国际交流版块、区域产业对接版块、成果分享展示版块、主赛区赛项版块等六大版块,涵盖了 48 项大型活动。天津作为大赛主赛场的永久举办地,已搭建起产教融合、校企合作、教学改革、国际交流、成果展示的平台,大赛已经成为全国职业教育战线师生展示风采、追求卓越、实现梦想的年度盛会,成为深化职业教育改革发展的重要引擎。

(三)高等教育高水平内涵发展

1. 启动实施“十三五”高校综合投资规划

为深化高等教育综合改革,进一步提升本市高校的综合实力和整体水平,更好地满足经济社会发展和人民群众对高等教育的新期望和新要求,市教委、市财政局印发《天津市高等学校“十三五”综合投资规划实施方案》。明确各高校着力推进综合投资规划建设的基本任务包括:提升学科专业实力、提高人才培养质量、强化科技创新能力、加强师资队伍建设、做好国际合作交流、推进治理机制改革。确定实施九大竞争性重点建设项目,包括:一流学科建设项目、高校转型发展项目、优势学科和学科群建设项目、特色专业和专业群建设项目、人才培养模式改革项目、科技创新能力提升项目、高层次人才建设项目、高水平国际交流合作项目、思想政治教育质量建设项目。

2. 加快高校一流学科建设

将支持南开大学、天津大学建设世界一流大学列入"十三五"时期一系列支撑发展的重大政策、重大工程和重大项目之一。全市高校瞄准一流水平,采取"一校一策"的方式,加快推进一流学科、特色学科专业建设。各高校进一步深化教学改革,启动实施新一轮本科教学质量工程,推进卓越人才系列培养计划,加强优质课程资源、教学团队、教学名师、实验教学示范中心和虚拟仿真实验教学中心建设。

3. 促进大学生创新创业教育

全市高校深化创新创业教育改革,加强创新创业教育课程体系建设,强化实训实践教学环节。为加强高校众创空间内涵建设,市教委积极搭建有效的沟通协作平台,通过激励政策引导高校培养大众创业、万众创新生力军。紧密配合有关委局共同推动各类扶持政策的优化、简化、细化、实化,降低门槛,确保到位,并采取了一系列实际举措确保众创空间实现内涵式健康发展,如联合市科委确保高校众创空间"政府服务专员"的落地实施,联合市财政局重点做好众创空间建设补贴等政府补助资金的下拨使用,助力高校深化创新创业教育改革工作走向深入,激发高校师生创新创业活力。2016年,南开大学、天津科技大学、天津工业大学、天津理工大学、天津农学院、天津医科大学、天津师范大学、天津商业大学等八所高校的 14 项成果入选九届全国大学生创新创业年会。

二、2017 年天津教育事业发展预测

2017 年,我市将全面落实《天津市教育综合改革(2016~2020 年)》,以创新、协调、绿色、开放、共享的发展理念统领教育发展,着力破解体制机制障碍,紧扣国家和天津发展对教育提出的重大需求,努力实现教育改革发展与社会对优质教育需求相衔接、与经济发展新常态相适应、与城市功能定位相匹配。

(一)基础教育聚焦质量提升,深化落实立德树人根本任务

学前教育将进一步完善保教体系,规范扶持普惠性民办幼儿园,健全政府主导、社会参与、公办民办并举的办园体制。同时,着力完善学前教育质量保障体系,初步探索建立学前教育质量指导责任区制度,加强对师资配备、教育过程和管理水平等的监管。

义务教育将进一步完善优质均衡发展长效机制,缩小义务教育学区片范围、完善学区内学校一体化管理模式,推动师资、设施设备、课程等资源共建共享,逐步实现各学区内学校数量、学生数量、优质教育资源基本相当;同时进一步引导各区加强对口协作,推行学校联盟、委托管理、集团化办学等模式,实现优质教育资源辐射推广与合成再造。义务教育学校将着力从学生素质发展、教师专业发展、学校文化建设、现代学校制度、优化资源配置和学校信息化等方面聚焦质量提升和内涵发展,进一步提升学校办学品位和管理水平。

高一年级将开始全面实施高校考试招生制度综合改革。按照新高考制度改革要求,普通高中学校将全面落实新的高中课程方案和课程标准,完善课程内容结构,加强拓展性和研究型课程建设。进一步深入课堂教学改革,完善"选课制""走班制"及相应的教学管理制度,逐步建立基于新的教学组织形式的教师配置标准和办学成本核定办法。此外,本市将继续深化特色高中建设,以质量提升和特色发展为重点,实现普通高中多样化特色发展。

(二)职业教育深化改革创新,加快构建现代职教体系

职业教育将进一步推进示范区升级版建设,通过完善完善共建机制,创新共建方式,将示范区建设成为制度创新的新高地、体系建设的新引擎、区域协同的新平台、质量提升的新支点、国际交流的新窗口。以"中国制造2025""互联网+"行动计划等为新的发展动力,围绕我市经济转型升级,进一步深化产教融合,完善职教管理体制和工学结合人才培养模式,打通中、高、本、硕技术技能人才上升通道。完善现代职业教育体系,进一步完善政府统筹、行业主办、教育和人力社保部门管理、企业参与的职业教育管理体制,依法扩大职业院校办学自主权。

此外,我市将进一步依托海河教育园区,牵头组建京津冀先进制造业职教集团,深化产教融合,联合培养高端技术技能人才。提升职业教育国际化水平,引进国外先进的职业教育培养模式、专业建设标准、课程标准等,培养能"走出去"的技术技能人才。

(三)高等教育加快推进一流特色发展

2017 年,我市将加快实施创新驱动发展战略,加快建设"双一流"和高水平特色大学,推进高校特色发展、创新发展。市属本科高校将依据本校特点及实际情况,深化落实"十三五"综合投资规划,进一步深化教学改革,着

力加快一流学科、优势特色学科(群)和优质特色专业(群)建设。继续推进高校协同创新,加强高校科技创新成果转化,提升科技服务能力。为深入推进京津冀教育协同发展,我市高校将进一步与京冀高水平大学、应用技术型大学建立创新发展联盟,完善高校协同创新机制,联合设立重大研究课题,在绿色交通、清洁能源、资源高效利用、水环境治理、战略性新兴产业等领域开展联合攻关,并联合开展科技创新成果推广应用和转化。

(四)深入推进教育管办评分离,完善教育管理体制改革

我市将进一步以"评"为突破点,深入推进教育管办评分离,切实提升教育治理能力。首先,不断完善教育督导评价机制,根据各级各类教育特点和重点,继续完善分级分类的教育督导标准及动态监测机制。其次,建立教育督导信息管理平台,推进基于大数据技术支持的教育督导信息化。通过深入挖掘教育督导及质量监测大数据结果信息,用数据来说话,实现教育管理与教育决策的科学化,进一步完善基于大数据基础上的管办评分离协同互动机制。再次,要逐步完善第三方评价,加快制定专业机构和社会组织参与教育评价的实施办法,引导行业协会、专业学会、基金会等社会组织依法参与教育评价。最后,要进一步完善学校内部治理结构,提升学校内部治理能力。加快推进现代学校制度建设,扩大和落实高校办学自主权,健全党委领导、校长负责、教授治学、民主管理的现代大学治理结构。义务教育学校全部实现"一校一章程",健全中小学学校管理制度,完善校长负责、党组织发挥政治核心作用、教职工代表大会和家长委员会等参与管理监督的运行机制,进一步激活办学活力,提高自主管理水平。

(五)加快推进教育信息化,提升教育现代化水平

我市将进一步加快推进教育信息化,深入完善基础教育信息化"三通两平台",推动信息技术与教育教学的深度融合与创新发展。深入开展"一师一优课、一课一名师"活动,提升中小学教师信息技术应用能力,普及信息化教学常态应用,加快推进"网络学习空间人人通",不断提高师生信息素养。深入推进教育管理信息化,完善教育管理公共服务平台建设与服务。做好已建管理信息系统运行维护,推动各系统整合与全面应用,并逐步规范各类教育基础数据的采集、存储、共享、发布和使用。

(作者单位:天津市教育科学研究院教育决策与发展研究所)

2016~2017 年天津市卫生计生事业发展状况分析与预测

邱金平　骆　达　刘春雨　温今中

2016 年是“十三五”的开局之年,是到 2017 年实现深化医药卫生体制改革阶段性目标的攻坚之年,也是到 2020 年实现人人享有基本医疗卫生服务目标的关键之年。天津市紧紧围绕党的十八大和十八届三中、四中、五中全会精神,认真落实党中央、国务院决策部署,检查保基本、强基层、建机制,切实推进健康天津建设。

一、2016 年我市卫生事业发展的总体情况

(一)以公立医院改革为抓手,全面深化医改迎难破题

1. 全面深化公立医院改革

医疗、医保、医药配套联动,在滨海新区和宁河区、静海区、蓟州区 23 所公立医院实施了公立医院综合改革,打出了一击“组合拳”:比如破除以药补医机制,取消 7.5% 药品加成;以泰达心血管病医院为模板,探索政事分开、管办分开的现代医院管理模式;从慢性病管理入手,实行按人头付费;完善以公益性为导向的考核评价机制,制定公立医院综合改革绩效考核实施方案等。7 月 1 日,全市所有二级以上公立医院取消 7.5% 药品加成,4 个试点区全部取消药品加成,实现了公立医院综合改革全覆盖。9 月,市委常委会、市政府常务会讨论通过了《天津市深化医药卫生体制综合改革试点方案》。

2. 积极推进分级诊疗工作

在 7 个区试行以高血压、糖尿病为切入点的分级诊疗模式,目前已在全

市全面推行。大力推进"医联体"建设,以行政区域为基础,在 14 个区建立区域医联体;以专疾特色为纽带,建立以胸科医院、儿童医院、中心妇产科医院、医大代谢病医院以及泰达心血管病医院为龙头的胸痛、儿科、妇产科、代谢病、新生儿先心病共 5 个专病医联体。

3. 医疗卫生服务体系日臻完善

政府常务会审议通过了《天津市医疗卫生服务体系建设规划(2015～2020 年)》和《天津市医疗卫生机构布局规划(2015～2030 年)》,天津市第四医院整建制划转南开大学。落实《京津冀医疗卫生协同发展规划》,在医学检验结果互认、药品招标采购等方面取得了突破进展,探索京津冀医师区域注册和医学影像图像、资料结果互认工作,推进中国医学科学院血液病医院建设项目和团泊国际糖尿病医院项目建设。

4. 人才队伍建设不断加强

进一步完善《天津市"十三五"卫生人才队伍建设规划》,大力培养卫生计生高层次人才,6 人荣获"天津市有突出贡献专家",1 人荣获国家择优资助,推荐 2016 年度"131"创新型人才第一层次人选 15 人、"131"创新型团队 6 个、天津市杰出人才 4 人。研究符合基层卫生发展的人才评价体系,制定完善基层卫生专业技术人员高级职称实施意见和评审标准。

(二)不断满足群众健康需求,服务能力提质升级

1. 公共卫生屏障不断加固

建成卫生应急指挥决策系统,提高卫生应急信息化技术水平;积极推进京津冀卫生应急工作协同发展,卫生应急演练常态化开展。新型结核病防治服务体系建设和医疗保障政策进一步完善,出台定点医院防治工作规范。全面实施重点公共场所推广使用安全套预防艾滋病策略。加大第二类疫苗专项整治力度,完善预防接种规范化管理,启动第二类疫苗集中采购工作。严防寨卡病毒病和登革热等疾病,加强严重急性呼吸道感染病例监测,确保全市未发生重大传染病暴发疫情。

2. 公共卫生服务功能不断完善

做实做好大肠癌筛查、窝沟封闭预防龋齿及脑卒中、肿瘤防治等公共卫生惠民项目。居民健康档案建档率达到 77.3%,开展老年人免费体检118.7 万人,社区管理高血压和糖尿病患者 130 万人。强化精神卫生综合管理,编制《天津市精神卫生工作规划(2016～2020 年)》,严重精神障碍患者规范管理率达 75%。继续实施妇儿健康促进计划,落实二十项惠民项目,316 万人

次受益,提前完成年度任务。建设了市区两级危重孕产妇抢救中心、新生儿抢救中心,积极筹建天津市助产技术实训中心,妇幼保健服务水平进一步提升。11 个区完成妇幼保健和计划生育技术服务资源优化整合,提前完成国家年度任务指标。儿童医疗卫生和预防保健服务体系不断完善,出台《加强儿童医疗卫生服务实施方案》,制定了儿科人才吸引政策的具体措施。

3. 医疗服务质量不断提高

加强医院内涵建设,6 家医院完成等级现场评审。巩固医疗质量控制体系,发布首批 8 个专业 99 项医疗质量控制指标。在全市各级各类医疗机构开展医疗技术临床应用、医疗广告和医疗机构科室管理专项整治活动,推进医疗机构依法依规执业。开展进一步改善医疗服务行动,我市全部三级医院、81.25% 的二级公立医院开展临床路径管理工作,进入临床路径管理的病例数占出院总人次的 27.79%;市人民医院、眼科医院、中心妇产科医院、第四中心医院积极探索日间手术模式,市肿瘤医院试点日间化疗模式,日间手术占择期手术比例达 10.30%。预约诊疗服务体系进一步完善,积极推进住院患者无陪护和营养包餐工作。

(三)扎实开展计生工作,全面提升计生服务水平

1. 全面两孩政策平稳实施

完成了“单独两孩”向“全面两孩”的顺利过渡,完成《人口与计划生育条例》修改工作,加强宣传培训,实施生育登记服务制度。截至 2016 年 9 月生育登记服务 9.8 万余件,其中二孩登记将近 4.7 万件,总体情况平稳。

2. 其他领域改革统筹开展

深化计生特殊家庭精准帮扶,在经济扶助、养老保障、医疗保障、社会关怀等方面进一步加大扶助力度,在市内 6 家三级医院、各区县 1 ~ 2 家综合医院开设就医绿色通道,提供“五优先服务”;继续实施“暖心计划保险”工作,帮助失独家庭提高抵御风险的能力,推动 11 个区县 22 个社区建立“暖心之家”心理慰藉平台,为失独家庭提供心理咨询、健康指导等服务。积极开展创建“幸福家庭”活动,在全市建立 2000 个村居健康指导室,开展健康知识普及等活动。改革积分入户计划生育审核办法,优化服务流程。重新修订印发《流动人口计划生育服务管理基层规范工作指南》。

二、我市卫生事业发展存在的问题和挑战

（一）患者有序就医格局尚未形成

受卫生资源配置向基层倾斜力度不够、医保调控引导能力较弱等因素制约，加上城乡居民对医疗服务质量要求的不断提高和支付能力的增强等客观因素影响，我市基层医疗卫生机构诊疗人才占全市总诊疗人才的比例仍相对较低，分级诊疗制度及相关的配套支持政策需进一步完善。

（二）基层医疗卫生服务能力需进一步提高

基层医疗卫生机构发展存在全科医生缺乏、基本药物目录品种较少、医务人员收入不高等问题。基层人才队伍建设缺少经费支持。我市绝大部分区县没有设立卫生人才队伍培养专项经费，区县卫计委在培养经费上也捉襟见肘，无法对相关卫生人才进行培养。区县卫计委虽然出台了人才培养相关文件，但由于资金有限，卫生人才队伍建设后劲不足。另一方面，基层药品短板有待加强。目前基层医疗机构现有基本药物目录与二、三级医院目录不同，社区用药目录少于大医院，尚不能完全有效满足人民群众的基本医疗需求。同时，部分患者在大医院就诊进入康复期转诊回社区后，治疗用药无法保障，导致患者对基层医疗机构的不信任。按照市卫生计生委统一部署，部分区县已经完成了两级医疗机构治疗高血压、糖尿病的常用药品的衔接工作，但由于区级医院使用的药品全部为非社区药物，在基层使用，医保不予报销，在一定程度上影响了医保患者在基层就诊的积极性。

（三）医保支付方式改革进程相对缓慢

医保基金供给的有限性和需求过快增长的矛盾日益突出，基金管理水平和使用效益亟待提升，基金安全和可持续性面临挑战。传统上使用的按项目付费的方式，刺激医疗服务方使用更多的医疗服务数量、使用价格昂贵的医疗项目来达到提高收入的目的，导致近年来医疗费用不断上涨，医保控费难度加大，也加重了群众就医的经济负担。同时，我市的医保部门与卫生管理部门协作机制缺失，在一定程度上制约了我市医疗服务效率的优化和提升。

(四)妇女儿童健康服务体系建设需加快推进

“全面二孩”政策落实后,由于我市儿科医生紧缺导致儿童看病难的问题更加突出。一方面儿科优质资源匮乏且分布不均。基层医疗机构和妇女儿童保健机构由于儿科医资力量薄弱,服务能力不足造成儿童专科医院和三甲医院儿科人满为患。儿科医生工作负荷大,人才流失、断层现象严重。此外,流动人口中的妇女生殖保健、孕产妇保健、儿童保健、计划免疫、儿童入园入学等应如何管理,也是妇女儿童工作面临的新问题。

(五)医疗卫生信息化建设仍存在短板

目前医疗卫生信息化建设平台存在一些问题,最突出的问题是公共卫生信息平台、医生工作站平台、电子病例系统相互独立运行,不能共享如基层医院电子病历系统等重要诊疗信息,导致部分健康档案成为“死档”;其二,医院管理系统不够健全,服务器、电脑等硬件配置低,速度慢;其三,家庭医生服务未实现信息化,影像了分级诊疗工作的信息共享。

三、2016 年我市卫生事业发展的形势与建议

(一)以强基层为重点,完善分级诊疗制度

1. 健全高质量基层医疗卫生服务体系

加强基层医疗机构布局规划和建设管理。新建或改建居民区的社区卫生服务设施与居民住宅同步规划建设、同步公建配套、同步投入使用,旧有居住区卫生服务机构业务用房由政府配置。推动乡镇村卫生服务一体化,村卫生室运行经费由财政给予保障。根据需要合理核定基层医疗卫生机构人员编制,统筹安排、动态调整。

2. 加强基层医疗卫生队伍建设

大力培养高素质全科医生。推进家庭医生签约服务,建立健全以家庭医生服务团队为主体,以老年人、高血压和糖尿病患者等特殊人群为重点,以基本医疗、预防保健和个性化健康管理为基本服务内容的家庭医生签约服务模式,建立健全基本公共卫生经费、医保基金和签约居民相结合的费用分担机制。到 2020 年,实现每万名常住人口拥有 3 名以上全科医生,基本实现家庭医生签约服务制度城乡全覆盖。

3. 大力推进医联体建设

各区结合医疗资源分布情况,联合区内二、三级医院和基层医疗卫生机构组建区域医联体,三级专科医院发挥技术优势,与基层医疗卫生机构联合组建专科医联体。依托三级医院建成一批区域会诊中心,推进远程医疗服务,实现医联体内检验结果互认。积极推进医师区域注册试点,鼓励大医院医师到基层医疗卫生机构多点执业。全面推行"基层首诊、双向转诊、急慢分治、上下联动"分级诊疗模式。到 2017 年,实现 40% 的糖尿病、高血压试点病种患者到基层就诊。

4. 促进医养结合

统筹医疗与养老服务资源,形成规模适宜、功能互补、安全便捷的医养服务网络。支持社会力量兴办养护院,鼓励养老机构内设医疗机构和医疗机构服务进入社区养老服务设施,重点对有特殊困难的失能、半失能和临终关怀老年人提供治疗、康复和护理服务。依托家庭医生签约服务,为居家老年人提供基本医疗卫生服务及健康管理。促进社区医养结合,扩大基层医疗卫生机构服务范围。到 2017 年,养老机构内设医疗机构或与医疗机构签约服务率达到 80% 以上。

(二)以建机制为重点,建立现代医院管理制度

1. 改革公立医院管理体制和运行机制

推动实现政事分开、管办分开。各级政府承担领导责任、保障责任、管理责任、监督责任。卫生计生部门作为监管主体,履行编制行业规划、审核临床准入、制定医疗规范、实施行业监管等职责。建立和完善公立医院法人治理结构,推进科学化、规范化管理。落实公立医院运营管理自主权,推行院长职业化管理和总会计师制度,实行院长任期目标责任制和院长年薪制,逐步取消公立医院行政级别,率先在天津医科大学总医院、天津市第二医院开展综合改革试点。

2. 改革人事制度和薪酬分配制度

根据公立医院规模、服务功能及行业特点,合理核定人员编制和结构比例,逐步实行备案制管理和岗位管理制度。落实公立医院用人自主权,公立医院可根据自身事业发展需要,自主制定招聘计划,自主进行岗位设置、岗位聘任、合同管理等。完善职称评审制度,根据医疗、教学、科研等不同岗位特点,建立相应的职称评定办法。全面落实公立医院收入分配自主权,以岗定薪,并重点向关键和紧缺岗位倾斜,体现技术劳务价值。

3. 启动全市公立医院服务价格调整

到 2020 年,争取在全市公立医院推开执行新版医疗服务价格。逐步在试点医院破除“以药养医”,所有药品(除中药饮片)按实际进价实行零差率销售,降低药品和医疗器械支出,减轻群众就医负担。建立动态价格调整机制,重新评估诊查费、治疗费、护理费、手术费、床位费等各项医疗服务的价格,提高体现技术含量和劳务价值的相关医疗服务价格,争取使药品差价主要通过医疗价格调整机制进行补偿,以政府财政补贴和医院完善内部运行管理降低消耗作为补充。将公立医院从“以药养医”回归到“以医养医”的新常态,逐步理顺不同级别医疗机构间和医疗服务项目的比价关系,建立以成本为基础的价格调整机制。

4. 管控医疗费用不合理增长

提高医院精细化管理水平,降低运行成本、缩短平均住院日,加快床位周转,扩大临床路径覆盖面。逐步建立标准处方制度,推行处方清单管理。推行日间手术和日间化疗、全市二级以上医院全面停止门诊患者静脉输注抗菌药物(儿童医院除外)。二级以上医院建立药品使用动态监测和超常预警系统。到 2017 年,公立医院药占比总体降至 30%(不含中药饮片),百元医疗收入(不含药品收入)中消耗的卫生材料降至 20 元以下。

5. 大力发展社会办医

坚持社会办医与公立医院改革相结合,鼓励社会力量投资医疗卫生领域,举办非营利性和高端非基本医疗服务机构,扩大医疗卫生资源总量,满足群众多元化需求。研究制定社会力量举办医疗机构管理办法。社会办医机构大型医用设备配置实行规划指标单列并预留空间。社会力量举办诊所、门诊部不受规划布局限制。支持社会办医机构参与各医学类行业协会、学术组织、职称评定委员会和医疗机构评审委员会。

(三)以保基本为重点,完善全民医保体系

1. 健全全民医保制度

探索整合职工和居民医保制度。建立稳定可持续的医保筹资和待遇水平调整机制,探索个人缴费与居民收入、财政补贴与经济增长相协调的动态调整机制。逐步提高城乡居民医保人均财政补助和个人缴费标准,稳步提高居民医保住院待遇水平。健全重特大疾病保障机制,对灾难性医疗费用支出个人和家庭实行精准保障、托底保障。实行垫付医疗费用联网刷卡延时结算。以异地安置退休人员为重点,稳步推进跨省异地就医结算。提升医保社会化服务水平。

2. 改革医保付费方式

全面推进总额管理、按人头付费、按病种付费等相结合的复合型付费方式改革,增强医保对医疗服务行为的激励约束作用。实施医保基金总额管理,坚持公开透明的原则,实行总额预算控制、结余全部留用、超支有限分担。结合门诊实行按人头付费,优先选择糖尿病、肾透析、血友病等医疗负担重的门诊特殊病、慢性病开展试点,逐步扩大病种和医疗机构范围,向全市推广。结合住院实行按病种付费,同步探索按照疾病诊断相关分组付费办法。

(四)以均等化为重点,完善公共卫生服务体系

1. 提高公共卫生服务水平

全面实施重大疾病综合防治,健全防治机制,普及全民健康生活方式,创新开展公共卫生服务项目。加强专业公共卫生机构、基层医疗卫生机构和医院之间的协作,功能互补、防治结合。提升基层医疗卫生机构的公共卫生服务能力,调整基本公共卫生服务内容,加强项目考核和资金管理。建立医院承担公共卫生任务补偿机制和服务购买机制。完善卫生应急保障机制,提高响应速度和应急处置能力。深入实施天津市妇女儿童健康促进计划,开展健康教育与促进、疾病筛查、医疗保健等服务,保障母婴安全。加强儿童、孕产妇系统保健和三级预防措施,系统、有效监测和干预影响妇女儿童健康的重点问题,全面提高群体健康水平。

2. 健全疾病防控体系

加强疾病预防控制体系能力建设与保障,全面完成市、区两级疾病预防控制机构标准化建设。做好艾滋病、肺结核等重大传染病、重点地方病防治。提高实验室仪器设备装备水平,提升实验检测能力。加强疾病监测体系建设,开展疾病流行趋势和特征分析,完善疾病监测预警机制。规范设置市、区两级精神卫生中心,建立健全覆盖全市的精神卫生防治网络。

(五)以信息化为重点,建设智慧医疗

1. 推进信息化基础建设

构建全市医疗、医保、医药三医一体化的大健康信息共享平台,通过整合、扩容、拓展,实现医疗、医保、医药等网络数据信息的互联互通,做到管理部门能统计、全体居民能查询、医师诊疗可通用。

2. 推进大数据应用

建立全市统一标准的电子病历和住院病案首页,推动医疗机构信息化功能的标准化、规范化建设。全面整合居民、用人单位、医疗服务机构、医师药师、药品、耗材、价格、检查检测结果、电子病历、健康档案等各类数据,完善医疗保障、公共卫生、计划生育、医疗服务、药品管理、综合管理等重点业务应用,推动大健康信息协同共享。

3. 推进信息便民惠民

推行"互联网+",利用云计算、大数据、物联网、移动互联、可穿戴设备等技术,重点围绕医药研发、疾病诊疗、公共卫生等方面,开展新型医疗服务。加快实施居民健康卡与社会保障卡"双卡合一",实现医疗健康"一卡通"。推动信息化新技术应用,积极开展"智慧门诊"、远程医疗、健康信息咨询与管理、预约诊疗、诊间结算等健康医疗信息便民服务,方便患者就医。

(作者单位:天津市卫生发展研究中心;
天津市医学科学技术信息研究所)

2016～2017年天津市文化事业发展状况分析与预测

雷　鸣　王会芝　王　琳

2016年，我市积极贯彻、落实党的十八大、十八届三中、四中、五中全会精神和市委市政府关于建设文化强市、以及文化繁荣、社会文明的魅力人文之都的工作部署，整合天津文化资源，凸显地方文化特色，完善天津城乡文化设施布局体系，提升公共文化设施建设标准和水平，推动文化事业和文化产业全面协调可持续发展。

一、2016年天津市文化事业发展形势分析

1. 出台公共文化政策，提供有力的政策保障

现代公共文化服务体系建设迈出新步伐，积极落实《天津市关于加快构建现代公共文化服务体系的实施意见》和《天津市基本公共文化服务实施标准(2015～2020年)》，为天津公共文化服务加快发展、科学发展、全面发展注入强劲动力，进一步提升文化创意和设计服务整体质量水平和核心竞争力；2016年我市出台《天津市文化广播影视"十三五"规划》，提出到2020年，基本建成覆盖城乡、便捷高效、保基本、促公平的现代公共文化服务体系，建立完善的现代文化市场体系，优化升级文化产业布局，有效保护历史文化遗产，加快构建优秀传统文化传承体系，发展壮大文化人才队伍。

2. 政府财政大幅增加，助推文化事业发展

2016年，天津市财政拨付文化事业发展专项2.3亿元，文化基础设施建设专项1亿元，文化产业发展专项1亿元，重点文化惠民工程专项0.6亿元，支持基层文体传媒事业发展专项2.7亿元。发布《天津市2016年重点文化项目》，确认投入195亿元，打造70个重点文化项目，涵盖现代公共文

化服务体系建设、文化产业发展和文化产品创作生产三类项目。

3. 城市文化软实力提升,位居全国较高水平

中国省市文化产业发展指数和文化消费指数结果表明,天津市文化产业和文化消费综合水平较高,从综合指数排名来看,2016 年天津市的科研环境、公共环境、文化资源得分上升幅度较大,时隔三年再次进入全国前十名,排名第 8,天津文化驱动力指数增速排名全国第 3,文化消费综合指数连续四年位居全国前十名,2016 年文化消费综合指数排在全国第 7 位,文化消费水平指数排名第 1,文化消费环境指数排位第 4,文化消费满意度指数排位第 4①。数据显示,我城市文化综合实力全面提升,进入国内第一梯队。

4. 加强文化设施建设,筑牢基层文化载体

公共图书馆事业位居全国前列。2016 年,我市拥有公共图书馆 31 个,人均拥有公共图书馆藏量为 1.1 册,居全国第二位,每万人公共图书馆面积为 167.4 平方米,居全国第 1 位。群众文化事业稳步提升。我市拥有文化馆 18 个,文化站 241 个,群众文化活动机构 260 个,平均每万人群文化设施建筑面积达到 205 平方米,群众文化机构组织文艺活动 9391 次、训练班 9201 次。文化遗产传承保护扎实推进。我市拥有各级博物馆 22 个,总藏品约 103 万件,其中天津自然博物馆藏品位居全国第 4 名,天津博物馆位居第 10 名。

5. 高效实施文化惠民工程,打造文化活动品牌

2016 年,天津市相继实施了一系列文化惠民工程,确保文化发展成果惠及更多群众。

一是创新推出文化惠民卡。2016 年财政投入 3000 多万,发售文化惠民卡 10 万张,变补贴院团为直接补贴群众,让群众切实享受到文化普惠。全市惠民演出总数超过 1500 场,带动 50 万人走进剧场,据"文惠卡"大数据显示,各市属院团 2016 年卖票平均上座率 88.8%,极大地丰富了本市市民的精神文化生活水平。

二是推进公共文化服务数字化建设。天津市陆续实施了基于移动终端的数字群艺馆和数字非遗、"公共文化民心桥"互动平台、"百姓选书我买单"百姓参与图书馆新书采购等新一批数字公共文化工程,进一步丰富了公共文化服务的内容供给。

---

① 中国人民大学创业产业技术研究院:《2016 年中国文化产业发展指数报告》,《2016 年中国文化消费指数报告》,人民出版社 2016 年版。

三是实施公共图书馆通借通还工程。2016年，全市各区县公共图书馆通借通还被列为天津市20项民心工程。我市建成公共电子阅览室223个，实现了街道、乡镇全覆盖。积极构建书香社会，启动了全市公共图书馆通借通还服务范围，在全市公共图书馆形成"一张网"服务平台。截至2016年年底，全市20个区级图书馆与天津图书馆实现通借通还服务，真正实现了"一卡在手，全市通读"的读书体验。

四是完善一区一品群众文化活动发展格局。强化对基层文化活动的扶持力度，支持各区县重点举办了"和平杯"中国京剧票友邀请赛、"东丽杯"全国群众文学评奖、"鹦鹉杯"全国手风琴大赛等品牌活动，实现了国家级和市级群众文化品牌在各区县的全覆盖，巩固了全市文化活动发展格局。

6. 艺术创作引导机制逐渐健全，文化品牌初具效应

积极落实《天津市舞台艺术创作生产规划（2015～2017年）》和《"深入生活扎根人民"主题实践活动长效机制实施方案》，明确未来三年天津市艺术创作的主要任务；出台了《市文广局直属艺术院团重点剧（节）目管理办法（试行）》，进一步规范了艺术创作过程；设立艺术创作基地5个、采风创作基地5个，确定结对帮扶单位18个；成立了由50位艺术家组成的艺术指导委员会，组建了由29名文艺工作者组成的艺术评论员队伍，提高了艺术创作决策的专业化和民主化。推动京剧《狄青》《铡侄慰嫂》，舞剧《永恒的旋律》等剧目创作生产。围绕纪念中国共产党成立95周年、红军长征胜利80周年等重大主题，组织了优秀剧目展演。

7. 文化产业发展再上新水平，产业体系更加健全

推动落实文化产业政策，组织编印了《文化产业政策汇编》，出台《天津市文化产业示范基地管理办法》，实行动态管理，提高发展效益。2016年天津市文化产业增加值超过800亿元，成为支柱产业。全市文化产业园区35个，其中国家级文化产业园区9个，入驻文化企业占全市文化企业总数的25%以上。全市文化企业2万余家，从业人员40余万人，其中规模以上文化企业900余家。

8. 文化遗产保护扎实推进

完成天津市第一次全国可移动文物普查，第一次全国可移动文物普查中，天津市可移动文物主要指标位居全国前列。完成长城保护、天妃宫遗址本体保护等一批重点文物保护项目，继续推进京唐城际、蒙西管道（天津段）、蓟县朝阳洞旧石器洞穴遗址等考古工作，加快整理蓟县小毛庄汉墓、远景城墓葬群等考古发掘资料。围绕社会主义核心价值观、一带一路等重大

主题,举办了"器与道""丝绸之路自然大观"等特色展览,举办了纪念红军长征胜利 80 周年"永远的长征"等主题展览。积极落实《天津市文化教育融合框架协议》,设立中小学生"实践课堂"。

9. 京津冀文化协同发展全面推进

京津冀顶层机制更加完善,签署并全面落实《京津冀演艺领域深化合作协议》《京津冀三省(市)群众艺术馆(中心)协同发展合作协议》《京津冀三地长城保护工作框架协议》;成立了京津冀公共文化服务示范走廊发展联盟、京津冀图书馆联盟、京津冀艺术职业教育协同发展联盟、京津冀文化产业联盟;举办了 2016 年京津冀精品剧目展演、京津冀非物质文化遗产展演展示、京津冀民族器乐邀请赛等系列文化活动,三地文化交流合作向多领域、多层次推进。

10. 对外文化交流迈出新步伐

充分发挥天津文化的优势和特色,深入开展多渠道多层次多形式的对外文化交流,努力讲好中国故事、天津故事,全年共派出对外及对港澳台派出文化交流事项 30 来项,400 人次,演出 60 余场,演出地区包括亚洲、欧洲、非洲、南美洲的 11 个国家和地区。"2016 欢乐春节"派出团组赴英国、孟加拉、柬埔寨等国家和地区访演。参与俄罗斯"中国文化年"系列文化活动,组织开展了第四期"非洲武术学员培训"。

二、2016 年天津市文化事业发展存在的问题与 2017 年趋势预测

1. 2016 年天津市文化事业发展存在的问题

第一,文化建设空间布局和结构有待优化。传统的文化产业所占比重较大,新兴文化产业比重相对较小,以信息化和科技化为主的互联网、网络游戏、影视制作等与文化相结合的成果较少,文化与金融、科技、旅游休闲等产业融合发展程度有待提高,文化产业总体利润较低。文化产业发展方向和模式需进一步明确,此外,京津冀和环渤海地区文化协同发展的空间态势尚未形成。

第二,文化产业质量和规模有待提升,文化消费市场有待繁荣。我市文化产业缺少全国性的骨干企业、知名品牌和具有优势的大型文化产业集群。文化消费市场不够繁荣,文化项目水平有待提高,文化产品创新和开发力度较低,文化市场缺乏活力,尚没有在全国层面上具有明显优势的文化品牌,

也没有建立具有特色的“城市名片”，如北京的 798 文化园区、杭州的国际动漫节对城市文化发展的影响力较大。

第三，现代公共文化服务体系有待进一步提升。我市公共文化服务体系建设进步明显，但与当前社会经济发展水平和群众的文化需求相比，还存在着文化产品和服务有效供给不足，包括文化建设资金投入有限、文化产品和服务内容和方式不够丰富、地域文化和地域特色不明显等问题。

第四，重设施轻服务现象凸显，城乡文化发展不均衡。近年来我市公共文化设施建设取得突出的成绩，场馆设置率不断提高，但是文化设施建成后，由于缺乏后续资金的投入，有效科学的管理、设备维护更新、藏品购置等，导致设施使用率不高，一些大型剧场经常处于闲置状态。社区乡镇文化站、图书馆等文化设施和服务相对薄弱，文化设施利用率不高，影响了服务水平的提升。

第五，文化遗产的保护力度仍显不足，尤其是非物质文化遗产保护，对非物质文化遗产的体系建设和培训基地建设等方面的建设欠缺，对非物质文化遗产的财力支持不足。

第六，文化管理水平和治理能力有待提升，文化企业单位发展缺乏活力，有待进一步通过体制改革来激发发展的内在动力；高层次的懂管理、懂文化、懂科技、懂金融的复合型人才较为缺乏。城市文化辐射力有待提升。

2. 2017 年天津市文化发展趋势预测

第一，文化发展机遇巨大。“十三五”时期我市社会经济将进入发展的新阶段，特别是面临五大战略叠加的重大机遇，作为国民经济的重要组成部分，文化事业的地位和作用更加突出。国家和天津市出台了一系列支持文化产业、文化企业等发展政策，“大众创业、万众创新”氛围浓厚，对文化产品和服务的发展起到巨大推动作用。“互联网 +”的快速发展，为文化事业和文化产业的发展打开全新思路和方式，文化发展将进入全新的阶段。

第二，文化发展定位提升。京津冀协同发展为我市文化事业和文化产业发展提供了更为广阔的视野和空间，我市在京津冀区域文化发展中的功能定位、产业结构、发展模式、文化市场等方面，都将面临战略性的调整。此外，作为“一带一路”倡议的重要节点城市，我市文化“走出去”的方向、形式和内容也将不断更新、完善和调整。

第三，文化改革任务加重。经过“十二五”时期的快速增长，我市文化发展已经进入由“铺摊子”到“上水平”的转型升级阶段，文化产品和文化服务由总体性短缺转为结构性短缺，因此，我市文化结构调整、文化创新发展的需求将更加迫切,文化市场管理监管亟需完善。

第四,智慧文化城市成为趋势。实施"互联网 + "、"文化 + "战略,利用大数据、云计算等新技术,创新文化新业态、新产品和新服务,构建文化发展新格局;推进文化与各领域和行业的融合发展,使文化成为"大众创业、万众创新"的基础动力,把我市建设成为充满文化韵味和创造活力的智慧文化城市。

三、2017 年提升天津文化发展的对策建议

1. 推进重点文化设施建设

2017 年,我市应大幅提升公共文化设施建设和服务水平,完善与健全公共文化设施管理和服务标准。推动公共文化设施向基层尤其是乡镇和农村的延伸,实现基层综合性文化服务中心全覆盖,同时加强流动文化设施的建设与应用。运用"互联网 + "技术,建立"一站式"数字文化服务平台,切实推进数字图书馆、数字文化馆、数字非文化遗产馆建设和服务功能。实施天津图书馆通借通还服务,形成全市公共图书馆"一张网"服务平台。

2. 推动文化产业转型升级

优化文化产业结构,提升核心层文化产业,积极发展全国性的文化骨干企业和知名品牌。扶持文化旅游、动漫游戏、文化设计等高附加值的文化产业,积极发挥文化产业的集聚作用。推动文化产品创新和开发力度,强化文化市场活力,加快文化产业与互联网、云计算、大数据等技术相结合,推动传统文化与高新技术、金融、科技、旅游休闲等产业的融合发展,催生新的文化产品和服务。指导区县开发地方特色文化资源,进一步开展特色文化产业示范街镇的建设。完善城市文化消费管理和服务平台,建立文化市场信息平台,提供丰富多样化的文化产品和服务,扩大城市文化产品和服务的有效供给。

3. 构建优秀文化作品推广体系

推出一批优质的文艺作品,加强对京剧、评剧等传统艺术门类的扶持。举办"天津市名家经典惠民演出季",积极打造艺术演出品牌,继续实施文化惠民措施,加大力度推进"惠民卡",创新文化传播渠道,鼓励多渠道的信息传播和平台展示。加强文化理论建设,完善文艺评论队伍建设,提高文化艺术科学研究和应用水平。

4. 提高非物质文化遗产保护与传承

完善我市非物质文化遗产保护机制,建立非物质文化遗产项目名录,对国家级和市级代表性传承人及时开展记录工作,加大抢救性保护成果的整理和利用。建设非物质文化遗产馆,探索建立非物质文化遗产交流平台,强化非物质文化遗产的生产性保护,开发我市博物馆文物资源,大力发展文物衍生品,促进非物质文化遗产与群众生活的连接,扩大我市文化消费新途径。

5. 打造对外文化贸易高地

以京津冀地区为依托,结合天津自由贸易试验区建设,建设文化贸易平台和文化产业集聚区。发挥"一带一路"倡议重要节点的区位优势,建设对外文化贸易基地,形成全国性的文化交流平台。扩大对外文化贸易份额,支持影视、动漫、演艺等文化产品和服务开拓国际市场。完善对外文化贸易项目信息库,鼓励文化企业参加国际性文化展会,开拓文化贸易视野;鼓励自贸区文化内容建设。

6. 促进京津冀公共文化服务协同发展

健全京津冀文化合作交流机制,落实《京津冀演艺领域深化合作协议》和《京津冀三省(市)群众艺术馆(中心)协同发展合作协议》确定的各项合作任务。组织建立京津冀演艺联盟,完善京津冀图书馆联盟、公共文化服务示范走廊发展联盟、文化产业联盟的合作与会商机制,推动京津冀公共文化信息数据库的建设,探索建立覆盖京津冀公共文化服务的数据平台,落实京津冀文化协同发展区域大项目,促进京津冀区域内人才流、物流、资金流的全面流动。

(作者单位:天津社会科学院经济社会预测研究所)

2016~2017 年天津市体育发展状况分析与预测

程永丽

一、2016 年天津体育发展成绩

2016 年天津体育成绩显著。竞技体育在第三十一届里约奥运会取得突破;群众体育受到各方关注,全民健身蓬勃开展;体育产业显现应有的作用,为天津经济发展增彩。随着全社会对体育功能的挖掘认识,社会各界支持参与体育增多,体育人口、体育设施、体育赛事增加。体育发展为建设美丽天津、健康中国,为实现中华民族伟大复兴的"中国梦"做出贡献。

(一)以里约奥运会为代表的竞技体育振奋人心

2016 年是奥运会年,竞技成绩更显得十分重要。天津运动员代表国家参加重大赛事,成绩突破,具体体现如下:

1. 第 31 届里约夏季奥运会的突破

天津共有 24 名运动员参加了举重、游泳、跳水、水球、足球、篮球、排球、曲棍球、网球、摔跤等项目的角逐,获 3 金 1 银 2 铜的成绩。女排运动员魏秋月与队友默契配合,一路过关斩将获得冠军。举重运动员吕小军打破奥运会抓举纪录和世界纪录,虽未能卫冕,但银牌的分量堪比金牌。本市与重庆联合培养女子跳水运动员施廷懋,连夺单人三米板和双人三米板 2 块金牌。本市与辽宁联合培养女子摔跤运动员孙亚楠、张凤柳,分别夺取 48 公斤级和 75 公斤级铜牌。

2. 里约残奥会天津运动员树立榜样

天津共有 8 名残疾人运动员、1 名教练员、2 名工作人员入选了中国体育代表团,分别参加田径、游泳、盲人柔道、盲人门球等 4 个大项 17 个小项比赛。取得 3 枚金牌(全部打破世界纪录)、4 枚银牌、3 枚铜牌以及 1 个第四名,4 个第五名和 1 个第六名,展示了挑战自我、积极进取、奋发向上的精神,树立了自尊自信自强自立的良好形象,是广大残疾人的榜样。

3. 最受群众欢迎的足球项目的突破

天津权健男子足球队获中甲联赛冠军,晋级中超,振奋人心。在中国足球职业化第 22 个年头,足球底蕴颇丰的天津有了第 2 支顶级联赛球队。天津女足夺得中国足协女子足球超级杯赛冠军。

4. 其他重点项目的突破

网球:天津网球国内领先,继续辉煌,训练方法创新、管理理念先进、培养模式多样。培养了彭帅、张帅、郑赛赛、王蔷、段莹莹、徐一璠等技战术成熟、基本功扎实的优秀运动员。里约奥运会中国网球代表队 5 名球员全部来自天津,成为首例。国际职业赛场,张帅参赛第 16 次大满贯取得了胜利,世界排名升至 23 位。彭帅夺得 WTA 天津公开赛单双打冠军,WTA 国际女子网球公开赛两个双打冠军,ITF 深圳 100K 赛女单冠军,本年度第 2 冠、职业生涯 ITF 第 11 冠,世界排名从 103 位飙升至前 90。徐一璠和土耳其选手配合获得 WTA 珠海超级精英赛中女子双打冠军。天津运动员夺得全国网球单项锦标赛暨中国网球大奖赛两金两银两铜,其中女单自 2011 年以来连续六连冠(刘方舟三次夺冠,王蔷继 2014 年后 2016 年再次夺冠);段莹莹/徐一璠继 2013 年后再度夺得女双冠军;李喆/高鑫获得男双亚军,二人还并列男单季军。

女排:陈友泉为主教练,姚笛、陈丽怡、王媛媛 3 名天津籍运动员参加的中国二队获亚洲杯女排赛冠军。

游泳:天津游泳小将里约奥运会表现不俗,创造了天津游泳奥运史上的最好成绩,抒写新的历史。中国男子蛙泳项目领军人物天津 23 岁的李响参加 100 米、200 米蛙泳和 4100 米混合泳接力 3 个项目比赛,100 米、200 米蛙泳均进入半决赛,并以 100 米蛙泳半决赛 59 秒 55 打破全国纪录的成绩进入中国队 4×100 米混合泳接力阵容。天津的董洁凭借预赛良好发挥,帮助中国队进入女子 4×200 米自由泳接力决赛,最终以 7 分 47.96 秒获得第 4 名。李响以 27 秒 84 获得东京亚洲游泳锦标赛 50 米蛙泳第 3 名,打破赛会纪录;与队友合作以 2 秒多的优势战胜东道主日本队获得男子 4×100 米混合泳接力冠军,打破赛会纪录。19 名运动员参加全国青年游泳锦标赛获 3 项冠军(男子 100 米自由泳、男子 200 米混合泳、女子 200 米蛙泳)、3 项亚军

(男子 200 米自由泳、男子 400 米混合泳、女子 100 米蛙泳)以及男子 400 米自由泳季军,为第十三届全运会奠定了良好基础。天津跳水队 10 名优秀运动员参加全国青年跳水冠军赛所设 19 个项目的 18 个项目比赛(男子双人 3 米跳板未参加)共获得 3 枚金牌、3 枚银牌、2 枚铜牌、1 个第四名、4 个第五名、2 个第六名、4 个第八名的优异成绩,展现一定实力。天津队参加全国青少年花样游泳锦标赛,取得了 6 个第一名、2 个第三名,2 个第四名的好成绩。天津女子水球队第 12 次获得全国冠军赛冠军。在东京亚洲游泳锦标赛上,天津女子水球队代表中国队参赛,以不败战绩获得冠军。

乒乓球:全国青年乒乓球锦标赛获得女团冠军,为历史最好成绩,另获女单亚军。马特/孙晓彤摘得规模最大水平最高的全国乒乓球锦标赛混双铜牌。

田径:天津队在全国田径锦标赛上,涌现了跳高冠军白龙、季军王臣以及标枪亚军马群等一些较有潜力的年轻选手。

棒球:天津队重夺中国棒球联赛冠军。

蹦床:获全国锦标赛女子团体亚军。网上项目获两银一铜 3 枚奖牌:朱雪莹以 54.050 分获得女子网上个人项目亚军,陈晨以 56.990 分取得男子网上个人项目第 2 名,李欣瞳、张嘉榕组合以 43.600 分获女子双人同步项目铜牌。

武术:天津代表队参加全国武术套路冠军赛成绩突出,共获 8 块金牌、3 块银牌、4 块铜牌、2 个第四、1 个第五、2 个第六、1 个第七名。

自行车:天津毕文辉夺得全国公路自行车冠军赛总决赛男子个人赛冠军,是我市运动员首次在此项目上夺得冠军。

(二)以加快建设“健康中国”为新格局的全民健身整体推进

1. 健全法规制度,依法建设体育设施

相继出台和修订了《天津市全民健身实施计划(2011~2015)》《天津市公共体育设施布局规划(2014~2020)》《天津市社会体育指导员管理办法》《天津市全民健身工程管理办法》《天津市群众体育社团管理办法》等多项管理规章制度,推动体育设施建设。2016 年,全市各类体育场地达到 1.6 万多个,人均体育场地面积达到 2.12 平方米,高出全国平均水平(人均 1.46 平方米)。安排体育彩票公益金 3000 万元,建设近 1000 个社区、行政村健身园和东丽湖、金钟新市镇 2 个体育公园。在全市 10 个区域建设了 120 余个多功能运动场地和若干全民健身工程示范园。总长近 30 公里、分布 6 个

乡镇的蓟州区 10 条登山步道 2015 年开建 2016 年全部开通，并又开建了 10 条。目前，我市已有 1 万多个社区、行政村“健身园”，200 多个较大型体育公园、全民健身中心、乡镇文体中心，基本实现了社区、行政村公共体育设施全覆盖。

2. 构建全民健身基本框架和工作格局

2016 年创建“绿色健身站”500 个，总数达到 800 个；各级各类体育组织增多，培训各级社会体育指导员 700 人。目前，市区两级体育协会达 200 多个，各类健身俱乐部、市民健身站等社会组织达 5000 多个；社会体育指导员达 3 万名，为组织市民健身，普及推广健身方法发挥着积极作用。

3. “全运惠民工程”广泛实施

2016 年 5 月，国家体育总局、天津市政府确立第十三届全运会主题为“全运惠民健康中国”，发展体育事业，提高全民健康水平成为宗旨。目前，“全运惠民工程”全面推进，全国首个“互联网 + 全民健身入户工程”项目落户天津，推动了“智慧体育”，满足群众健身新需求。连续 3 年举办科学健身大讲堂活动，70 余名专家开办了 100 余次讲座，3 万人次听课。2016 年大讲堂以“全运惠民”为主题，设计安排了“青少年运动月”、冰雪运动内容，公益讲座、技能传授、健身互动兼容并蓄。富有地域文化、行业特色、不同时节、人群特点的群众传统示范活动不断，全民健身热潮持续，健身人群增多。代表群众体育发展水平的核心评价指标，天津均处于全国前列。据统计部门调查表明：市民对全民健身活动的关注度达到 71%，经常参加体育锻炼人口占总人口的比例达到 41.6%，体质健康合格率为 91%。

（三）以《加快发展体育产业促进体育消费的实施意见》（以下简称《意见》）和《天津市体育产业发展规划（2015 ~ 2025）》（以下简称《规划》）为引导，体育产业规划发展

按照《规划》发展战略目标和措施，命名天津市静海区团泊新城、天津市君利农业示范园、天津市春华校园体育设施有限公司为天津市市级体育产业基地。

天津市静海区团泊新城位于团泊新城西区天津健康产业园，是经国务院批准的天津市城市总体规划中 11 个新城之一。2006 年启动，共实施项目 65 个，累计完成投资 180 亿元。团泊足球场、国际网球中心及保龄球馆、萨马兰奇纪念馆、天津体育中心射击馆、自行车馆、棒垒球场、曲棍球场等项目全部建成已投入使用，承接训练和比赛。体育产业发展已列入静海区《“十

三五”发展规划纲要》。团泊新城为核心,全区 192 家体育企业,推动竞赛表演、健康休闲、场馆服务、体育用品制造等多门类体育产业发展。2015 年,体育产业增加值近 11.7 亿元,据有关部门估算,其增加值占全区 GDP 比重达 1.8%。

天津市君利农业示范园位于武清区,2010 年 8 月建成并投入使用,总投资 5.2 亿元,总占地面积 5390 亩,以体育、旅游、农业为主要特色,包括汽摩、马术、卡丁车、高尔夫等运动俱乐部,设置了全地形赛车场、垂钓园、丛林穿越、老爷车展、房车营地和采摘、农家别墅、百花园、休闲驿站、温泉体验馆等多种体育休闲项目。

天津市春华校园体育设施有限公司坐落在西青区,是天津市通过国家体育总局国体认证中心认证的首家企业,为标准化良好 AAA 企业。创建于 2007 年,注册资本 4080 万元,员工总人数 150 人。重点发展环保型健康产业,集研发、生产、销售为一体,生产全民健身体育器材及场地设施,2015 年经营总收入达到 4813 万元。

体育旅游发展形成一定规模,取得了经济和社会效益。我市北运河休闲旅游驿站、天津市君利农业示范园入选 2016 中国体育旅游精品景区,天津霍元甲文武学校武传奇功夫剧入选 2016 年首次推出的中国体育旅游创新项目,是全国仅有的 10 个项目之一。体育和旅游部门加强配合,创新方式,形成合力,培育消费市场,优化供给体系,提升了体育旅游在旅游产业和体育产业中的比重,发挥了体育旅游对“稳增长、调结构、惠民生”的重要作用。目前,已形成天津健康产业园区旅游区、五大道体育文化旅游区、北运河休闲旅游驿站等体育旅游点和线。

(四)其他重大事项

1. 筹备全运会

2016 年 5 月 6 日召开中华人民共和国第十三届运动会组织委员会成立大会,全运会各项筹办工作进入新的组织实施阶段。组委会由体育总局和天津市委、市政府有关领导和人员共同组成,以贯彻落实党中央、国务院工作要求,统一、高效地组织与协调全运会各项筹办工作为职责,各部门职责和任务进一步明确,为全运会的成功举办奠定坚实基础。根据国家体育总局关于全运会比赛设项有关要求,本届全运会共设 31 个大项、42 个分项、341 个小项比赛,比赛场馆共需 50 个(2 个易地)。本着节俭办赛的原则,优化赛程,最大化利用本市资源,其中新建 21 个,利用既有场馆 27 个。

2. 明确了"放管服"体育改革工作的思路和措施，废止部分规章和政策性文件

贯彻落实中央决策部署，全面推进依法行政、建设法治政府，全面清理了不利于稳增长、促改革、调结构、惠民生的文件。体育总局废止2件规章和19件政策性文件，修改1件规章。取消了除全国运动会，全国单项锦标赛、冠军赛以及重大国际赛事以外的群众性和商业性体育赛事的审批，取消了一些带有评比表彰性的全国城市体育先进社区、国家体育训练基地（中心）命名、国家高水平体育后备人才基地认定等。我市清理了相应体育规章和文件，取消了相关审批权限。全国对应的天津14个体育行业协会脱钩。

3. 加强公共体育服务体系的宏观管理和协调，制定了《天津体育发展"十三五"规划》

4. 为依法管理天津全运会做铺垫，为公共体育服务、发展体育产业、加强学校体育等提供法律保障

召开依法治理研讨会，围绕《积极推进全运惠民，依法保障全民健身》《"全运会"与法律服务》《全运会与裁判行为的法律规制》3个主题研讨。从加强全民健身宣传、提高体育设施合理布局、开放学校体育场馆、加强社会体育指导员队伍、拓展设施维修资金来源、做好高危险性体育项目管理等方面，提出了依法推动全运惠民的建议。对赞助合同、采购行为、票务活动、车辆租用、雇佣管理、特许经营、安全保障、知识产权、侵权行为中的法律依据、法律事项和法律应对等，进行了有针对性的分析，阐述了赛事活动中的法律服务作用和大型赛事显现的法律特征。提出裁判行为与法律规制，体育产业发展应制定体育参与人特别民事规定的建议。

5. 天津市体育局和天津市游泳协会被总局游泳运动管理中心授予突出贡献奖

天津市体育局和天津市游泳协会与上海市体育局和上海市游泳协会，浙江省体育局和浙江游泳协会，山东省体育局和山东省游泳协会共同荣获"7·16全民游泳健身周"系列活动周"突出贡献奖"。从31个省市区和420个活动站点脱颖而出。

二、面临的形势和严峻挑战

2016年，党中央、国务院印发了《"健康中国2030"规划纲要》，明确了健康中国的建设目标。提出到2020年，人人享有基本体育健身服务。到

2030 年,我国主要健康指标进入高收入国家行列,人均预期寿命较目前再增加 3 岁,达到 79 岁。到 2050 年,建成与社会主义现代化国家相适应的健康国家。层层递进的健康中国指标的提出,需要体育部门在更高层次去谋划,拿出切合实际的更加有力的举措,使成效更加惠民,对推进体育发展是机遇也是挑战。

2016 年 5 月 5 日国家正式发布了《体育发展"十三五"规划》(以下简称《规划》),全面部署了"十三五"时期的体育工作,明确了"十三五"时期体育发展的指导思想、基本原则、主要目标和基本理念。《规划》根据全面建成小康社会的总体部署、实现体育强国的战略目标和建设健康中国的任务要求,确立了"十三五"期间的主要目标为,深化体育重点领域改革,促进群众体育、竞技体育、体育产业、体育文化等各领域全面协调可持续发展,推进体育发展迈上新台阶。力求在体育改革创新、全民健身、竞技体育、冬奥会筹办、体育产业等重点领域取得新突破。从国家层面,当前体育发展与改革仍面临诸多矛盾与问题,天津如何正确认识和积极面对体育发展的社会背景,以《规划》为基准,打好天津体育"十三五"发展这一仗,显得十分重要,是机遇也是挑战。

2017 年,天津将举办第 13 届全运会,同样是机遇和挑战。面临新时期新任务新要求,在赛事规模不可能无止境扩大,项目设置和参加人数也不会越来越多情况下,天津将如何创新思路和方法,加紧场地建设和做好各项准备,奉献一场隆重热烈、全民参与、欢乐祥和、节俭惠民的全运盛会;如何组织好竞赛,如何既增加票房收入和收视率又扩大体育影响;如何让老百姓切实感受到全运会带来的新气象,共同分享全运成果,都是摆在体育人面前急需研究解决的困难和问题。2019 年天津还将举办第 10 届全国残运会暨第 7 届特奥会,如何尽快进入角色做好各方准备,同样提出新的课题,都是机遇和挑战。

天津运动员如何发扬和传承体育精神,努力提高自身竞技成绩,在全运会上展现良好的体育道德风尚和竞技水平,给全市人民带来振奋和享受,都是必须解决的问题。目前,我市排球、网球、击剑、柔道、武术、举重等优势项目成为全国追赶对象下,如何在训练上寻求更大更快的突破厚积优势,也是面临的紧迫形势。根据竞技体育发展规律,如何提高创新意识,抓好后备力量培养,如何打破行业界限,动员全社会特别是依靠教育战线丰富资源,共同培养青少年选手,尽快改变人才薄弱、人才储备不足的现状,都是面临的带有战略性、长期性的重大问题。当务之急下大力量、采取特殊措施,使体育、使运动项目真正走进校园生根开花结果，强大基础，促进孩子们身心健康，从中发现和培养优秀苗子，是机遇也是挑战。

三、天津体育发展预测及对策建议

随着国家、百姓对体育工作的重视，群众健身带来身体和精神上的健康，文化建设和幸福指数的提升，促使体育在建设健康中国、促进人的全面发展中的作用日益显著；体育将成为人民生活的重要组成部分，像沐浴阳光雨露般离不开。2017 年正值"十三五"期间，处于国家实现第一个百年目标，建设美丽天津取得决定性进展的关键时刻。天津体育要实现建设"体育强市"奋斗目标，为建设美丽天津做贡献。天津举办全运会将促使天津社会生态环境、基础设施建设等发生较大变化，促进天津经济社会、文化体育事业进一步发展，提升全市社会文明程度和社会治理水平。一批体育场馆设施的建设和改造将使天津基础体育设施条件得到改善，让更多群众共享天津体育改革发展成果，推动全市全民健身和青少年体育活动向全面和纵深发展。

1. 把筹办第十三届全运会作为推动天津经济社会文化和体育事业发展的重要举措，认真组织和筹划

动员全社会、全市各行业高度重视，明确各自的任务目标，珍惜并牢牢抓住最后这有限的时间，以超常的勇气、毅力、思维、方法，扎实有效地开展筹备和备战工作。体育工作者要一马当先，学习中国女排团结奋斗、敢打敢拼、永不服输、勇争第一的精神，学习身边的典型和模范，抓住冬训机会，提高训练的积极性，通过刻苦训练不断提升自身竞技水平和状态。

2. 推动《天津市全民健身实施计划（2016～2020 年）》落地生根

健康与体育健身息息相关，倡导"大健康"理念，培育健身意识和健身生活习惯。继续加强设施建设，提升供给能力和服务水平。普及健身运动，丰富健身活动，举办各种健身示范活动，发展足球、篮球、排球、乒乓球、羽毛球、网球等项目职业联赛和业余联赛。构建健身新格局：推广居民健身会和村民健身会"两会"，建设街镇体育管理员和社会体育指导员"两员"队伍，打造全民健身信息服务和社会体育指导员"两个平台"。鼓励支持健身创新科研和科技服务，体育与科技、教育、文化、卫生、养老、助残等协同发展，创建体育医院，体育健身与防治疾病、促进健康紧密结合。青少年作为实施全民健身计划的重点人群，实施人才培养工程。继续完善全民健身法规体系，

形成制度化、常态化、时代化。

3. 树立大体育产业概念,建立大圈子

引导大众体育健身消费,培育市民“花钱买健康”意识,扩大体育服务业规模。与全市相关部门单位协同合作,团结动员全市各级体育企业,发展体育旅游、体育教育、体育服装器材、体育康复、体育卫生、体育科研等,切实将产业做大做强,提高体育产业对天津经济的贡献率,为发展体育产业,为建设美丽天津作贡献。

4. 进一步推进落实京津冀协同发展战略,建立京津冀体育发展大圈子

三地地域相通,人文有相似之处,历史上天津即是河北省一部分,加强合作交流,优势互补,你中有我,我中有你,相互促进,共同发展。首先强化全民健身政策指导,促进京津冀群众体育协同发展,多元发展。

(作者单位:天津市体育局)

2016～2017 年天津市人力资源和社会保障状况分析与预测

天津市人力资源和社会保障局课题组

一、2016 年工作情况分析

2016 年，在市委、市政府领导下，全市人力社保系统围绕中心、服务大局，扎实推进各项工作取得新进展，实现了“十三五”良好开局。

——坚持守住就业底线，保持了就业局势总体稳定。积极应对经济下行和化解产能过剩以及高校毕业生就业等多重压力，实施积极的就业政策。出台了化解过剩产能企业人员安置办法，强化职业培训促进就业，鼓励创业带动就业。全年新增就业 48.9 万人，城镇登记失业率 3.5%。

——坚持引育并举，形成了人才支撑发展的新优势。主动适应创新驱动战略新要求，引进培养了一批紧缺急需的高层次人才，首次实施杰出人才评审；“131”创新型人才培养的层次和领域又有了新的提升和拓展；博士后科研流动站、工作站总数达到 304 家；大力推行人才“绿卡”制度，率先实现外国人就业证和外国专家证“两证合一”；“津洽会”人才智力引进、海外人才网上洽谈、清华北大专场招聘活动成功举办，形成了引才聚才用才的良好氛围。

——坚持制度优化和高效服务相统一，社会保障能力不断提高。不断扩大社会保障覆盖范围，启动实施全民参保计划，社保登记纳入“五证合一”。机关事业单位养老保险制度改革全面实施，首次实现机关事业单位与企业退休人员养老金同步调整。出台了进一步完善医疗保险制度的意见，制定了支持“医改”的若干政策措施。工伤、失业、生育保险待遇水平持续提高，社保基金安全稳定运行。

——坚持多措并举、综合施策,保持了群众收入的稳步增长。认真落实市委、市政府 20 条增收措施,调整规范了机关事业单位基本工资标准、公务员津贴补贴和事业单位绩效工资,形成了适应不同职业群体特点的工资政策。2016 年全市居民人均可支配收入增长 8.9%。

——坚持改进作风、提升素质,机关事业单位人事管理更加规范。不断深化人事制度改革,招考招聘、培训奖励和作风建设等各项制度日趋完善。深化四类规范化培训,开展专题示范培训、对口培训和自主选学、网络在线学习。建立政府任命国家工作人员宪法宣誓制度,规范作风投诉运行机制,引导各级公务员改进作风、干事创业。

——坚持企业与职工权益双维护,劳动关系保持和谐稳定。深入落实构建和谐劳动关系实施意见,出台和谐企业创建活动实施办法。建立京津冀劳动监察、仲裁协同处理机制,制定劳动人事争议调解暂行办法,调解组织实现市区街三级全覆盖。16 个区全部建立劳动保障监察大队,有效治理拖欠农民工工资等突出问题。信访接待和电话咨询等群众诉求通道更加顺畅。

二、2017 年工作展望

今年是实施"十三五"规划的重要一年,是供给侧结构性改革的深化之年,也是人力社保事业落实新理念、抢抓新机遇、实现新发展的关键之年。重点做好十个方面工作:

(一)积极抢抓京津冀协同发展战略机遇

重点要把握"四个促进":

一是促进人力资源互通互融。支持三省市公共就业和人才市场互设服务窗口,开辟绿色通道,打破体制机制障碍,促进区域人才自由流动。建立三省市专业技术人才职称、职业资格互认机制。实施"圆梦京津冀人才一体化计划",互通共享海外人才资源。二是促进创新平台共建共享。实施"北京中关村—天津自贸区—河北·京津冀全面创新改革试验区"人才联动计划,通过政策、人才和信息共享,搭建区域人才协同创新平台。加快建设专家服务基地、留学生创业园和博士后工作站、创新实践基地等高端平台。三是促进社会保障互联互转。加快实现京津冀医保异地联网结算,进一步畅通三省市养老保险关系转移接续,打破身份、户籍和区域、城乡限制。四是促进劳动关系共调共处。建立三地劳动保障监察执法协调处理平台,共享用人单位守法诚信信息,建立三地劳动人事争议协同处置机制。

(二)精准发力,全力确保就业局势总体稳定

今年的就业形势依然复杂严峻,总量压力依然较大,结构性矛盾更加突出,化解产能过剩职工安置任务更加繁重,我们必须把稳定就业作为全系统的政治任务和第一位工作,实施更加积极的就业政策。

一是稳妥做好化解过剩产能和国有企业混合所有制改革中的职工分流安置。全面落实稳岗补贴、转岗培训补贴、社保补贴等政策,确保分流安置职工离岗不失业。二是全力以赴做好高校毕业生就业工作。实施高校毕业生就业创业促进计划,落实新一轮"三支一扶"计划,引导鼓励高校毕业生到基层工作。加快大学生就业见习基地和创业孵化基地建设。三是深入开展大规模普惠性职业技能培训。继续实施百万技能人才培训福利计划。要强化需求引导培训、补贴对应等级的市场激励机制,加快推广职业培训包模式。四是深入推进创业带动就业。积极搭建创业孵化平台,持续优化创业服务。五是做好就业困难群体帮扶。对困难家庭大学生、单亲家庭和长期失业人员等十类就业困难群体,严格落实包保责任,实行建档立卡、动态管理,开展一对一帮扶。

(三)广开渠道,努力实现群众收入稳步增长

一是着力提高企业职工工资收入。适时调整最低工资标准,落实国有企业负责人薪酬与职工工资挂钩办法,继续颁布全市企业工资指导线和部分行业工资指导线大力推进工资集体协商。二是合理提高社会保障待遇。继续调整机关企事业单位退休人员基本养老金。继续提高城乡居民基础养老金。居民医保政府补助标准,二、三级医院住院报销比例,工伤、失业保险待遇标准继续提高。三是完善机关事业单位工资制度。认真落实行政执法类、专业技术类公务员工资制度,规范和完善津贴补贴政策,做好法官、检察官和人民警察薪酬制度改革。建立机关事业单位防治"吃空饷"问题长效机制。

(四)协调联动,有效维护劳动关系和谐稳定

一是指导企业规范劳动合同管理争创和谐企业。加强企业执行劳动合同的规范管理,完善劳动用工备案制度,建立劳动合同信息网络平台,调整

完善高温津贴、休息休假、特殊工时等政策,开展和谐劳动关系创建活动。二是提高调解仲裁监察效能,畅通劳动者维权渠道。深入实施调解员“万人培训计划”,完善仲裁制度,加快建设劳动监察指挥中心,加大对农民工工资支付等重点领域监察力度。三是妥善做好军转干部安置和信访维稳工作。完善指令性分配、双向选择和自主择业相结合安置方式,加强军转干部教育培训的针对性和实效性,拓展 12333 电话咨询服务渠道,搭建立体便民服务平台。严格落实信访工作责任制和矛盾排查机制,完善市、区两级联合接访制度。

(五)创新机制,加速集聚海内外高层次人才

形成聚集人才的强大“磁场”。重点畅通人才聚集“五条路径”:一是以产业链布局人才链。编制紧缺人才目录和高层次人才引进计划,建立面向海内外定向发布机制,制定契合产业需求的人才引进评价体系。二是以重大人才项目构筑聚才优势。目前我们正在实施千企万人支持计划、引进海外人才三年推进计划、杰出人才培养计划和 131 创新型人才培养工程等一批重大人才项目。三是以高端平台引进高端人才。完善市政府特聘专家、双休日工程师等制度,举办京津冀海外人才高端论坛、津洽会人才智力引进和清华北大等“双一流”高校招聘系列活动,建设海外人才离岸创新创业基地。四是以一流服务聚集一流人才。加快拓展人才“绿卡”的金融、交通、文化等功能,深化外国人来津“两证合一”制度,在高端人才聚集区增设人才服务窗口,精心组织人才服务月、海外人才津门行等系列活动。五是以市场活力激发人才活力。加快人力资源服务业发展,推进国家级产业园建设。支持人力资源服务机构引才。

(六)多措并举,加快推进全民参保计划

一是实行柔性参保政策。重点是盯住新业态下快速成长的小微企业、新型农业生产经营主体和物流、快递等新兴业态就业人员,分类施策、有效引导。二是开辟便捷参保渠道。依托社保分中心、街乡镇和社区劳动保障服务平台,组织社保征缴工作。用好微信公众号、手机客户端、移动支付等现代化手段,变人工服务为信息跑路。推广养老保险退休待遇计算器,提升制度吸引力。三是用好征缴强制手段。采取公告催缴、申请扣押等多种手段,促进企业依法缴纳社会保险费。引入会计师事务所等社会第三方组织力量,加强对参保缴费审计监督。

（七）深化改革，建立更加完善的社会保障制度

一是深化机关事业单位养老保险制度改革。出台职业年金办法，积极推动职业年金投资运营。贯彻落实国家机关事业单位基本养老保险关系转移接续办法。二是助力“三医”联动改革。支持分级诊疗、家庭医生和医疗联合体建设，扩大基层医疗机构医保药品报销范围。在全市推行糖尿病门特按人头付费；推进 110 个住院病种、日间手术按病种付费；继续实行医保基金总额管理，建立重特大疾病保障制度。建立“三医”联动信息共享平台。统筹做好药品招采管理改革。三是强化社保基金监督管理。健全社保基金监管制度，完善社保欺诈案件查处和移送司法工作机制，加强医保监控，确保基金安全。

（八）激发活力，不断深化机关事业单位人事制度改革

一是实施公务员分类改革和职务职级并行试点。推进专业技术、行政执法类公务员分类改革，完善分类录用、考核、培训等制度。在市级机关及和平、西青区开展职务与职级并行试点。打造人民满意的公务员队伍，深化四类规范化培训，突出抓好专题示范培训，全面推进职业道德建设，深入开展主题实践活动，支持公务员依法行政特邀监督员开展监督评议。二是深化事业单位人事制度改革。全面落实用人单位自主招聘权，对用人单位紧缺急需高层次人才，允许采用点对点、免笔试、直接考核的方式进行招聘。实行岗位设置动态管理，严格聘用合同管理。三是鼓励科研人员双向流动。支持事业单位科研人员离岗创业或兼职取酬，鼓励有创新实践经验的企业科技人才到高校和科研院所兼职。

（九）分类推进，发挥职称评价“指挥棒”作用

一是健全职称评价体系。根据需要增设评审专业，满足新兴业态人才评价需求。实行职称评价结果与聘用、考核和晋升等相衔接。建立职称与职业资格衔接机制。二是完善多元化评价机制。下放职称评审权限，在具备条件的高校、科研院所、医疗卫生机构推行职称“以聘代评”。在国家重点实验室、新型研发机构、大型骨干企业和高新技术企业开展自主评价。畅通非公有制经济组织、社会组织、自由职业专业技术人才职称申报渠道。实行高中级职称分级分类管理。三是制定科学合理的评价标准。建立职称申报诚信体系和失信惩戒机制，对学术技术造假“一票否决”。注重基层和一线

从事技术创新、技术应用、技术推广的工作实绩,实行差别化评价。淡化职称唯学历唯论文倾向,对职称外语和计算机应用能力考试不作统一要求。

2016～2017 年天津市人口形势分析与预测

陈志光

一、2016 年天津市人口现状分析

2016 年是全面实施“十三五”规划的开局之年，是全面深化改革、加快建设美丽天津的关键之年，也是天津市人口发展的重要一年。全市不断提高人口服务管理水平，人口数量稳定增长，人口结构不断优化，人口分布合理调整，为经济社会良好运行提供了坚实基础和根本保障。

1. 天津市人口总量

2016 年天津市人口总量稳定增长。年末全市常住人口 1578 万人，比上年末增加 31 万人。其中，户籍人口 1038 万，比上年增长 11 万人；外来常住人口 540 万，比上年增加 20 万人。全市人口出生率为 7.5‰，比上年上升 1.66 个千分点；死亡率为 6.05‰，比上年增长 0.44 个千分点；自然增长率为 1.45‰，比上年增加 1.22 个千分点。①

2. 天津市人口结构

2016 年天津市城镇人口 1308 万人，比上年增加 30 万人；农村人口 270 万人，比上年增加 1 万人；城镇化水平为 82.9%，比上年增加 0.3 个百分点。2016 年天津市男性人口 870 万人，比上年增长 7 万人；女性人口 708 万人，比上年增长 24 万人；总人口性别比为 123（以女性为 100）。

2016 年，天津市 0～14 岁人口为 155 万人，较上年增长 3.2 万人，占常住人口总数的 9.8%；15～64 岁人口为 1270 万人，较上年增长 23.5 万人，

① 本文所用数据如不特别注明，都来源自天津统计年鉴及其推算。

占常住人口总数的 80.5%;65 岁及以上老年人口为 153 万人,较上年增长 4.3 万人,占常住人口总数的 9.7%。总人口抚养比为 24.3%,其中少儿抚养比为 12.2%,老年抚养比为 12.0%。也就意味着,100 个劳动年龄人口要抚养大约 12 个少年儿童和 12 个老年人口。①

3. 天津市人口分布

2016 年天津市人口分布仍呈现不均衡态势(详见图 1)。和平、河东、河西、南开、河北、红桥市内六区共集聚人口 491 万人,占全市总人口的 31.1%,人口密度高达 28382 人/平方千米。东丽、西青、津南、北辰环城四区人口共计有 344 万人,占全市总人口的 21.8%,人口密度 1826 人/平方千米。滨海新区人口有 305 万左右,占全市总人口的 19.3%,人口密度 1344 人/平方千米。武清、宝坻、宁河、静海、蓟县等远郊五区人口共计 438 万,占全市总人口 27.8%,人口密度仅为 578 人/平方千米。

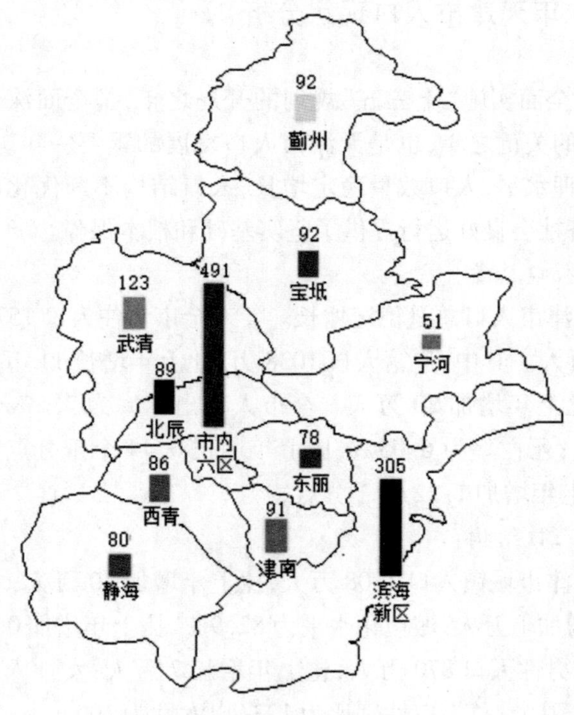

图 1　2016 年天津市人口分布(单位:万人)

① 由于四舍五入计算方法,汇总数据和分数据之间可能稍有差异。

二、2017年天津市人口发展预测

1.2017年人口总量预测

图2天津市人口数量变化趋势表明，2000年时天津市总人口有1001万，其中，户籍人口912万，外来人口不到100万；一直到2004年，天津市户籍人口和外来人口都处于缓慢增长阶段，5年时间总人口仅增长了23万。但从2005年开始，天津市人口数量进入快速增长阶段，主要原因是外来人口的大量流入。特别是2008年以后，每年流动人口的增长都有几十万。根据这些前期数据，结合人口发展规律，我们预测，2017年天津市人口将稳中有增，总量在1610万人左右。户籍人口将增长12万人，达到1050万；外来人口仍会继续快速增长，将增加20万人左右，共计560万人。全市人口出生率为8.0‰，比上年上升0.5个千分点；死亡率为6.08‰，比上年增长0.03个千分点；自然增长率为1.92‰，比上年增加0.47个千分点。

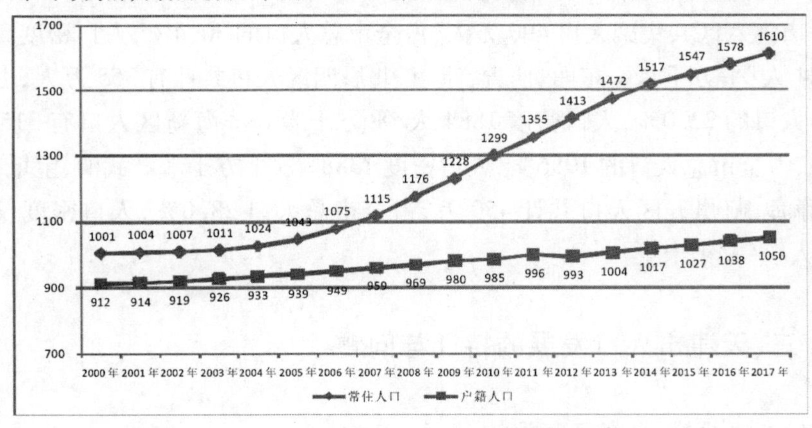

图2　2000～2017年天津市人口数量（单位：万人）

2.2017年人口结构预测

图3展示了天津市人口结构的基本情况。2017年天津市城镇人口将达1340万人，比上年增加31万人；农村人口为270万人，比上年增加1万人；城镇化水平约为83.2%，比上年增加0.3个百分点。2017年天津市男性人口878万人，比上年增长8万人；女性人口732万人，比上年增长24万人；总人口性别比为120.0。

2017年，天津市0～14岁人口为159万人，较上年增长4万人，占常住人口总数的9.9%；15～64岁人口为1293万人，较上年增长23万人，占常住人口总数的 80.3%;65 岁及以上老年人口为 153 万人,较上年增长 5 万人,占常住人口总数的 9.8%。总人口抚养比为 24.5%,其中少儿抚养比为 12.3%,老年抚养比为 12.2%。

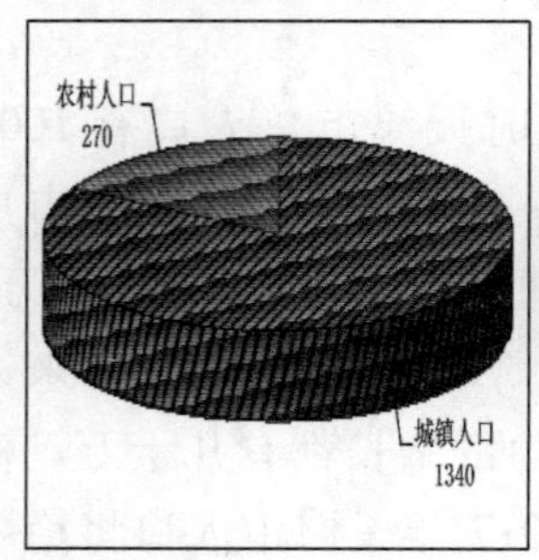

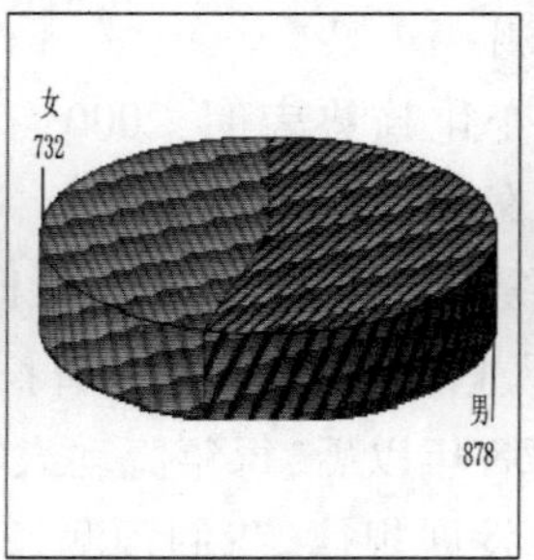

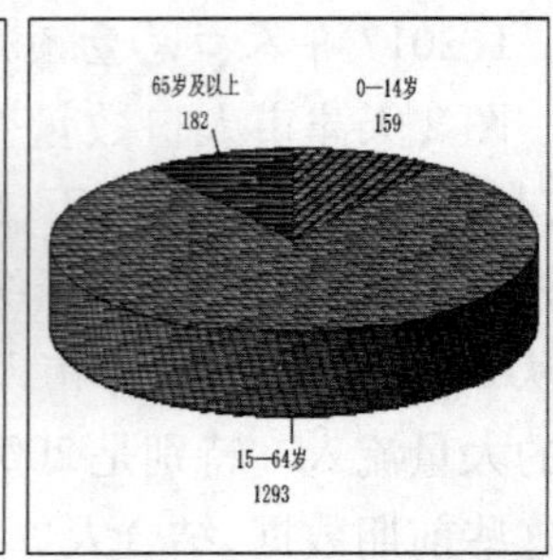

图 3　2017 年天津市人口结构(单位:万人)

3. 2017 年人口分布预测

2017 年天津市人口分布变动程度不大。和平、河东、河西、南开、河北、红桥市内六区共集聚人口 490 万人,占全市总人口的 30.4%,人口密度高达 28324 人/平方千米。东丽、西青、津南、北辰四区人口共计有 355 万人,占全市总人口的 22.0%,人口密度 1884 人/平方千米。滨海新区人口有 315 万左右,占全市总人口的 19.6%,人口密度 1388 人/平方千米。武清、宝坻、宁河、静海、蓟州五区人口共计 450 万,占全市总人口 28.0%,人口密度仅为 594 人/平方千米。

三、天津市人口发展的特征与问题

1. 二孩政策,生育问题复杂

自 2016 年 1 月 1 日起,天津市实行全面二孩政策,全市将迎来生育高峰,且可能持续多年。市妇女儿童保健中心统计数据显示,2016 年前四个月天津新登记孕妇超过五万人,这一数字比去年同期高出了一倍,其中有 10% 是 35 岁以上的高龄产妇。生育高峰转化的巨大压力直接考验着天津市各大医院的产房、床位等硬件设施和助产能力等软实力,更是给医护人员及助产士们带来挑战。而“二孩”一落地,天津市场的“金牌月嫂”每个工作周期的报价已经攀升至 1.2 万元起步,并继续呈现出上涨趋势。如何合理配置公共服务资源,妥善解决二孩生育带来的医护人员不足、家政资源紧缺、教育就业困难等问题成为当前工作的重点和难点。

2. 性别比升高，离婚率迅速增加

2000 年第五次人口普查时天津市性别比为 104.0，男女比例基本保持均衡；而 2010 年却升高到 114.5，十年间上升了 10.5；2015 年更是上升到 126.3，即全市男性人口比女性人口多出四分之一。性别比的持续升高给我市社会稳定、婚姻家庭等多方面带来影响和压力。如表 1 所示，天津市离婚人口呈现迅速增长趋势，2010 年离婚对数仅有 28132，在 2013 年上升到 44093 对，截至 2015 年已经增加到 51446 对，五年间增加了 80% 多。其中，主要是民政协议离婚，从 2010 年的 24065 对，增加到 2015 年的 46507 对，五年间增加了近一倍。

表 1　2010~2015 年天津市离婚人口数量

	2010 年	2011 年	2012 年	2013 年	2014 年	2015 年
离婚对数(对)	28132	30560	34790	44093	43342	51446
法院判决离婚	4067	4445	4376	4371	4388	4939
民政协议离婚	24065	26115	30414	39722	38954	46507

3. 外来人口多，市民化程度较低

当前，天津市总人口近 1600 万，外来人口有 500 多万，占到三分之一以上。外来人口的不断流入给我市的基本公共服务带来巨大的压力。由于劳动市场分割，大部分外来人口被排斥到相对低端的次级劳动力市场工作，主要集中在制造业、批发零售业、居民服务业以及住宿餐饮业等，从事金融业、信息软件业、科学研究业的比例很少。相关数据表明，外来人口租房居住的占 70%~90%，已购商品房的仅为 5%~10%，能够享受到廉租房、公租房、政策性保障房不足 1%。外来人口特别是农民工集聚在工棚、临建房、简易房、城中村中，给我市的住房建设和公共安全带来巨大的压力。外来人口参加社会保险比例也很低，仅 20% 左右，社会保障状况堪忧。理论研究和实践数据一致表明，天津市外来人口的生产生活虽然有了很大的进步和发展，但他们仍处于就业状况差、收入水平低、住房设施缺、社保参与低、子女教育难、居留意愿弱、社会距离大的"半市民化"阶段。

4. 老龄化社会面临巨大挑战

天津市老年人口数量和比重都增加非常迅速，表 2 数据所示，2010 年 60 岁及以上人口为 176 万，而 2015 年已经增加到 230 万，每年都有十几万人的增长；占总人口的比重也从 17.9% 上升到 22.4%，即每四个人中就有一位是老年人。同时，2015 年天津市 65 岁及以上老年人口已有近 150 万，占户籍人口的比重达到 14% 以上。而 65 岁以上老年人口占人口总数的 7% 即意味着这个地区处于老龄化社会,可以说,我市已经进入“高度老龄化”阶段。而且,80 岁及以上人口也占到总人口的 3% 以上,特别是高龄失能老人的照料服务,更是影响家庭、社会的重大问题。人民群众对于养老服务的需求将会越来越大,现有的养老设施总量很难满足日益增长的养老需求,人口老龄化的巨大压力,考验着政府规划养老的能力。

表 2　2010 ~ 2015 年天津市户籍人口老龄化状况

	2010 年	2011 年	2012 年	2013 年	2014 年	2015 年
60 岁及以上人口(万)	176	187	188	201	215	230
占总人口比重(%)	17.9	18.8	18.9	20.0	21.2	22.4
65 岁及以上人口(万)	121	128	123	130	138	147
占总人口比重(%)	12.3	12.8	12.4	12.9	13.6	14.3
80 岁及以上人口(万)	27	30	25	28	31	33
占总人口比重(%)	2.8	3.0	2.6	2.8	3.0	3.3

四、天津市人口发展的政策建议

1. 做好人口规划与预测工作

强化人口发展的基础和保障地位,积极将人口计生事业纳入全市国民经济和社会发展的总体规划。促进人口与经济社会协调推进,加强人口因素变化与经济社会发展、资源节约、环境保护内在关系的研究。深入研究人口内部各因素之间的联系和变动,准确把握生育、死亡、分布、流动等方面的现状和发展趋势,不断推进各阶段人口工作的创新发展。保持人口政策的连续性、稳定性和适应性,更加注重服务关怀,更加注重宣传倡导,全面加强基层基础工作,突出做好重点地区重点人群的人口计生工作。完善以常住人口基础信息为主要内容,以自主采集为基础、办事采集与共享采集为主要手段的人口信息采集体系建设,提高信息采集能力和数据质量。进一步提高信息覆盖率、完整率和准确率,建成标准统一、管理规范、覆盖全部人口的个案信息库。

2. 促进优生优育,加强服务配套

开展易为广大群众接受的宣传和引导活动,加强婚前、孕前咨询指导。组织实施计划生育、生殖健康促进工程,做好健康教育、优生咨询、高危人群指导、孕前筛查、营养素补充等优生服务工作。完善各项配套措施,加强市、

区两级妇产、儿科资源配置，加大专项人才培养力度。重点加强各级妇产专科医院和综合医院妇产科急危重症救治能力建设，建设助产实训中心，建立健全基层产院、产科和有关大医院应急转诊通道。全面推进人口健康档案、健康教育、儿童预防接种、传染病防控等基本公共服务均等化。加强月嫂、保姆、营养师、保育员、钟点工等人员的教育与培训工作，设置行业标准，规范行业行为，不断提高她们的责任心和专业技能，为广大家庭提供专业、安全、可靠的家政服务。政府加大对公立幼儿园的投资建设力度，街道、社区增加托儿所、兴趣班的数量，企业建立哺乳间、婴儿照料室等设施。

3. 保障女性权益，促进家庭发展

加强出生人口性别比综合治理，严厉打击非医学需要的胎儿性别鉴定和选择性别人工终止妊娠行为。推动妇女儿童事业全面发展，切实保障妇女合法权益。加强未成年人保护，深入推进关爱女孩行动，进一步开展“幸福工程”和“春蕾计划”等社会公益性活动，严厉打击暴力侵害妇女、拐卖妇女儿童等违法犯罪行为。促进妇女就业创业，提高妇女的工作待遇，推进她们的职业发展和专业技能提升。在全员人口信息系统中，加强家庭信息采集和管理，为家庭发展政策的制定和实施提供依据。稳定家庭功能，在情感归属、心理健康、优生优育、子女教育、家庭致富以及养老保障等方面建立健全家庭发展体系。倡导积极健康、负责任的婚姻行为，增强夫妻双方的信任感和责任感；通过单位、社区、社会组织等机构的帮助，有效缓解和解决家庭内部的纷争和矛盾，建立和谐友爱的家庭氛围。

4. 有序推进农业转移人口市民化

有序原则是指合乎事物发展的内在规律和外在模式，按照最优化的顺序和步骤推进农业转移人口市民化。受我国现行户籍管理制度和城市公共服务体制所限，推进农业转移人口市民化将是一项长期、复杂而艰巨的任务，不可能一步到位，须基于现实情况和通过政策完善分步、有序解决。首先，优先、集中精力解决农业转移人口面临的重要、突出的难题和困难，例如转移人口被拖欠的工资、异地医疗保险、随迁子女的入学等；其次，及时有效的解决农业转移家庭面临的突发、紧急的困难和问题，例如工伤保险的赔付，住房摆摊拆除等；再次，做好制度设计和长远规划，多元主体共同努力，解决转移人口的长期困难和制度障碍，如户籍制度改革、劳动力市场分割、社会保障转移接续等重要问题；最后，重视农业转移人口的市民化意愿、养老保障等事项，尊重个人选择和社会发展规律，逐步推进转移人口的心理融合和身份认同。

5.加强养老体系建设

加大城镇职工养老保险、城镇居民养老保险、农村养老保险等的覆盖率,提高统筹层次,增加保险金额,保障老年人的基本生活需求,为其提供稳定可靠的生活来源。以机构养老为重点发展方向,以家庭养老为主要承担主体,以社区养老为关键补充,充分发挥机构养老、家庭养老、社区养老三者的功能和作用,使老年人口能够得到基本的人力照料和资源配置。重点保障高龄老人、低收入老人、"五保"老人的基本养老需求。加强护理型养老机构和护理院或护理站建设,增加照护床位供给,逐步满足失能、半失能老人机构照护需求。借助养老机构和居家养老服务平台,建立以乡镇(街道)为组织单元、村(居)为节点、基层老年人协会为骨干的空巢老人帮扶网络,明确重点服务对象,确定重点服务内容,开展个性化帮扶服务,做到生活照料与精神关爱并重。提高社会各界对老龄问题的认识,营造尊老、敬老、爱老、助老、孝老的社会氛围。

(作者单位:天津社会科学院社会学研究所)

2016～2017年天津市社会治安状况分析与预测

王　焱

一、2016年天津社会治安整体情况

2016年天津社会治安状况继续保持良好态势。据公安部门统计，2016年1月至9月，全市接报有效警情同比下降3.4%，刑事警情同比下降21.9%，火灾事故同比下降29.6%；街头“两抢”警情在2015年下降70%的基础上又下降50.6%，街头“两抢”案件破案率始终保持70%以上。

2016年开展了“打侵财、治隐患”“治乱保安”“治枪患”等专项行动以及“打现行、强基础、保平安”百日行动，有效提升了打击犯罪的整体效能。据统计，2016年以来，全市公安机关破获严重刑事犯罪案件1500多起、侵财案件10000多起、电信诈骗案件463起，现行命案、枪案、绑架案全部破获；破获公安部毒品目标案件7起、市级毒品目标案件25起，缴获各类毒品53.18千克；破获经济犯罪案件2653起，抓获境外在逃人员14名，挽回经济损失11.54亿元。

社会治安防控体系不断完善，坚持以防助打，细化社会面整体防控。截至目前，各类视频监控点位已有68万余个。2016年以来全市接报抢劫、抢夺、盗窃警情同比分别下降38.7%、40.3%和25.1%。不断完善网格化布警、五警联动巡控打击、特警尖刀机动队动中备勤等一系列新机制，推行综合警务站建设，在全市设置632个网格化巡区和127个晚间查控点位，部署323个“一、三、五分钟”处警圈和72个“30分钟”围堵圈，构建起全时空、多层次、立体化巡控网络布局，有效提升整体防控能力。

2016年天津夏季达沃斯论坛6月28日圆满闭幕。各相关部门严格落

实联动查控机制,筑牢安全屏障;对主会场和文化之夜活动现场分别设置四道防线,点对点设置安保岗位和作战单元;对 854 家涉枪涉爆、剧毒放射、烟花爆竹等企事业单位进行隐患排查,对 322 家易制爆化学品从业单位实施了登记纳管,督促整改火灾隐患 1.6 万处。

根据 2016 以来天津市人民检察院发布的职务犯罪大要案信息,自 2016 年 5 年至 2016 年 11 月,共查处职务犯罪大要案 34 件,涉及厅处级犯罪嫌疑人 34 人,其中厅级 13 人,处级 21 人。

二、集中打击多发性侵财型犯罪

自 2016 年 4 月,公安部部署全国公安机关开展为期三年的打击“盗抢骗”犯罪专项行动。天津市公安系统成立了市局、分局两级视频调度指挥部,坚持每周指挥调度、破案督导、集中攻坚,进一步推进打击电信网络诈骗、盗窃、抢劫、抢夺、诈骗等多发性侵财犯罪行动。目前已经取得了阶段性战果。截至 2016 年 11 月 30 日,共打掉犯罪团伙 244 个,抓获犯罪嫌疑人 3585 名,破案 10799 起,切实提升了人民群众的安全感和满意度。专项行动中,采取传统手段与信息化手段相结合,专案侦查与区域性集中行动相结合等方式,以跨区域系列团伙犯罪、地域性职业犯罪群体和销赃犯罪等为重点,加强警情研判、扩大线索来源、深化串并侦查、及时追赃返还,严厉打击电信网络诈骗等新型犯罪和传统“盗抢骗”等多发性侵财犯罪,坚决、迅速地侦破一批案件、抓获一批逃犯、整治一批重点地区、返还一批赃款赃物,有效地遏制犯罪分子的嚣张气焰,切实维护全市社会治安大局稳定。

进入夏季以来,天津静海区连续发生多起抢夺案件,两名犯罪嫌疑人驾驶一辆摩托车,趁被害人不备抢夺挎包,多名被害人被拉拽倒地后身体多处擦伤。接到报警后,天津市公安局图侦技防总队、静海分局成立专案组,迅速开展案件侦破工作。案件侦破中,办案民警经过调取案发现场及周边区域的视频资料,最终断定上述案件系同一伙犯罪嫌疑人所为,河北省人田某(男,32 岁)、赵某(男,23 岁)有重大作案嫌疑。经工作,办案民警在河北省大城县将两名犯罪嫌疑人抓获归案,经审讯,两名犯罪嫌疑人对抢夺犯罪事实供认不讳,同时,又交代了十余起抢夺犯罪案件。

2016 年 9 月以来,西青、武清等区盗窃面包车案件呈上升趋势,市公安局刑侦局迅速会同相关单位成立专案组,第一时间勘查现场、第一时间发现涉案线索,11 月 25 日 16 时许,二十余名警力一举将设在河北省廊坊市葛渔诚镇的销赃窝点铲除，抓获犯罪嫌疑人毕某某、张某某等 7 人，缴获被盗面包车 3 辆。经审讯，犯罪嫌疑人对盗窃面包车、盗窃犬只获利的犯罪事实供认不讳。

三、专项治理电信诈骗犯罪和传销犯罪

2016 年 3 月 16 日，天津市反电信网络诈骗犯罪中心正式成立并投入运行。中心设置了接警、查控、研判、反制 4 个平台。接警平台建立了报警群众、市公安局 110 报警服务台和反诈中心“三方通话”工作模式，群众报警时可直接与反诈中心民警对话，民警可第一时间获取涉案账号、电话、网址等线索；接到确切案件信息后，查控平台将涉案账号、电话、网址向有关部门推送，追查涉案资金去向，对涉案资金紧急止付，对涉案电话、网址依法予以封停；研判平台负责对全市电信网络诈骗案件信息进行综合分析、研判，提出打防控建议；反制平台通过建立数据库，分析出需要防范打击的诈骗信息类型。该中心成立 8 个多月来，共接处电信网络诈骗警情 2.5 万余起、封停涉案电话号码 6537 个、止付涉案银行账号 4353 个、止付涉案资金 5000 余万元。截至目前，反制平台为群众发送预警信息 652 条，为群众挽回经济损失 70 余万元。

2016 年 8 月 10 日至 11 月 30 日，天津市公安局经侦总队联合天津市社会治安综合治理委员会办公室、市市场和质量监督管理委员会有关部门，在全市范围内组织开展打击传销违法犯罪百日行动，捣毁传销窝点 220 个。行动期间，全市各级经侦部门以传销违法犯罪活动较为严重的静海、津南、武清、大港四个地区为重点，采取“集中一段时间，集中优势警力，集中专项打击”的方式，捣窝点、摧网络、破大案、挖源头，取得实效。其间，全市共出动警力 3000 人次，破案 70 余起，刑事拘留 130 余人，清理传销窝点 220 个，遣散参与传销人员 3300 余人。加大打击力度的同时加强防范宣传，通过媒体发布宣传报道 300 余次、进校园现场宣传 14 次，通过天津市教委《超级校园》“预防经济犯罪专栏”宣传覆盖 40 万大学生，收到良好的社会效果。

四、保持高压态势，提高刑侦效率，现行命案全部告破

2016 年以来，按照市公安局的总体部署，全市各级刑侦部门始终保持严打高压态势，健全完善科学指挥、合成作战、科技支撑、情报导侦的打击犯

罪工作模式,采取传统手段与信息化手段相结合、专案侦查与区域性集中行动相结合等方式,全力助推命案侦破工作保持高水平。在具体工作中,落实"五长"到案机制,强化现场指挥督导,确保破案资源绝对充分、破案环节高效衔接、破案措施高效运转;不断深化合成作战机制,大力推进刑侦、图侦、刑事情报信息等五侦同步上案,集中各警种破案资源,全面提升破案打击能力;强化现勘质量保障机制,所有命案现场由刑侦部门全部负责、全程跟进,高标准实施精细化勘查,为迅速侦破案件提供强力支撑。2016 年以来,相继侦破了北辰"4.22、4.27"持枪杀人、西青"5.7"抢劫杀人、蓟县"5.8"故意杀人、河西"5.10"伤害致死、宝坻"5.19"故意杀人、东丽"5.22"故意杀人等一批杀人案件。

五、打击治理毒品犯罪还需引起高度重视

天津市仍处于毒品问题蔓延期、毒品犯罪高发期、毒品治理集中攻坚期,禁毒工作面临严峻形势。目前,合成毒品滥用已呈主流态势。在毒品滥用种类上由过去滥用鸦片、海洛因等传统方式,发展到现在滥用 K 粉、冰毒等合成毒品。据统计,在全市查获的吸毒人员中滥用合成毒品的人员占总数的 91.2%。

2016 年 11 月,市公安局禁毒总队会同公安津南分局成功破获一起特大跨省团伙运输贩卖毒品案,抓获涉案嫌疑人 7 名,缴获毒品冰毒 7 公斤。

2015 年 4 月底,公安津南分局禁毒支队在侦办一起毒品案件中获取一条线索:暂住在我市静海区的陕西籍男子曾某某有跨省市贩运毒品重大嫌疑,其从广东省购买大宗毒品运至我市后向我市及河北省的吸、贩毒人员进行贩卖。民警经进一步工作发现,曾某某周围已形成一个较大的吸贩毒网络,且活动猖獗,每次毒品交易数量都在公斤以上,社会影响极为恶劣。鉴于此案涉及毒品数量较大,涉案人员网络复杂,市公安禁毒总队立即会同公安津南分局禁毒支队等相关单位成立专案组,周密制定侦查方案,全力开展案件侦破工作。

2016 年 9 月 20 日,专案组得到消息,涉案的部分犯罪嫌疑人聚集静海区准备交易毒品。当日凌晨,在静海区大邱庄一出租房内将交易毒品的犯罪嫌疑人张某和曲某某抓获;在河北省廊坊市,在河北警方的配合下,将正在廊坊一饭店用餐的曾某某、王某某、文某某等 3 人抓获,并在饭店外曾某某驾驶的汽车内缴获毒品冰毒 6 公斤。专案组随即对曾进行审讯,曾交代

毒品均从其上线杨某某(男,37 岁,广东人)处购得。

9 月 26 日,专案民警赶赴广州围绕杨某某展开工作。9 月 30 日,专案组在东莞警方的配合下,将杨某某在其租住的出租屋内抓获,供述了其向曾某某贩卖毒品,从中获利的违法犯罪事实。同时,杨某某供述了其上家系广东汕尾市的刘某某。11 月 1 日上午 10 时许,专案组在汕尾警方协助下,在广东陆丰市一酒店大厅,将刘某某(女,43 岁,广东省人)抓获。至此,天津警方历时 18 个月成功摧毁了这条由广东至我市的运输贩卖毒品通道。目前,7 名涉案人员已被警方依法采取刑事强制措施,现此案正在进一步审理中。

六、2017 年天津社会治安状况预测

2017 年是“十三五”时期的第二年,也是全面深化改革的关键之年。在经济“新常态”下,天津经济结构进入深层次转型期,各领域都会进入深度改革期。一些经济社会问题有可能会在这一年突显出来,引发的社会矛盾会集中增多。由于经济转型可能会造成一部分人经济收入减少,不确定的就业形势和失业问题将引发更多的涉及财产的犯罪。其中侵财型犯罪仍将是犯罪高发类型,也是犯罪治理和防控的重点。总体来说,社会治安状况保持良好趋势,侵财型犯罪仍是防控重点。在严重刑事犯罪方面,各类暴力犯罪、毒品犯罪均有潜在的增长能量,必须长期保持高压态势。严重刑事犯罪是影响居民安全感的最为重要的因素,必须在社会治安防控中不断加以遏制。

1. 加强社会治安基本面的防控

以保持全市社会治安整体良好态势为目标,加强社会治安基本面的防控措施。2017 年 9 月第十三届全国运动会将在天津召开,全市将以此为契机,推动城市社会治安状况再上新水平。重点治理以“两抢”为代表的街头犯罪,维护整体社会秩序。提升各类道路上监控水平,使社会治安防控的技术网络更加严密和完善。发挥社会治安综合治理体系的作用,推进各领域的综合治理,保持社会基本面的治安状况良好。

2. 重点打击和防控侵财型犯罪和严重暴力犯罪

严厉打击事关人民群众切身利益的严重暴力犯罪和多发性侵财犯罪,树立“小案件大民生”的理念,及时破大案,更多破小案,努力为人民群众创造良好的社会治安环境。严厉打击盗窃、抢劫、抢夺、诈骗等多发性犯罪活

动,及时发布侵财案件的特点和规律,揭露犯罪分子作案手法,努力提高群众的防范意识和能力。强化视频监控网络建设和维护,提高视频监控的覆盖面和应用效能,实现精确防范和精准打击;强化街面巡逻网建设,完善巡逻民警、居民小区、机关、企事业单位保安和广大人民群众等联动防控机制,群防群治,群策群力,通过人防物防技防,全方位压缩侵财型犯罪和严重暴力犯罪的活动空间。

3. 专项打击毒品犯罪

当前,我市毒品犯罪的情况日趋复杂,毒品犯罪呈现以下特点:一是犯罪主体构成复杂。罪犯文化程度普遍较低,无业人员居多,外埠人员犯罪数量逐年增多。二是毒品类型日趋庞杂。既有冰毒、氯胺酮、大麻、美沙酮等兴奋剂、致幻剂类新型毒品,也有曲玛多、巴比妥等属于国家管制的麻醉药品和精神药品,还有"神仙水"等混合型新型毒品。三是犯罪手段更加隐蔽。为逃避警方重点打击,一些贩毒分子选择在相对缺乏监管的区县交界处、城乡结合部、高速公路收费站以及山区农家院等地进行毒品贩卖和吸食。四是普遍伴生其他犯罪。由于吸毒成本高,吸毒人员往往伴有以贩养吸的情节,有的甚至铤而走险通过实施盗窃、抢夺、抢劫等犯罪手段筹措毒资。还有的女性吸毒人员,为筹措毒资从事卖淫活动。五是团伙犯罪的数量比重较大。有多起毒品犯罪案件在跨省区的流动状态下完成的,其跨度大、路线长、环节多、涉及面广的特点,决定了单一个体的犯罪难以完成;同时,往往是毒品来源地的犯罪分子和本地的犯罪分子相互勾结完成,并且逐步在形成购、运、销的职业犯罪体系。另外,互联网涉毒违法犯罪从单纯的视频吸毒,发展为传播制毒技术、贩卖制毒原料、销售毒品和聚众吸毒等全链条涉毒活动,形成"网络联系、银行打款、物流销售"的贩毒模式。

要始终保持对毒品犯罪的严打严防、高压威慑态势,绝不姑息任何毒品犯罪,对毒品犯罪分子严惩不贷。坚持源头治理、系统治理、综合治理、依法治理,统筹运用法律、行政、经济、教育、文化等手段,综合采取禁吸、禁贩、禁种、禁制等措施,加强宣传引导,广泛发动群众,最大限度减少毒品的社会危害。加强对特殊人员的监控和教育,通过联合开展社会帮教等形式,做好吸毒人员的戒毒工作,积极推进"无毒社区"的建立;加强对吸毒、贩毒重点区域的监控和治理。与各有关单位相互配合、齐抓共管,综合治理,及时打击吸毒、贩毒窝点,铲除涉毒违法犯罪的滋生土壤,净化社会环境。

4. 继续坚持反腐的高压态势，注意基层职务犯罪治理

在职务犯罪治理上，2017 年除了要继续查办大案要案，还需要关注基层职务犯罪。自 2016 年以来，天津市各级检察机关紧紧围绕群众反映强烈的突出问题，积极主动地查办了一批发生在群众身边、损害群众利益的“小官大贪”案件，涉及土地拆迁、农村基层组织、街道办事处、教育卫生、社会保障等多个领域。2017 年的反腐廉政工作会更加深入。要依法惩治重点领域、重点部门、重点岗位和重点决策环节的职务犯罪，依法惩治发生在群众身边、严重侵害群众利益的职务犯罪，积极参与惩治和预防惠农扶贫领域职务犯罪专项工作；依法惩治渎职侵权犯罪和行贿犯罪，依法规范高效办理重大职务犯罪案件，严格办案程序，全面审查证据，准确认定犯罪，保证办案质量。预计在 2017 年职务犯罪治理工作将会取得更大的成绩，为天津加强党风廉政建设和促进反腐败斗争作出积极贡献。

（作者单位：天津社会科学院法学研究所）

2016~2017 年天津市残疾人事业发展状况分析与预测

天津市残疾人联合会

为全面贯彻创新、协调、绿色、开放、共享五大发展理念,推动我市残疾人事业更好更快发展,加快残疾人小康进程,我们对 2016 年本市残疾人事业发展情况进行回顾,总结特色和亮点,查找存在的问题和差距,对 2017 年残疾人事业发展进行预测。

一、2016 年天津市残疾人事业发展基本情况

(一)兜底线补短板,残疾人基本民生保障网络更加健全

为 2.5 万名重度或低保残疾人给予城乡居民基本养老保险缴费补贴 2355 万元,为 13.7 万名重度和低保、低收入残疾人参加城乡居民基本医疗保险缴费给予全额补贴。为 2167 名重度残疾人发放大病救助金 3993.67 万元,同时做好了低保低收入和重度残疾人医疗救助工作。深入实施了“阳光家园计划”,加大残疾人托养服务力度。托养服务残疾人人数 36112 人,超额完成年度任务指标 31279 人的 115%。

(二)强主体创环境,激发残疾人自强自立

1.积极推动残疾人就业工作创新,残疾人就业状况进一步改善

加强了残疾人就业创业服务网络信息平台等渠道建设,借助“互联网+”的新模式,为近千名残疾人和 300 多个单位提供网上职介服务。开展残疾人就业援助活动,组织开展 27 场招聘活动。举办 2016 年残疾人就业雇主培训会,为 150 个单位培训 200 多名人力资源经理。扩大农村残疾人精准

扶贫范围，提高精准扶贫工作实效。对扶贫基地贴息 110.59 万元，新建 4 个农村残疾人扶贫基地。依托蓟州区绿色产业优势，扶持 120 户残疾人成立了养蜂合作社，打造“爱益乐蜂”品牌，推进残疾人养蜂项目产业化升级。

2. 残疾人教育培训工作力度进一步加大，残疾人受教育状况更加良好

落实好《天津市特殊教育提升计划（2014－2016 年）》及后续行动。做好了从学前教育、义务教育、高中阶段教育到高等教育各阶段助学金的发放工资和困难学生资助工资，制定实施了《天津市国家通用手语试点工作实施方案》，国家通用手语试点工作进展顺利。新建成残疾人培训基地 3 个，残疾人参加职业技能培训、实用技术培训、师资培训及残疾大学生创业等残疾人培训项目共计 3179 人次。成功举办了天津市首届残疾青年暨残疾人大中专生职业技能竞赛。

3. 切实加强法制建设和社会宣传，残疾人沟通融入社会环境进一步优化

《天津市无障碍设施建设和管理办法》（市政府 85 号令）修订工作进入了法律审核阶段。各新闻媒体加大对残疾人事业的关注和宣传，刊发报道 2980 余篇（条），营造了良好的社会舆论氛围。广泛开展了助聪、助明、助行、助学、助困和冬季送温暖、夏季送凉爽“五助两送”助残活动，进一步扩大了“五助两送”助残慈善品牌，开展助残公益宣传和实施救助项目 50 多个，累计募集款物折合人民币 1107.6 万余元（已入账金额）。市残疾人福利基金会被中国残疾人福利基金会授予“最具执行力奖”。

（三）聚资源优配置，加强了残疾人公共服务

1. 残疾预防和康复服务进一步加强，更多残疾人享有康复服务

推动扩大基本医疗保险支付医疗康复项目和定点医院数量工作取得了突破性进展。制定实施了《天津市“十三五”孤独症儿童康复救助实施方案》和《天津市孤独症儿童随班就读能力测评方案》，开发启用了“天津市孤独症儿童康复管理系统”，孤独症儿童康复工作评估、教学、统计、管理实现了现代化和规范化。市级完成各类残疾儿童救助 1893 名。免费配发辅助器具 5766 件。成功举办了我市首届辅助器具服务技能大赛，促进了辅具服务人员技术水平的有效提升。组织培训孤独症儿童康复师 242 名、智残儿童康复师 60 名，超额完成中国残联下达的培训任务。河北区、西青区、北辰区成功申报为全国残疾预防综合试验区。认真指导东丽区做好了全国精神卫生综合管理试点工作。

2. 残疾人文化体育活动和赛事成功丰硕,进一步丰富了残疾人精神文化生活

开展残疾人文化周等丰富多彩的群众性残疾人文化活动。举办了第六届“残疾人健身周”等多种残疾人群众体育活动。竞技体育取得优异成绩。在里约残奥会上,我市 8 名残疾人运动员夺得 3 金 4 银 3 铜,3 次打破世界记录的优异成绩。康复体育工作取得很好的效果,全年完成了两批 5000 户残疾人康复体育进家庭项目任务,培训残疾人康复体育指导员 2187 人。做好我市举办 2019 年全国第十届残运会暨第七届特奥会相关筹备工作,拟制了《全国第十届残运会暨第七届特奥会相关筹备工作方案》。

3. 切实维护残疾人权益,帮助残疾人解决了急事难事

建成了“助残一键通”呼叫服务中心,启动了 12385 残疾人维权热线,拓展了残疾人信访渠道。认真办结人大代表、政协委员提案、建议 15 件,满意率 100%。进一步创新残疾人法律救助运作机制,积极协调,多部门联动,切实维护残疾人各项合法权益。全年信访接待来访 236 人,办理来信 68 件,接听处理来电 6828 个,全部予以妥善办理。提供法律咨询 174 人,实施法律救助 57 人。继续保持了残疾人群体和谐稳定的良好局面。

(四)工作体制机制和组织队伍建设得到切实加强

1. 科学制定加快残疾人小康进程“十三五”规划

在广泛征求各方面、各部门和专家意见的基础上,认真研究制定了《天津市“十三五”加快残疾人小康进程规划》,在残疾人福利保障、精准帮扶、残疾人服务设施建设等方面取得实质性进展。

2. 深入开展基础管理“回头看”

建立了残疾人基本服务状况和需求信息数据动态更新工作机制,深入推动专项调查数据转化应用,完成了《“十二五”天津市残疾人状况和小康进程监测报告》和残疾人事业 8 个重点难点课题研究,为本市残疾人事业科学决策提供了可靠支撑。全面落实了《天津市残疾人联合会信息化建设 2015 ~2017 年行动规划》,深入推进市残联信息化五大工程建设。印发实施了《关于加强残疾评定及〈中华人民共和国残疾人证〉审批监管及追责暂行办法》,开展了残疾人证办理及残疾人证档案管理督查,切实规范残疾人证管理工作。

3. 大力加强残联组织队伍建设

深入贯彻党的群团工作会议精神,结合“两学一做”学习教育,进一步加

强了全市残联组织建设。组织了社区残疾人专职委员公开招聘工作，推进全市专职委员人员调整、工作考核、薪酬管理等方面信息化管理，提升了基层残疾人组织规范化建设。

二、2016 年天津市残疾人工作主要特色

（一）建立健全了三项补贴制度，残疾人福利补贴制度更加完善

在连续多年发放困难残疾人生活救助金补贴和重度残疾人护理补贴的基础上，进一步完善了残疾人生活补贴和重残护理补贴制度，全市本年度共为 6.4 万人发放困难残疾人生活补贴 8571 万元；为 10.3 万人发放重残残疾人护理补贴 8034 万元。同时，在全国率先建立了困难残疾人取暖补贴制度，共向 5.2 万个残困户发放了冬季取暖补贴，超额完成 4.9 万户任务指标的 106.21%。

（二）重点关注五类人群，推动了残疾人重点难点问题的有效解决

针对农村残疾人危房户等五类困难残疾人，扎实做好残疾人民生问题的解决。对专项调查显示已鉴定属于危房的 887 名残疾人中，739 人完成改造；对 6840 户调查危房经入户鉴定，1175 户确属危房。对专项调查显示的 1102 名未入学适龄残疾儿童少年已于 11 月底全部解决，实现了精准核实和接受合适教育两个 100%。针对有康复需求的残疾人，积极推动制定《天津市残疾人精准康复服务行动实施方案》。对有无障碍改造需求的残疾人，进一步加大无障碍改造工作力度，完成 284 个社区和 1869 户残疾人家庭的无障碍改造，同时，实施了听力残疾人安装可视门铃和盲人智能手机两个创新项目，分别完成 3346 户和 584 部。

（三）推进残疾人事业推进体制改革，切实加大了残疾人工作力度

从 2016 年开始，残疾人工作正式纳入市委、市政府对全市各区委、区政府工作绩效考核序列。2016 年市委、市政府将“残疾儿童义务教育落实”“社区无障碍改造纳入社区建设”“将扶残助残项目纳入本区县民心工程或办实事项目”等三项残疾人工作纳入对区委、区政府工作绩效考核指标体系，切实加大了推动残疾人工作和加快残疾人小康进程的力度。

三、2017 年天津市残疾人事业发展形势分析

2017 年是本市加快残疾人小康进程的重要一年。残疾人事业作为民生保障和社会建设的重要组成部分,既存在一系列发展机遇,也面对诸多问题和挑战。主要挑战是,在经济发展新常态下,社会结构加快转型,收入分配面临重大调整,进一步缩小残疾人状况与全市平均水平的差距,对完善残疾人社会保障和服务体系提出更高要求。经济发展方式转变,产业结构优化升级,将对劳动者素质提出更高要求,残疾人受教育程度总体较低,就业竞争能力较弱,通过劳动实现增加收入和参与社会生活的难度还会加大。随着人口老龄化进程加快,全社会残疾风险进一步增高,对我市医疗卫生体系、社会保障体系和养老服务体系形成新的挑战。承办 2019 年全国第十届残疾人运动会暨第七届特殊奥林匹克运动会,对我市道路交通、文化体育场馆、医疗卫生、金融、邮政、商业、旅游等公共场所以及无障碍信息交流服务的无障碍环境建设提出新的更高要求。

面对新形势和新挑战,我们的工作还存在一些突出问题:一是残疾人总体生活状况与社会平均水平仍有较大差距,发展不均衡性和城乡差别依然明显;二是残疾人社会保障制度的系统性、层次性和城乡一体化程度还不足,保障的标准还不高;三是残疾人服务体系还不够完备,现有的服务水平和能力与残疾人类别化、个性化、多层次的需求之间还有较大差距,精神文化生活相对匮乏,区域发展还很不平衡,基层为残疾人服务的能力还比较薄弱;四是残疾人事业在理念、技术、人才以及信息化等方面的发展相对滞后,基层基础仍显薄弱;五是政府部门各负其责、联动推进的工作机制以及社会动员参与机制亟待完善和健全,残联组织在群团组织改革中需要进一步明确定位,有效发挥作用。

在我市全面建成高质量小康社会的伟大进程中,完成不让残疾人掉队的历史重任,我们有开拓前行的有利基础。党中央、国务院和市委、市政府高度重视关心残疾人生活,对促进残疾人事业发展作出了一系列重大部署,为做好残疾人工作提供了强大思想动力和政策保障;在“五大战略”叠加的历史条件下,我市经济平稳较快发展,城市综合实力不断增强,为残疾人事业发展提供了坚实的物质基础;各级政府更加重视保障和改善民生,更高水平推进基本公共服务均等化,为残疾人事业发展创造更大空间;加强社会建设,推进社会服务管理创新,加快培育社会组织,为残疾人事业发展提供新

的路径和动力。

在全面建成高质量小康社会决战进程中，我们要以问题为导向，聚焦硬任务，倒排时间表，落实责任制，以改革创新的精神攻坚克难，以舍我其谁的勇气担当有为，切实肩负起不让残疾人掉队的历史责任，努力让残疾人生活得更加幸福、更有尊严。

四、2017年天津市残疾人事业发展预测

（一）健全残疾人社会保障体系，建设残疾人稳定可靠的民生安全网

进一步完善残疾人福利补贴制度。将制定实施视力、听力、言语残疾人通讯信息消费补贴政策纳入我市2017年20项民心工程项目。推动成年无业重度残疾人单独纳入低保。建立残疾职工社会保险缴纳情况数据库和网络数据信息传递机制。提高残疾人参加城乡居民基本医疗保险、基本养老保险参保率。进一步加大政府督查和绩效考核力度，切实落实已有各项惠残政策。全力做好已鉴定的农村残疾人家庭危房改造工作和城镇住房困难残疾人家庭住房保障工作。大力推进残疾人托养服务工作，制定实施《天津市残疾人托养服务工作实施意见》和《天津市残疾人辅助性就业实施办法》，出台相关标准，实施第三方绩效考核评估。大力推动残疾人托养服务机构建设，依托公共资源搭建残疾人托养服务网络和平台。各区建立辅助性就业劳动项目调配中心，当年至少建立1所残疾人辅助性就业机构。鼓励企业和社会组织设立残疾人辅助性就业工厂（车间）或提供辅助性劳动项目。

（二）加强残疾人医疗康复和残疾预防工作，提高残疾人接受康复服务比例

进一步完善康复服务体系。逐步扩大康复服务覆盖面，提高救助力度。推动建立残疾儿童康复补贴制度。制定实施《天津市残疾人精准康复服务行动实施方案》，开展残疾儿童和持证残疾人康复需求调查，进行康复评估，制定个性化服务方案，实施精准康复服务，中心城区、环城四区、滨海新区有康复需求的残疾儿童和持证残疾人接受基本康复服务比例达65%以上；其余五区达到55%以上。强化残疾人康复服务机构培育和康复人才培养。注重现有机构特别是基层康复服务水平和能力的提升，注重高端康复人才（学

科带头人)的培养,着力扶持基层机构特别是民办机构中中低端人才的培养。完善基层医疗机构及社区康复服务从业人员的工资标准,推进家庭医生签约服务。完善残疾预防工作机制,制定实施《天津市残疾预防行动计划(2016~2020 年)》。完善残疾人基本型辅助器具补贴制度。广泛开展为贫困残疾人提供免费适配辅助器具服务活动。为 1 万名残疾人免费适配辅助器具。贯彻落实《国务院关于加快发展康复辅助器具产业的若干意见》,完善基层辅具服务网络,提升适配能力。

(三)完善残疾人教育体系和保障机制,全面提高残疾人受教育水平

精准落实残疾儿童少年义务教育。修订《天津市残疾人教育助学金补贴办法》。对未入学残疾儿童少年教育“一人一案”安置。制定天津市残疾儿童少年随班就读管理办法,努力推进特殊教育向融合教育方向发展;完善重度残疾儿童少年送教服务办法,扩大送教服务覆盖面;探索特困型重残儿童少年接受个性化教育方式方法,使残疾儿童少年教育达到全覆盖。全面提高残疾人教育文化素质。促进特教学校办学向学前教育和高中阶段教育两头延伸,并向高水平发展。制定实施《天津市“十三五”残疾青壮年扫盲实施方案》。做好国家通用手语方案试点工作。提高残疾人技能技术水平,组织开展残疾人职业技能和农村实用技术培训。修订《天津市残疾人培训基地建设与管理的办法》,做好残疾人培训基地建设与管理考核工作。制定《2017 年度天津市残疾人职业技能培训成本目录》,办好市级残疾人岗位职业精英赛。

(四)完善残疾人就业促进和保护政策措施,促进残疾人就业增收和融入社会

切实落实按比例安排残疾人就业法规政策。推进党政机关、事业单位和国有企业带头安排残疾人就业。健全残保金缴纳情况公示制度,建立上下联动和部门联动、相互监督、相互制约机制。推动《天津市按比例安排残疾人就业办法》修订列入市政府立法审议计划,修订《天津市按比例安排残疾人就业单位无障碍改造补贴办法》,通过多种形式促进残疾人就业补贴奖励政策宣传和落实,促进残疾人多渠道就业创业。探索建立残疾人创业孵化机制,建立高校残疾人毕业生科技型就业基地,推进高校残疾毕业生实现高层次就业。举办残疾人创业创新大赛和专场招聘活动,搭建部门互通、上下联动的残疾人与用人单位沟通平台。做好福利企业残疾人稳定就业工作

和盲人按摩行业指导工作。推进各区残疾人就业服务机构规划化建设，提升服务能力和水平。着力抓好扶贫攻坚补短板工作，认真落实《贫困残疾人脱贫攻坚行动计划（2016～2020 年）》。加强农村残疾人扶贫就业基地建设和管理，实行基地标准化管理，结合各区资源优势和生态优势，量身定制精准扶贫项目。

（五）积极开展残疾人文化体育活动，满足残疾人精神文化生活和体育健身需求

积极配合市政府及有关部门做好全国第十届残运会暨第七届特奥会筹备工作。积极组织开展残疾人文化周活动、市第二届社区残疾人文艺展演活动和市第七届“残疾人健身周”活动、市全民健身运动会残疾人组比赛等形式多样、内容丰富的残疾人文化体育活动，进一步扩大残疾人康复体育进家庭项目，提高残疾人的思想道德素质、科学文化素质和身体素质。强化残疾人运动员训练工作，全力备战全国第十届残运会暨第七届特奥会。认真做好我市残疾人文艺选手和运动员参加第九届全国残疾人艺术汇演等国内国际文化体育赛事有关工作，力争取得优异成绩。开展京津冀残疾人文化体育交流项目，积极推动京津冀地区残疾人文化和体育事业协同发展。

（六）加强便利友好的社会环境建设，营造残疾人平等融合共享的社会环境氛围

加强无障碍环境建设。推动完成《天津市无障碍设施建设管理办法》（市政府令 85 号）修订工作。加强残疾人合法权益保护。制定实施《天津市残联“七五”普法规划》。积极配合市人大、政协开展涉及残疾人工作执法检查、视察和调研活动，促进残疾人权益保障法律法规有效实施。制定实施《天津市高级人民法院天津市残疾人联合会关于建立残疾人维权机制的通知》，办好残疾人维权热线，完善残疾人信访接待和问题解决机制，解决好残疾人各种困难和问题。提高残疾人事业宣传效果，围绕残疾人事业各方面工作和重要节点，协调新闻媒体加大对残疾人事业的关注和宣传，大力宣传我市残疾人创新创业自强典型和扶残助残先进典型事迹。建立市残联新闻发言人制度，参加“公仆走进直播间”直播节目，为残疾人解读政策、解决实际问题。扶持天津广播电视台《共享阳光》《我们同行》《新闻延长线》等服务残疾人栏目建设。开拓创新传播平台和渠道，充分发挥天津残联政务微博等新媒体宣传优势，引领残疾人思想舆论。大力开展公益助残活动。进一步树立“五助两送”彩虹工程公益品牌，广泛动员社会各界开展形式多

样、内容丰富的扶残助残活动。

切实加大工作力度,保障全年任务如期全面完成。进一步加强残疾人事业政策制度设计,认真研究制定本市残疾人康复、辅助器具、教育培训、扫盲、就业、扶贫、托养、无障碍建设、基本服务、文化体育等“十三五”配套实施方案,建立任务目录,制定责任清单,明确工作主体,完善评价机制。搞好残疾人实名制服务需求调查和数据动态更新,将此项工作作为各级残联的看家本领和基层专职委员的首要任务,精心组织调查,精确掌握辖区内残疾人服务供需信息,协调相关部门做好数据共享交换对接工作,用大数据分析技术,为制定惠残政策和提供精准服务奠定坚实基础。以信息化手段探索残疾人管理服务新模式,加强残疾人小康进程工作的绩效考核,做好对区级残疾人工作绩效考核。督促各区结合实际,制定落实本地加快残疾人小康进程规划纲要,并将纲要的主要任务指标纳入当地年度经济和社会规划和民生工程。加强残疾人工作队伍建设,认真贯彻落实中央和市委加强和改进党的群团工作意见,大力加强和改进残联工作。搞好基层残联换届,持续开展“强基育人”工程,提升街道(乡、镇)残联组织服务能力。

2016～2017 天津市市容环境、园林绿化和城市管理工作情况分析与对策

天津市市容园林和城市管理委员会课题组

2016 年，我市市容环境、园林绿化和城市管理工作深入贯彻落实习近平总书记系列重要讲话精神和市委十届九次、十次、十一次全会部署，牢固树立和落实新发展理念，紧紧围绕美丽天津建设、京津冀协同发展的总目标和迎办第 13 届全运会的阶段性目标，扎实推进迎全运城市综合整治，市容环境、园林绿化、城市管理各项工作取得一定成效，实现了“十三五”良好开局。

一、2016 年市容环境、园林绿化和城市管理工作情况

（一）绿化建设实现突破，生态大绿扮美津城

坚持“低碳、生态、大绿”，围绕全运会场馆、驻地周边，机场车站码头、主要道路、居民社区，全面推进园林绿化建设，新建提升各类绿地 2250 万平方米，栽植树木 504 万株。城市绿化覆盖率、绿地率、人均公园绿地面积分别达到 37.5%、32.5% 和 10.5 平方米以上。

一是启动实施全运村驻地、奥体中心、团泊体育中心等 47 个比赛场馆周边绿化建设提升，增绿补绿 18 万平方米，展示天津城市风貌和地域文化特色。

二是高水平完成辰昌路等 66 条道路绿化改造，新建提升绿化 106 万平方米，栽植补植行道树 5315 株，内外贯通、交织成网的林荫绿廊进一步完善。

三是高质量建设西柳公园、南开公园等 10 个公园，并向市民群众开放，

城市"绿肺"功能显著增强。

四是对道路街头裸露地、三角地、清拆地等可绿化地块实施绿化建设,对 21.7 万平方米黄土裸露地进行增绿补绿。

五是推进中心城区绿化提质,补植一批高品质乔灌木,形成水上公园周边、卫津河沿线等一批绿化亮点,充分发挥了城市绿化释氧固碳、增湿降温、滞尘防污的生态作用,为京津冀大气污染防治做出了贡献。

(二)综合整治成效显著,市容市貌更加靓丽

深入开展市容环境综合整治,着力实施"城市美化"工程,围绕路、桥、河、灯等实施全要素提升,市容市貌更加清新靓丽。

一是综合整修黑牛城道等 54 条道路沿线建筑,整修建筑 780 栋,形成了黑牛城道、解放南路、友谊路、红旗路等一批建筑立面整修的示范样板。

二是对津涞道等主干道路损坏路段实施整修,修缮 38 条 19 万平方米里巷道路,整修 20 条 33 万平方米人行便道,进一步改善了群众出行环境。

三是综合整治农学院、天津市中医药大学等 12 所高校周边环境,高校周边环境进一步改善。

四是持续加大治理违法广告力度,治理非法小广告 3915 处,拆除各类广告设施 5400 余处、高速公路单立柱广告 1302 余块,武清区单立柱广告拆除全面完成,实现历史性突破。

五是按照"节俭、大气、喜庆、祥和"的原则,高标准完成元旦、春节、五一、国庆等重要节日的环境气氛布置。

六是高品质提升马路家具、底商牌匾、交通设施、道路标牌等城市元素,实现整治的全方位、全要素、全覆盖。

(三)城市照明全面提升,夜景灯光更具品位

全面加强城市照明管理,精心组织城市夜景建设,津城夜环境更具品质特色。

一是对友谊北路、水上西路等 23 条道路路灯进行改造,更换灯具 2081 基,提高了城市绿化照明水平。

二是健全路灯设施维修维护机制,城市道路路灯亮灯率达到 98% 以上,路灯设施完好率达到 95% 以上。

三是高质量完成了天石舫至大光明桥海河夜景灯光设施修复,进一步打造美丽海河。

四是对中心城区主干道路 25 公里夜景灯光线进行提升，丰富夜景层次，提升城市品质，同步完善了 25 公里夜景灯光供配电工作。

五是高品质完成了“达沃斯之夜”的夜景灯光建设，为夏季达沃斯论坛在津的顺利召开贡献了力量。

六是制定并实施《天津市中心城区夜景灯光管理考核办法》，提升天津城市夜景管理水平。

（四）环卫装备全面升级，城市环境更加整洁

认真贯彻落实“美丽天津·一号工程”，精心实施扬尘治理，城市更加干净整洁。

一是深入开展道路设施大清洁、环境秩序大清整、居住社区大扫除，城市环境在短期发生明显变化。特别是夏季大暴雨后环境清整快速、及时、高效完成，得到了市委、市政府和市民群众的充分肯定。

二是坚持标准化作业、台账式管理、全天候巡查、GPS 定位监控，全市可机扫水洗道路实现全覆盖。

三是启动实施道路扫保“以克论净”考核，实现环卫考核从直观检查向量化检测转变，推进环卫工作再上新水平。

四是扎实推进环卫设施建设，提升改造维修公厕 277 座、转运站 13 座，设置公厕指示牌 392 个，进一步缓解了如厕难、垃圾收运难的问题。

五是推进宁河垃圾焚烧发电厂和静海生活垃圾综合处理厂建设，全市城市生活垃圾无害化处理率达到 92% 以上，走在全国前列。

（五）城市管理升级提质，管理效能全面提升

坚持“依法管理为标准、智能化管理为手段、监督考核为保障”三位一体，推进城市管理的精准化、精益化、精细化，城市管理更加科学高效。

一是揪住旧病复发、久治不愈、久拖不治等城市管理顽疾，深入开展入市道路、环境卫生等十项专项治理，治理脏乱点位 5694 处，一批城市管理难点热点问题得到有效解决。

二是认真贯彻落实《天津市绿化条例》，制定并实施《园林绿化养护导则》，和平区率先实现行道树和名贵树木二维码全覆盖，进一步实现了依法建绿、管绿、护绿。

三是面对“执法下沉、审批集中、体制创新”的实际，积极借鉴北京城管办的经验，健全组织领导，列出责任清单，完善工作机制，做优做实城管办，

充分发挥城管委高位协调的作用。

四是完善城市管理数字化平台,增设监控点位,提高视频清晰度,市级城管数字化平台与 16 个区县,与市规划、环保等市级部门互联互通互管,中心城区划分为 3002 个数字化网格,实现了万米网格监督管理的全覆盖。

五是创新城市管理考核监督,实行定性考核与定量考核、综合考核与专项考核、集中考核与日常考核相结合,以海河沿线为试点,制定实施《关于加强海河沿线长效管理的实施意见》,真正做到管理和监督两个全覆盖。

六是认真贯彻中央城市工作会议精神,创新城市管理手段,持续开展“同在一方热土,共建美好家园”活动,充分调动全系统方方面面的积极性,协调整合全市方方面面的优势资源,推进城市管理的精细化、精准化、精益化,努力打造城市管理升级版。

二、2017 年市容环境、园林绿化和城市管理工作面临的问题与挑战

2016 年工作成绩的取得,是认真贯彻落实市委、市政府部署要求,全面加快美丽天津建设的结果,是市容园林部门科学决策、正确领导的结果,是市容园林干部职工勇于创新、攻坚克难、甘于奉献的结果,是各区、各有关部门团结一心、开拓创新的结果。

在肯定成绩的同时,也必须清醒地认识到,市容环境、园林绿化和城市管理工作距市委、市政府的部署要求、群众的期盼还有一定的差距。主要表现在:

一是对处于天津发展“历史性窗口期”下市容环境、园林绿化和城市管理的特点和前进方向的研究还不够深入,顺应战略发展机遇的举措还不够具体。

二是城市综合整治进度不够均衡,架空线缆入地等涉及产权单位多、组织协调复杂工程的进度较为缓慢,需要进一步突破瓶颈、大力推动。

三是城市管理体制机制尚未理顺,“一支队伍管执法”实施过程中还存在着执法队伍复杂、编制各不相同、专项经费缺乏、执法培训不到位、监督考核体系不够完善等问题。

四是城市日常管理不够精细,旧病复发、久治不愈、久拖不治现象虽有所缓解,但许多问题还未得到有效解决,新增设施有人建无人管的问题依然存在,破损设施维修维护不及时、不到位。

三、2017 年市容环境、园林绿化和城市管理工作展望

2017 年主要预期目标是：全市建设提升各类绿地 2000 万平方米，绿地率、绿化覆盖率、人均绿地面积“三率”指标分别达到 38%、33%、11 平方米以上；创建全国最整洁城市，全市建成区主干道路机扫率、水洗率实现两个 100%，全市城市生活垃圾无害化处理率达到 92% 以上；打造美丽海河，城市夜景更加富有魅力，路灯设施完好率达到 95% 以上，亮灯率达到 98% 以上；市容市貌更加清新靓丽，园林绿化更加生态自然，市容环境更加干净整洁，城市夜景更加亮丽大气，城市管理更加精细高效。

（一）全面推进生态大绿建设

坚持绿色发展理念，持续大规模实施城市绿化，全市建设提升各类绿化 2000 万平方米，不断提升城市绿化的品位和水平。

一是实施场馆绿化。对奥体中心、人民体育馆等 47 个比赛场馆周边实施高标准绿化提升，突出体育竞技和全民健身主题，优化城市绿地布局，改善城市生态。

二是实施外环线绿化。建设提升 74 公里外环线沿线绿化，充实地被植物，完善植物层次，建设生态大绿、自然精致的环城绿链。

三是实施入市口绿化。对解放南路、大沽南路等 12 个入市口两侧进行绿化补植提升，提升绿化 133 万平方米，打造进津第一印象。

四是实施道路绿化。对吴家窑大街、卫津南路等 125 条道路进行绿化提升，补绿增绿，完善绿化层次，进一步完善内外贯通、结线成网的城市绿廊。

五是实施公园绿化。建设提升 10 个城市公园，抓好侯台公园、奥体公园、梅江公园建设，搞好水上公园、动物园提升，进一步增强城市绿肺功能。

六是实施街心绿化。对中心城区 28 个街心裸露地、三角地、清拆地 120 万平方米实施绿化提升，营造形式多样、景致优美的街心花园，最大限度做到应绿尽绿。

七是实施垂直绿化。实施中心城区 90 条道路立体绿化和垂直绿化。对沿线单位围墙等实施垂直绿化，统筹墙内墙外，以绿为墙，进一步实现绿化由平面向立面拓展。

(二)全面推进市容环境整治

按照简约大气的要求,坚持全要素整治,多维度治理,全覆盖提升,打造天津印记、天津特色、天津水平,打造城市亮丽的风景线。

一是编制规划导则。运用无人机等先进手段对全市建成区进行航拍,勘察街容街景情况。编制修订天津市街容街景提升改造规划和建筑立面改造、第五立面整治、城市家具配置、户外广告设立、商业牌匾设置等导则规范。

二是整修建筑立面。对卫津南路等 94 条道路沿线 2023 栋建筑进行综合整修,对 1276 幢建筑坡屋顶进行粉刷、油饰,综合治理天津中医药大学、农学院等 12 所高校周边环境。对南开区云阳道、红桥区洪湖南路、河北区三马路、和平区哈密道、河东区唐口二号路、河西区合肥道等道路环境实施综合整治。

三是治理架空线缆。配合相关单位实施架空线缆入地,对河西区体北道、河北区三马路等 30 条道路架空线缆迁改入地。对全运会场馆周边涉及的 180 档临时线实施集中入地。对全市 151 条主干道路、31 个重点地区废弃、破损、无主的各类线杆实施拔除,净化城市空间。

四是修饰城市家具。对全市道路两侧果皮箱、座椅、报刊亭、公交候车亭等城市家具以及各类箱柜、标牌、线杆、护栏等进行更新配置、清洗、油饰,做到外观整洁美观,与周边环境协调,形成一道亮丽的风景线。

五是规范沿街底商。治理乱贴乱画、张贴广告、私设灯箱、破窗经营和擅自装改牌匾等行为,修复沿街底商破损围墙、围栏、台阶、标识等设施,确保沿街底商整洁、规范、有序。

六是搞好锅炉烟囱美化。对全市中心城区废弃锅炉烟囱进行摸底调查,对需要拆除的尽快拆除,对保留下来的制定美化方案,全面组织好美化工作。率先实施双港、青光生活垃圾焚烧发电厂锅炉烟囱美化。

七是规范广告牌匾设置。扎实推进违法广告治理和单立柱广告治理,研究制定《中心城区户外广告设置控制性详细规划》,对重点地区、主干道路等实行分区域、分等级管理,实现户外广告的总量控制和规范化管理的提升。

八是整治维护海河堤岸设施。对海河(大光明桥至刘庄桥)4 公里堤岸石材、座椅、栏杆、果皮箱、绿篱、乔灌木等设施实施修复提升,对海河上游(天石舫至大光明桥)堤岸进行维护,将海河打造成天津一条靓丽的风景线。

（三）全面推进环境净化提升

认真贯彻落实“美丽天津・一号工程”部署，全面实施“净化”工程，全面升级环卫装备，进一步提升城市净化水平，确保城市环境更加整洁。

一是开展环境卫生清整。持续开展环境卫生“大清整、大清洗、大扫除”活动，搞好河道、工地、城郊结合部和机关企事业单位的环境卫生治理，开展清脏治乱专项行动，清除各类垃圾杂物和卫生死角。

二是提升环卫作业质量。推进机扫水洗全覆盖，实施道路“以克论净”月考核。中心城区每日机扫、水洗，实行机扫水洗组合作业，机扫、水洗率实现 100%，主干道路 18 小时保洁，次干道路 14 小时保洁，实现时时干净、处处干净。

三是提升改造环卫设施。高标准建设改造公厕 14 座、生活垃圾转运站 6 座，购置车载移动公厕 9 座，维修维护市内六区三类以下公厕，提升环卫设施建设管理水平。

四是搞好垃圾分类。认真贯彻落实习近平总书记做出的重要指示，制定实施《天津市垃圾分类方案》，建立健全垃圾分类制度，推进分类投放、分类收集、分类运输、分类处理，确保垃圾无害化处理走在全国前列。

五是加强处理设施建设。加快落实环城四区垃圾焚烧厂的规划选址和项目落地，推动贯庄垃圾焚烧厂投产运营，启动西青垃圾处理厂项目建设，加强建筑垃圾卸地的监督管理，提高垃圾无害化处理能力。

六是推进餐厨垃圾处理。积极推广和平区餐厨垃圾“就地就近”无害化处理和资源化利用，强化餐厨垃圾处理，推进中心城区餐厨垃圾无害化处理和资源化利用。

七是强化垃圾收处监管。建立健全生活垃圾收处日常监管制度，推进生活垃圾处理监管的精细化，推进生活垃圾收处监管的全面上水平。

（四）全面推进城市照明完善

精心实施城市夜景建设，全面加强城市照明管理，提升品位，打造津城靓丽名片。

一是提升夜景品质。研究制定全市灯光夜景和亮化工程总体、区域规划设计方案，扩大亮化范围和区域，突出抓好中心城区、郊区、新区建成区主要街区、旅游景区、重点路段、河流、地标建筑、城市入口的灯光亮化设施建设。

二是建设美丽海河。结合海河综合改造,按照"金色海河,流光岁月"设计定位,完善海河夜景灯光设施,丰富夜景层次,提升城市环境品质,打造海河夜景灯光 2017 升级版。

三是强化灯光线建设。提升 25 公里夜景灯光线,重点完善文化中心、天津站、奥林匹克体育中心等地区灯光组团,丰富夜景层次,提升城市环境品质。

四是路灯提升改造。补装补建中心城区 20 条道路缺失路灯,更换友谊北路等 51 条道路老化灯具,改造长泰河、南运河、复兴河、月牙河等河道照明设施。

五是路灯设施节能改造。加快推进淘汰高耗低效高压汞灯步伐,改善居民里巷、支路照明环境,城市路灯照明更加绿色节能。

六是灯光指挥中心升级改造。推进夜景灯光监控指挥中心和路灯照明指挥中心设施设备升级改造,实现监控指挥智能化。

七是强化城市照明规范管理。严格落实《天津市城市路灯照明养护管理标准》,推进路灯照明设施的标准化养护和规范化管理,以解决"有路无灯"、"有灯不亮"、设施移交等问题为突破点,全面提升路灯管理水平。

(五)全面推进城市管理升级

坚持标本兼治、综合施策,以"一个加强四个延伸"为重点,推进综合整治向次支道路、背街小巷、居民社区、结合部延伸,全面实施入市环境、市场外溢等专项治理,推进城市管理的规范化、标准化、常态化、智能化、信息化、法治化,打造城市管理转型升级版。

一是提升支路里巷环境。按照"净、亮、绿、平、序"的标准,对社区周边支路环境进行提升,全面清理社区周边支路杂物和垃圾,及时更换社区周边支路损坏灯具及不达标灯具,维修完善社区周边支路设施,解决服务群众最后一公里的问题。

二是推进居民社区治理。按照全面普查、统一规划、分步实施的原则,配合相关单位对中心城区的危改房、还迁房、远年商品房进行普查,制定专项规划和方案,启动实施 12 片社区环境治理,对已完成改造的 2186 片旧楼区加强管理,建立健全长效机制。

三是推进结合部地区治理。建立问题台账,清理脏乱死角,维修补建日常公共设施,全面加强作业养管管理,严格落实管理责任,建立健全长效管理机制,切实把城市烂边问题解决好,提升城市整体环境水平。

四是认真开展专项治理行动。揪住旧病复发、久治不愈、久拖不治等城市管理顽疾，深入开展入市道路沿线、露天烧烤、占路经营、市场外溢、“门前三包”等专项治理，有效破解城市管理中的难点问题。

五是强化城市管理高位协调。建立完善城管委高效运行机制，建立重大事项协调制度、联席会议制度、工作例会制度，充分发挥城管委高位协调作用。

六是搞好数字化平台升级改造。对数字化城市管理平台的部件地理信息进行全面普查，完善提升市级数字化城市管理平台，实现平台高效、高清、高速运行和所有管理单位的互联互通。

七是创新城市管理考核监督。实行定性考核与定量考核、综合考核与专项考核、集中考核与日常考核相结合，强化海河沿线、重点区域、环卫机扫水洗、夜景灯光等专项考核，提升综合管理水平。

八是搞好行业管理数据库建设。对市容、园林、路灯、环卫设施、装备车辆、城市家具等涉及城市管理的部件、要件的数量、种类、现状等基础数据进行收集，建立统一的电子档案，实现资源共享。

九是抓好园林绿化精细化管理。对公共绿地实行分级分类养护管理，推广行道树和名贵树木二维码全覆盖，进一步实现依法建绿、管绿、护绿，全面提升园林绿地养护管理水平。

十是推进城市管理升级。围绕“审批集中、执法下沉、管理升级”，持续开展“同在一方热土，共建美好家园”活动，推进城市管理的精细化、精准化、精益化，努力打造城市管理升级版。

（执笔：梁建洪，天津社会科学院发展战略研究所；刘腾，天津市市容园林和城市管理委员会）

2016～2017 年天津市城乡居民生活状况分析与预测

许振珉　翟　倩

2016 年是我国全面实施"十三五"规划的开局之年,也是经济进入深度调整期和转型期的关键之年。全市上下认真贯彻落实中央和市委、市政府各项决策部署,坚持以创新、协调、绿色、开放、共享为新发展理念,以创新驱动发展为战略,以提高发展质量和效益为中心,积极适应引领经济发展新常态,全市经济继续保持稳定增长,民计民生不断改善,城乡居民收入持续增加,居民生活水平稳步提升。

一、2016 年城乡居民收入平稳增长

国家统计局天津调查总队城乡居民住户调查资料显示,2016 年前三季度,我市城镇常住居民人均可支配收入 29662 元,同比增长 8.9%;农村常住居民人均可支配收入 15310 元,同比增长 8.6%。城乡居民收入继续保持平稳增长。

(一)城镇居民收入增长的主要特点

前三季度,我市城镇常住居民工资性收入、财产净收入、经营净收入继续平稳增长,转移净收入略有下降。其中,工资性收入占比最大,仍是拉动收入增长的主要动力。

1. 工资性收入对拉动收入增长起决定性作用

前三季度,我市城镇常住居民人均工资性收入 19114 元,同比增长 13.3%,拉动可支配收入提高 8.3 个百分点,对人均可支配收入增长的贡献率为 92.8%。工资性收入仍是城镇居民收入的第一大来源,占可支配收入

64.4%,是拉动城镇居民收入增长的主要动力。

工资性收入增长较快的主要因素:一是机关事业单位地方性津贴补贴标准提高,公务员和事业单位人员工资得以提升,直接推动了部分居民家庭收入增长;二是京津冀协同发展提供了更多就业岗位,高端制造业、房地产、旅游、教育等行业升温,带动部分行业工资上涨,促进了使居民家庭增收;三是最低工资标准提高,对于提高居民家庭收入,特别是对提高中低收入家庭及短期临时性服务岗位收入作用明显。

2. 财产净收入、经营净收入稳步提升

前三季度,我市城镇常住居民人均财产净收入3031元,同比增长7.9%;人均经营性收入2173元,同比增长9.6%。随着城镇化建设进程加快,集体经济得到快速发展,居民投资空间扩大,投资积极性提高,人均红利收入同比增长了12.1%。同时,房地产市场迅速升温带动部分建筑行业经营性收入明显提高,“互联网+”、旅游等产业的迅速发展也使住宿餐饮、交通运输、批发零售、居民服务业等第三产业经营收入显著增加,我市城镇居民二、三产经营净收入同比分别增长11.8%和12.9%。

3. 转移净收入小幅下降

前三季度,我市城镇常住居民人均转移净收入5344元,同比下降4.3%。转移净收入下降主要是由于社会保障覆盖面不断扩大,缴纳人数增加,缴费基数提高,使转移性支出大幅增加。前三季度,我市城镇常住居民人均转移性支出1953元,同比增长23.6%。

(二)农村居民收入增长的主要特点

前三季度,我市农村常住居民工资性收入、家庭经营净收入、经营净收入和转移净收入全面增长,工资性收入和经营净收入仍是农村居民收入的主要来源,对农村居民增收起重要支撑作用。

1. 工资性收入对农村居民增收支撑作用明显

前三季度,我市农村常住居民人均工资性收入9791元,同比增长9.8%,工资性收入是农村居民最主要的收入来源,占可支配收入的64.0%,拉动可支配收入提高6.2个百分点,对人均可支配收入增长的贡献率为72.3%,对农村居民增收支撑作用明显。

促进工资性收入较快增长的主要因素有:一是最低工资标准由1850元提高到1950元,中低收入者直接受益;二是京津冀协同发展、小城镇建设等加快了农村劳动力转移,农村就业人数稳中有升;三是政府多措并举积极推进就业培训,农村劳动力就业能力有所提高。

2. 家庭经营净收入稳步增长

前三季度,我市农村常住居民人均家庭经营净收入 3540 元,同比增长 6.5%。一、二、三产业净收入同步增长。其中,第一产业净收入 1380 元,同比增长 6.2%;第二产业净收入 652 元,同比增长 4.2%;第三产业净收入 1508 元,同比增长 7.9%。

家庭经营净收入增加的主要因素:一是都市型现代农业建设步伐加快,粮食、蔬菜持续增产,林业、渔业提质增效,促进了农民第一产业收入增加;二是大众创业及税费改革、审批松绑等政策逐步落实以及新农村建设步伐不断加快,为非农经营发展创造了条件,有效促进了农民非农产业经营收入增加。

3. 财产净收入和转移净收入持续增加

前三季度,我市农村常住居民人均财产净收入 694 元,同比增长 5.2%,农村集体经济的加快发展以及土地流转保障机制的不断健全,使集体分派股息红利、租金和转让农村土地承包经营权收入稳步增加。此外,各项提高居民社会保障标准及支农惠农政策的相继落实完善,有效促进了农村居民转移收入持续增加。前三季度,人均转移净收入 1284 元,同比增长 7.0%。其中人均养老金及退休金收入 1090 元,同比增长 20.4%。

二、2016 年城乡居民消费水平持续提升

2016 年前三季度,我市城镇常住居民人均生活消费支出 21517 元,同比增长 7.2%;农村常住居民人均生活消费支出 11357 元,同比增长 5.9%。城乡居民消费支出继续稳步增长,居民消费水平持续提升。

(一)城镇居民消费支出的主要特点

1. 吃、穿、用基础消费需求平稳

前三季度,我市城镇常住居民人均吃、穿、用消费支出 9429 元,同比增长 2.2%。其中:人均食品烟酒支出 6656 元,同比增长 3.3%;人均衣着消费支出 1573 元,同比下降 1.6%;人均生活用品及服务消费支出 1201 元,同比增长 1.1%。网络销售平台的迅猛发展以及网络产品质量的提升,使居民消费观念继续转变。前三季度,居民通过互联网购买商品和服务的支出同比增长 33.5%,成为居民基础消费重要途径之一。

2. 居住、交通、通信消费快速提升

前三季度，我市城镇常住居民人均居住、交通、通信消费支出7744元，同比增长11.4%。增长主要体现在三个方面：一是居住消费继续增加。住宅价格的快速上涨，使居民购房成本增加，房屋租赁价格随之进一步上调，人均居住支出4683元，同比增长5.5%；二是交通消费增势迅猛。新能源新车补贴政策、小排量车购置税减半等政策的实施，使居民购车热情有所提升，用于购车及车辆维修养护的支出明显增加，再加上市内公共交通的不断完善以及高速铁路快速发展，居民出行选择增多，交通费支出增加明显，前三季度，人均交通消费支出2118元，同比增长28.1%；三是通信费用大幅增加。4G网络的加快普及以及各类电子通讯产品更新步伐加快，使居民通讯消费支出大幅增加，前三季度，人均通信消费支出943元，同比增长9.7%。

3. 文教娱乐、医疗保健消费涨势明显

前三季度，我市城镇常住居民人均文教娱乐、医疗保健消费支出3699.43元，同比增长14.6%。一是教育消费增势迅猛。随着居民对教育重视程度的不断提高，居民用于学前教育、小学教育、兴趣培训等方面的教育支出迅速增长，前三季度，人均教育支出910元，同比增长24.6%；二是文化娱乐消费继续增加。随着居民生活水平的不断提高，居民消费意识不断转换，各类健身、艺术培训等文化娱乐消费继续增加，人均文化娱乐消费支出1085元，同比增长7.7%；三是医疗保健消费快速增长。随着我市医保政策的不断完善和补贴标准提高，居民医疗负担进一步减轻，同时，我市居民保健意识逐步增强，也促进了医疗保健消费增加，前三季度，人均医疗保健消费支出1704元，同比增长14.4%。

（二）农村居民消费支出的主要特点

1. 吃、住、行构成农村居民消费三大主体

前三季度，我市农村常住居民用于吃、住、行消费支出7502元，同比增长6.8%，其中，人均食品烟酒支出3481元，同比增长11.0%；人均居住支出2158元，同比下降1.6%；交通、通信支出1863元，同比增长9.9%。三类消费合计占总生活消费支出中的比重接近七成，是拉动农村居民消费增长的三大动力。

2. 医疗保健类消费增速最快

前三季度，我市农村居民人均医疗保健支出1049元，同比增长12.7%。医保政策的不断完善，使农村居民医疗保险覆盖面扩大，补贴标准提高，农

村居民预防保健、有病就医的意识不断得到增强,同时,伴随人口老龄化进程不断加快,老年人比重逐年增加,农村居民人均医疗保健消费增长迅速,特别是医疗服务支出增长迅猛。前三季度,人均医疗服务支出 675 元,同比增长 35.7%。

3. 生活用品及服务消费继续增加

前三季度,我市农村居民人均生活用品及服务消费支出 866 元,同比增长 6.8%。随着农村居民生活水平提高,消费观念有所转变,家庭消费开始从重视数量的增加向重视生活质量提高转变。同时,电子商务和乡村物流的快速发展,也改变了农村居民传统消费观念,网络消费支出呈现高速增长,农村居民通过互联网购买的商品和服务支出达到上年同期的 2.8 倍。

三、对 2017 年城乡居民收入、消费的预计和建议

面对复杂严峻的国内外形势,天津以新发展理念为引领,坚定不移的推进供给侧结构性改革,大力推进大众创业、万众创新,积极适应新常态,加快培育新动能,国民经济运行总体平稳、稳中有进、稳中提质、好于预期。在这种大环境下,2016 年前三季度,全市生产总值(GDP)13339.44 亿元,按可比价计算,同比增长 9.1%,增速仍居全国前列。农业经济继续增长,工业生产保持稳定,服务业发展持续向好,PMI 指数处于低速扩张区间,主要经济指标走势运行平稳,转型调整取得积极进展。

2017 年,在全市继续保持当前经济发展及就业状况,并辅以有效增资政策前提下,我市城乡居民收入将继续保持平稳增长态势。在市场供应平稳,物价水平不出现大幅波动的情况下,城乡居民消费支出有望继续稳步增加,城乡居民生活水平有望继续提升。

为确保当前城乡居民收入与消费平稳增长的局面,需对以下问题加以关注:

(一)进一步增强经济发展实力

继续坚持新发展理念,深入推进京津冀协同发展,以创新驱动发展为战略,大力推进创新型城市建设,进一步加快推进供给侧结构性改革,加大科技创新和科技成果转化力度,加快先进制造业、现代服务业和现代都市型农业发展。大力发展民营经济和混合所有制经济,扩大消费需求、投资拉动和对内对外开放,继续深化自由贸易试验区、自主创新示范区、改革开放先行

区建设，全面提升国际化水平，进一步增强经济发展实力。

（二）继续深化重点领域和关键环节改革

持续推进简政放权、放管结合、优化服务，继续减少、下放行政审批事项。加快金融改革创新，巩固扩大融资租赁、商业保理、互联网金融等新型业态优势。继续推进国有企业改革，推动市管国有企业重组和资源整合，调整国有资本布局结构。优化民营经济发展环境，降低准入门槛，鼓励民营企业参与市政基础设施和政府投资项目建设，为经济发展注入活力。

（三）全面推进城乡一体化发展

借力京津冀城市群建设，构建以双城、辅城和中等城市、特色小城镇、美丽乡村为骨架的现代城乡体系，健全城乡一体发展、多层面联动发展的体制机制。全面提升中心城区功能，大力发展创意、商贸、金融等业态，建设开发更多带动性强的特色楼宇和示范楼宇，提高服务经济社会发展能力。进一步增强滨海新区综合实力和竞争力，壮大区县综合实力，大力培育特色产业和优势企业，推进示范工业园区转型升级、集约发展。加快推进以人为核心的新型城镇化，全面提升城乡一体化水平。

（四）进一步增加城乡居民收入

进一步深化收入分配制度改革，持续实施增加城乡居民收入的政策措施，健全科学的工资水平决定、正常增长和支付保障机制，继续完善适应机关事业单位特点的工资制度，不断提高最低工资标准、离退休人员养老待遇、社会保障水平和社会救助补贴标准。进一步加强农村劳动力就业培训，提高农民就业能力，加快推进转移就业，使经济增长与居民增收互促共进。

（五）进一步拓宽居民消费领域

在巩固传统消费的基础上，进一步扩大养老、健康、教育、文化、体育、旅游休闲等新型服务消费规模，积极引导传统企业借助第三方平台开展网络销售，进一步健全物流体系，为居民网络消费搭建便利平台。改造和提升城乡居民生活服务商业设施，加快传统商业转型升级，进一步优化消费环境，不断释放居民消费升级需求潜力，全面推动城乡居民消费持续增长。

（作者单位：国家统计局天津调查总队）

专 题 篇

当前阶段天津市临时救助制度发展中的困境与对策

徐丽敏　赵濛濛　赵　琪　马晓燕

一、天津市临时救助制度的发展现状

2016年5月17日，天津市发布了《天津市社会救助实施办法》，单独辟章对临时救助进行了规定，提出对因火灾、交通事故、重大疾病及其他特殊原因导致基本生活暂时出现严重困难但其他社会救助制度暂时无法覆盖，或者救助后基本生活暂时仍然存在严重困难的家庭或者个人，给予应急性、过渡性的临时救助。救助形式为发放临时救助金、发放实物以及提供转介服务等。救助对象为具有本地户籍的居民，或持有居住证的非本市户籍人员。这其中尤其提出，公安机关和其他有关行政机关的工作人员在执行公务时发现流浪、乞讨人员的，应向当地救助管理机构求助；对其中的残疾人、未成年人、老年人和行动不便的其他人员，应当及时引导、护送其到救助管理机构；对突发急病人员，应当立即通知急救机构进行救治。对疑似精神障碍患者的流浪、乞讨人员且查找不到其近亲属的，民政等有关部门应当将其送往医疗机构进行精神障碍诊断。

根据以上制度设计，天津市针对临时救助风险对象开展了一系列的救助活动。尤其是以天津市救助管理站、各区（县）救助站或救助科为主，开展了系列临时救助活动，取得了良好的社会效应。以天津市救助管理站为例，针对不同类别救助对象的不同需求，分设了两个救助处所：一处站址位于西青区，为救助管理站的总部。具体包括三个科室：安置教育科、流动救助科、流浪未成年人救助保护科。主要接收安置籍（址）不明的救助对象，包括智障人员、老年人、残疾人和未成年人，对他们进行生活照料的同时进行身份甄别、核查。对于查清家址的遇困人员,护送返乡;对于疑似的精神病人、危重病人,送到定点医院救治。另一处位于天津市河东区,靠近天津火车站的位置,为一个临时救助处(所),也隶属于天津市救助管理站的登记查询科。其主要功能是为遇困人员寻求救助提供便利,对在津遇困、生活无着具有自力能力的求助人员,提供购票返乡服务。根据救助管理站提供的数据,近几年来我市救助管理站的年均救助人数达到5000 余人。其中,2015 年共救助5136 人,其中未成年人 164 人,危重病人、精神病人为 293 人;提供返乡凭证的有 3285 人,提供医疗救治的有 2778 人次,帮助 419 人找到家,查找家址后护送回籍的有 226 人。

二、天津市临时救助制度面临的困境

天津市在临时救助制度的设计框架下,虽然积极开展了一系列的临时救助活动。但从已有救助来看,我市在临时救助工作上至少还存在以下问题:

1. 救助对象上,临时救助覆盖面窄,涉及对象少

我国临时救助制度采取的是地方政府负责制,救助的获得在绝大部分地区以拥有当地户籍为基本条件。临时救助的救助对象是遇到突发事件导致基本生活无法维系的个人和家庭,因此救助具有“紧迫性”“应急性”的特征。随着中国经济社会的飞速发展,越来越多的人口流动到非户籍所在地工作生活。从天津市的情况来看,越来越多的农村人口迁入到天津市工作生活。据统计,我国目前有约五分之一的人口是非户籍人口(流动人口)。天津的非户籍人口比例更是远远大于此数据。根据天津市统计局公布的数据,到 2015 年末,天津市常住人口总量为 1546. 95 万人,其中,外来常住人口 500. 35 万人,占到了人口总量的 32. 34%。这就导致了大量的人户分离现象。虽然《天津市社会救助实施办法》将救助范围扩大到持有居住证的非本地户籍居民,但由于申请居住证需要提交合法居所证明以及劳动合同等材料,大量外来务工人员被排除在临时救助制度之外,不能享受到临时救助的待遇。由此可以看出,临时救助对流动人口的覆盖率还比较低,大量个人和家庭在遇到突发困难时无法得到有效救助,被排除在了临时救助政策之外。此类流动人口和家庭将会面对不可预知的风险与伤害,导致临时救助制度无法达到其“救急”“托底”的制度目标。

2. 救助资金上,投入不到位,筹资能力不足

目前我国临时救助制度的资金筹措主要由各地方政府的财政进行安

排。从全国情况来看,各地在出台的政策文件中,均要求将临时救助资金纳入县级财政预算,有的规定按当地城乡低保配套资金的一定比例安排,有的规定了县级财政最低预算额度。

从天津市的情况来看,在2015年度天津市民政局部门决算中,一般公共预算财政拨款支出总计52902.2万元,其中临时救助1997.7万元,主要用于流浪乞讨人员救助等项目支出,仅仅占公共支出的3.78%。随着天津市经济社会的快速发展,以及社会问题的频发,人们的社会风险逐渐增加,由此导致对社会救助的需求也日趋高涨。从当前天津市的这一救助资金安排来看,难以满足困难群众的现实需求。除此之外,我市的民政部门多元化筹资能力还不够,在财政支出上存在着过度依赖财政拨款的困境。根据天津市民政局2015年度部门决算统计,收入总计158548.8万元,其中财政拨款收入114391.8万元,占72.2%;事业收入10859.5万元,占6.8%;事业单位经营收入19091万元,占12%;其他收入14206.5万元,占9%。这就导致了目前在临时救助资金上,资金的供给和需求之间还存在较大的差距,还不能有效满足遇困人员的临时救助需求。

3.服务方式上,一线工作人员专业性不高,缺乏主动救助的能力

临时救助制度与常规性的贫困救助(如低保制度)不同。从救助制度的管理和服务方式上看,临时救助制度不能事先设立收入标准,它更多面临的是突发性的急难事件,需要有关救助部门在困难发生的第一时间采取行动。其主要特点是,往往无法进行事先预估,无法事先设立严格的救助标准。天津市新出台的《社会救助实施办法》虽然对救助标准做了分类和规定,但也只是设置了最高救助标准线,具体的救助金额仍要依靠一线工作人员做出迅速的调查和判断。由此给予了一线工作人员较大的自由裁量权,但同时也意味着对一线工作人员的专业性与职业道德提出了考验。另外,除了被动审核救助,一线工作人员还需担负起主动发现、受理的职责,进行主动救助,这就对一线救助工作人员的信息获得、信息统筹等能力提出了很高的要求。从我市当前的临时救助实践来看,救助管理站虽然专门设置了站外救助的科室(流动救助科),进行站外的流动式救助。但是从工作人员的队伍规模来看,只有几个人的站外流动式救助队伍很难满足整个天津市的遇困人员救助需求。还有更多的救助管理工作采取大厅受理的方式,受理由各社区、街道推送的临时遇困对象,较少发挥主动发现受理的职责。这导致遇困者在不了解救助信息的前提下,难以享受到临时救助的待遇。

4. 救助方式上,重资金救助,轻服务救助

临时救助的对象是那些由于各种原因导致基本生活陷入暂时困难的个人和家庭,从表面上来看,其需求似乎仅仅局限于物质层面。但事实上,遇困个人或家庭的需求具有多样化的特点,与急难事件相伴随的同时还有遇困个体或家庭的危机干预、心理疏导、再就业等多样化的需求。根据国务院发布的《关于全面建立临时救助制度的通知》要求,我国临时救助的方式包括现金救助、实物救助与服务救助,"对给予临时救助金、实物救助后,仍不能解决临时救助对象困难的,可分情况提供转介服务"。但在实际的政策执行过程中,我市现行的临时救助体系大多数项目都是以现金救助为主,辅之以实物救助,而服务救助还几乎未有涉及,难以满足困难群众的多样性需求。从发展的视角来看,当前的救助方式也不利于被救助对象的能力提升,以及未来的脱困。

三、天津市临时救助制度的下一步发展对策

根据当前天津市临时救助制度中存在的困境,我们建议在下一步的发展中,应关注以下方面:

1. 逐步扩大救助范围,发挥救助管理站的补充型作用

天津是一个外来人口占比较大的城市,外来人口的生活质量与发展水平直接影响到整个城市的发展和我市的社会稳定,因此需要高度重视外来流动人口在我市的生活质量,为其构建一个相对完备的救助体系,在其基本生活遇到困难的情况下为其提供兜底的救助服务。这就要求临时救助制度要逐步扩大其救助范围,将在津生活或工作满一定年限的个人和家庭纳入临时救助制度。适当放宽外来流动人口接受临时救助的条件和门槛,使更多的遇困人员能够享受临时救助待遇。扩大临时救助的政策宣传力度,使更多群众了解我市的临时救助政策并能在其遇困时主动寻求救助。同时要发挥救助管理站在临时救助中的补充型作用,建立救助管理站与民政救助部门的协作机制,在保留救助管理站原有的救助流浪乞讨人员职能的基础上,扩大其工作范围,将临时救助制度暂时无法覆盖的个人和家庭交由救助站进行紧急救助,以防止其落入更深的困境。

2. 提高筹资能力,增加资金投入

政府应高度重视临时救助制度的发展,使临时救助制度能真正发挥其"托底线、救急难"的作用。在救助资金上,增加对临时救助的财政拨款,设

立临时救助专项基金,在低保金有结余时可考虑将低保金转划到临时救助项目上,保证临时救助资金的供给。除此之外,还应提高民政部门的多元化筹资能力,面向社会扩大筹资渠道,充分发挥社会资金、社会力量在临时救助制度中的作用。通过多元化的筹资渠道,既减轻政府的财政压力,又扩大临时救助资金的储备,同时充分发挥社会力量在临时救助制度中的作用。

3. 提高救助人员专业性,建立严格的救助程序

上文提到由于临时救助针对的是不确定的风险,因此很难在事先就将所有情况做出严格制度规范,这就赋予了一线工作人员较大的自由裁量权。为了保证临时救助的合理性与公平性原则,应建立严格的事后报告机制,规范一线工作人员的救助行为,使救助行为更加科学有效。同时,临时救助工作人员的专业性直接关系到遇困者是否能迅速、准确获得救助,摆脱急难状态,这就对工作人员的专业性提出了要求。为此,民政部门要重视工作人员的专业水平和专业能力的提升,为工作人员提供素质提升的渠道,通过举办培训、讲座,鼓励工作人员考取专业的社会工作资格证,采取资格证与薪酬相结合的奖励机制来鼓励工作人员提高自身专业水平。更为重要的是,在一线工作人员考取专业社会工作师资格证书之后,应针对其实践工作提供更多的能力提升培训,以切实提高临时救助工作人员的专业性。

4. 专业社会工作者介入临时救助,建立多样化救助方式

与其他救助项目相比,临时救助具有多样性的特点,救助内容包括现金救助、实物救助以及服务救助。并且,临时救助应该更加重视实物救助和服务救助,即除了提供现金救助、实物救助外,还需提供包括资源链接、心理疏导、危机干预、就业帮扶、支持网络构建等在内的服务救助,以满足遇困群众的多样性需求。这就需要民政部门更多地吸纳专业社会工作者,充分发挥专业社会工作者在临时救助中的支持者、资源链接者、直接服务者、政策倡导者等作用,为遇困群众提供具有针对性的服务。在社会工作者的介入形式上,可选择以"政府购买社会工作服务"的项目制形式,购买专业社会工作机构(社会组织)的专项服务;同时也可在民政救助部门内设立专业社会工作的岗位,招聘具有社会工作资格证书的专业人员进入民政救助部门,由专业人员提供临时救助服务,切实提高临时救助的专业性。

(注:该成果是天津市哲学社会科学规划重点课题"社会工作视角下服务型社会救助机制建构研究"阶段性研究成果,项目编号:TJSR15 -002。)

(作者单位:天津理工大学)

天津市社会工作职业化现状调查及分析

杨云娟　范小叶

社会工作是遵循以人为本、助人自助、公平公正的价值理念,在社会治理与社会服务等领域,综合运用理论知识与技能方法,帮助有需要的个人、家庭、群体和社区等,整合社会资源,协调社会关系,提供支持与服务,预防和解决社会问题,促进社会稳定和谐的专业性及职业性活动。显然,社会工作专业在助弱脱困,化解社会矛盾,提升社会成员福祉,构建和谐社会中有着不可替代的功能。社会工作职业化是社会治理结构发展的必然。2006 年 7 月 20 日,人事部和民政部联合颁发了《社会工作者职业水平评价暂行规定》和《助理社会工作师、社会工作师职业水平考试实施办法》,首次将社会工作者纳入专业技术人员范畴,标志着中国社会工作者职业水平评价制度的正式建立。2008 年 6 月在全国首次举行的社会工作者职业资格考试,诞生了我国第一批助理社会工作师、社会工作师。至此,我国持有社会工作职业资格的专业人才队伍开始形成。社会工作职业化发展伴随的是对社会工作人才队伍的规范与岗位建设。2010 年国家发布了《国家中长期人才发展规划纲要》(2010 ~ 2020)中明确提出要以中高级社会工作人才为重点,培养造就一支职业化、专业化的社会工作人才队伍。纲要规定,至 2015 年,我国社会工作人才总量达到 200 万人;到 2020 年,社会工作人才总量达到 300 万人。2016 年 10 月 18 日,民政部、人力资源社会保障部等 12 部委联合印发了《关于加强社会工作专业岗位开发与人才激励保障的意见》,对按需设岗、以岗定薪等提出了一系列加强社会工作专业岗位开发与人才激励保障的政策措施。据此,天津市在社会工作职业化进程中也进行了一系列本土化探索,推动了天津市社会工作人才队伍建设和社会工作职业化发展进程。

一、天津市社会工作职业化现状

(一)天津市社会工作职业化的政策支持与举措

近年来,天津市不断完善社会工作各项政策措施,为全市社会工作专业化、职业化发展提供政策支持。2013 年,市委组织部、市民政局等 18 部门联合印发《关于加强社会工作专业人才队伍建设的实施意见》,明确了本市社会工作专业人才队伍建设的指导思想、基本原则、目标任务和政策措施。之后又出台了《关于加强社区工作者队伍建设的指导意见》《天津市社会工作者继续教育暂行办法》等文件,着力在推进社工队伍职业化专业化、承接并做好政府委托的公共事项、结合实际开展多种服务方面进行了一系列的推动工作。2016 年 1 月 29 日,由市民政局、市社工协会、天津广播电视大学联合举行天津市社会工作者登记和继续教育工作启动仪式,天津市社会工作步入统一管理的规范化轨道。2016 年 4 月 13 日,北京、天津、河北三地社会工作行业协会(促进会)在京共同签订《京津冀社会工作人才队伍建设协同发展框架协议》,进一步深化三地在社会工作资源方面的共享与合作,提升三地社会工作协同发展的质量和水平。

(二)天津市社会工作职业化现状调查

天津市社会工作职业化是以社区社会组织发展与社区工作站为主阵地,本文社会工作职业化现状是基于滨海新区开发区和市内六区的社区社会工作职业发展情况进行调查,现状如下:

1. 社会工作站及隶属关系

天津市内社区约 800 余个,大部分社区工作站是在 2009 年依托于社区居委会而成立。多数社区是兼有社区工作站而非社会工作站,社区工作站隶属于社区居委会,居委会属上一级街镇政府管理。

2. 社会工作人才数量及工作分布概况

自 2016 年 2 月 1 日,天津市社会工作者登记和继续教育工作启动以来,截至 2016 年 12 月 20 日的社会工作协会统计数据,已经为全市社会工作人才 15173 人进行了注册登记。其中男性 2240 人,女性 12933 人。通过国家统考获得社会工作师 858 人,国家助理社会工作师 2466 人,天津市社区社会工作员 11849 人。工作领域方面,在街(镇)社区工作的有 13930 人,在社会服务机构工作的有 593 人,在社工机构工作的有 40 人,其他领域工作的有 610 人。大部分人员从事社区工作,但是并非是从事社会工作站专职工作,兼职居委会较多。

3. 社会工作专职人员学历水平及年龄比例

通过调查统计数据,可以看到,在社会工作人员中,博士 5 人,硕士 158 人,本科学历为 7133 人,大专学历为 5573 人,高中学历为 2304 人,天津市社区社会工作者学历水平较高,以大专和本科学历为主,大专及以上学历占总体比例高达 94%,本科及以上学历占总体比例 58.7%。在社会工作人员中,45 岁以上为 2020 人,30 ~45 岁之间为 7813 人,30 岁以下为 5350 人,年龄差异较大,但还是趋于年轻化。同时年龄偏大(45 岁以上)的社会工作者学历为高中/中专/技校,占到总体的 6.0%,45 岁以下的社区工作者的学历在大专及以上的人占到了 78%,可以看出年青一代的社区工作者的学历偏高。

4. 专业背景

天津社区社会工作者的专业背景主要分为四大类:社会工作、社会学、心理学专业等,社区社会工作者非社会工作相关专业的人员 14736 人,本专业只 437 人。调查发现,目前天津市的社区工作站的负责人的专业背景相关度差异较大。

5. 薪资待遇

调查数据显示:社会工作者的月薪资主要集中在 3001 ~4000 元这个区间,而天津市职工的月平均工资大约在 4400 元左右,社会工作者的工资普遍偏低。

表　月薪资统计表 Frequency

		Frequency	Percent	Valid Percent	Cumulative Percent
Valid	1001 - 2000	6	4.0	4.0	4.0
	2001 - 3000	53	35.3	35.3	39.3
	3001 - 4000	67	44.7	44.7	84.0
	4000 以上	24	16.0	16.0	100.0
	Total	30	100.0	100.0	

二、天津市社区社会工作职业化的问题

(一)社会工作站行政属性覆盖了其专业服务职能

1. 社区居委会、社区工作站\社会工作站制度职能区分不清

表现在规章制度不明晰,人员分工不清晰,工作职能界限模糊。发现多数社区都有相应健全的规章制度,而社区工作站的专业服务规章被行政化规条所取代。社区工作站取代社会工作站,且工作站仍然是以原居委会为前身或隶属于居委会,站内社会工作者做的大多数工作仍然是居委会的行政、管理工作,基本上是一套班子三块牌子,居委会委员、党组织成员、社区工作站\社会工作站专职人员重叠,社会工作职业化服务角色被淡化。

2. 缺乏专业监管与评估

由于社会对于专业社会工作的知晓度不高,导致工作站的专业职能往往是任务为中心,没有人特意或仔细监管其专业运行及介入服务对象后的成效,再加上社会工作的运行行政化色彩比较浓厚,上级布置的任务一级一级往下传,收到指令就按照传统行政部门的步骤开始实施,没有专用平台运用专业的社会工作方法及技巧来服务受访者,因此也就没办法体现社会工作的专业化,更难走向职业化。

3. 相关政策及细则不完善

当前关于社会工作这一职业的发展主体主要是以《社会工作国家职业准则》《社会工作职业评价暂行规定》《助理社会工作师、社会工作师水平考试实施办法》等政府文件对专业社工作的职业化发展保驾护航。缺乏本土社会工作职业岗位设置及薪酬增长制度可行性措施,缺乏职业化岗位标准细则,统计中发现,社会工作专业岗位职责标不明晰,行政兼职居多,工作强度大,且社区工作者的月薪资水平大多数在3001~4000元区间,低于天津市职工的平均薪资水平,薪资增长缓慢,影响专业人员工作积极性的发挥。

(二)社会工作专业水平较低

1. 多数社区社会工作者非专业出身

通过对于天津市社区工作者的调查显示的数据看,虽然近年从事社区工作人员的学历水平不低,但专业出身比例很少,仅有不足25%社会工作者是专业出身。首先,社会工作者的非专业背景就使得社会工作在服务上不

能呈现专业方法;其次,尽管近几年天津市扩大了对社会工作专业岗位人员招募与培训,但是由于社会工作专业学生就业的对口率比较低,导致有相当一部分的社会工作人员为非专业出身,虽然不同程度考取了国家级或是地方级的社会工作资质,但因专业背景训练不足仍显在实际工作中不能熟练使用专业服务技能。

2."居站一体的"居委会行政应对工作多于社会工作服务性工作

社区内的大部分社区工作站的工作都是暂时的某一季度或某一时期的工作计划,甚至是硬性的指标要求,而非真正的针对社区的某一问题利用专业的社会工作方法和技巧来为感受到困难的个人、家庭、社区进行介入服务,使其摆脱困境,达到专业助人自助的帮扶效果。

3.服务模式的单一,居民参与度不高

社会工作开展模式仍然走的是单一化的任命式或委派式的老传统,社区社会活动的开展是为了完成上级指派的任务或指标,服务活动的内容主要还是较为传统而不能与时俱进;社会工作服务站确实开展活动,但是参与的居民一般都是与居委会人员比较熟的或者是一些党员干部甚至楼门长,导致普通居民参与度较低。

(三)缺乏本土化专业理论实操模式

专业社会工作理论及工作模式来自西方国家,虽然近年来我国的学者与实践领域专家共同合作,在实务领域不断探索本土模式,也积累了经验,但是如何指导社会工作在实务领域更专业化还尚缺乏一套适合中国社会工作发展的理论实操模式作为指导思想。

三、天津市社区社会工作职业化发展对策

(一)完善制度,统一规范与管理

1.建立权责明晰的社会工作职业机制

在社区建立社会工作专业化服务平台,清晰社会工作站、社区工作站与居委会的工作职能,剥离社会/社区工作站的行政职能和隶属于居委会的管制关系,真正使社会工作者发挥其专业技能,体现专业人才的职业性服务。

2.完善社会工作职业的保障政策

首先,规范社会工作职业岗位建制,确立专业岗位职责细则;其次,要适

当提高社会工作者的基本薪金待遇，根据社会工作者的等级水平及实践能力进行绩效评价，提高社会工作者在实务服务与职业发展的动力。

3. 建立统一的管理部门

当下，劳动与社会保障部、人事部、民政部等部门的工作对社会工作的管理都有所涉及，但是缺乏协调统一性，因而需要建立一个专业分管社会工作的部门，专门负责社会工作工作职业化过程中的资格认定，发展以及社会工作服务内容，使其加强对社会工作的规范与管理，便于社会工作职业资格认定、注册登记、职业规范与评估等统一管理。

（二）发挥高校专业资源优势，完善专业培育制度

1. 提升高校社会工作人才培养数量与质量

高等教育学校为社会工作职业化培养专业人才，在教育教学方面，学校要积极地为社会工作专业的学生搭建平台，提供切实可行的专业实务训练，促进理论与实践的相结合，为社会工作职业化培养专门人才致力于研究与教学的改革力度。

2. 建立联动的专业学习与服务模式

社会工作职业化需要政府主导下，高等学校、社会工作专业机构、社区社会组织合力推进。发挥高等学校人才培养和专业教育带动优势，联动专业机构与相关社会组织，发展专业标准和开发专业模式；发挥社会工作专业机构和社区社会组织载体作用，大力开展满足民生需求的社会服务和培训活动，通过看得见摸得着的专业服务与专业学习形成社会影响力，推动社会工作专业服务水平提升。

（作者单位：天津理工大学）

“全面二孩”政策对天津市人口年龄结构变动的影响[①]

张靓媛　刘兴凯

中共十八届五中全会审议通过的“十三五”规划中明确提出“全面实施一对夫妇可生育两个孩子政策”。2016 年 1 月开始,全国各省市开始陆续推行“全面二孩”生育政策,这也是我国继 2014 年“单独二孩”政策实施以来的又一项重大生育政策调整。生育政策的重大调整必然会导致整个国家或区域人口年龄结构的变动。天津市作为我国环渤海经济圈、京津冀协同发展区域之一的重要城市,关注“全面二孩”政策的实施对当地人口年龄结构产生的影响,对探索生育政策调整下全市经济、社会与人口年龄结构协调发展有重要的积极意义。

一、我国生育政策的历史演进

人口生育政策是指一国或地区,在综合考虑社会、经济、政治与资源环境的情况下,结合大多数群众的接受程度,对全体人口生育行为采取的措施和方法。狭义来讲,人口政策的核心则为生育政策。

作为一个人口大国,我国的生育政策历来备受瞩目。建国近七十年,改革开放近四十年以来,在国家经济、社会的不同发展时期,我国的生育政策也处在不断的调整与演进中。自建国以来,我国的生育政策按照政策内容的不同大致可分为四个不同时期。

① 本文为天津市哲学社会科学规划项目《“全面二孩”政策下天津市人口年龄结构变动及其社会效应研究》的阶段性成果,项目编号为 TJSR16 -008。

1. 建国初期至1970年代:生育政策宽松时期

新中国成立之初,刚刚经历战争的人民迫切需要“休养生息”,为恢复经济,国家出台了限制避孕及人工流产的相关政策,生育政策较宽松。1953年全国进行了第一次人口普查工作,人口剧增趋势已被察觉,但是在大跃进与“文革”的相继进行中,节制生育的主张并未得到重视。这一时期,是建国后生育政策最宽松的时期。

2. 1970至1990年代:生育政策紧缩与反复时期

1969年,我国总人口超过八亿,人口剧增的状况迫使国家开始重视控制人口。在整顿经济、社会等各项工作的同时,着手开展计划生育工作,“四五”计划中强调“一个不少,两个正好,三个多了”。1973年的全国计划生育工作汇报会上正式提出“晚、稀、少”生育政策,并同年将该项生育政策列入国民经济发展五年计划。

1978年,计划生育被载进宪法。1980年,国家在综合考虑人口生育惯性与经济、资源环境承载能力的矛盾后,由党中央发表《关于控制我国人口增长问题致全体共产党员、共青团员的公开信》,明确提出“提倡一对夫妇只生育一个孩子”,并采取了一些较强硬的措施。这项生育紧缩政策与民众生育意愿相违背,激起民众与计划生育工作间的矛盾。为缓和矛盾,1984年中央转发七号文件《关于计划生育情况的汇报》,被称作“开小口子,堵大口子”的生育政策,指出“农村符合规定的可生二胎,严禁超生与徇私舞弊”。政策转变与工作强度的减弱,使干群矛盾逐渐缓和。1988年,生育政策主要包括“提倡晚婚晚育、少生优生”,国家干部及职工要求“一孩”化,农村“独女户”按照规定可生二胎等。

3. 1990至2010:生育政策较稳定时期

1990年以后,我国生育政策较为稳定,国家政策与民众意愿基本协调。1991年,国务院出台《关于加强计划生育工作严格控制人口增长的决定》,提出控制人口自然增长率在年均12.5‰以内的目标,着力控制人口总量。2002年,《中华人民共和国计划生育法》正式实施,提倡“晚婚晚育、优生优育”,“一对夫妇一个子女”,特殊情况符合规定可生二胎。该阶段我国生育政策较为稳定,基本步入“少子化”时期。

4. 2014以来:逐步放开生育政策时期

全国第六次人口普查数据显示,我国处于低生育水平阶段,且老龄化进程加快。在人口老龄化趋势明显的前提下,2014年开始实施“单独二孩”生育政策,即夫妻双方中有一方为独生子女的条件下可以生育第二个孩子。

在“单独二孩”政策效果并不明显的情况下,2015 年 10 月,党中央十八届五中全会提出,全面实施一对夫妇可生育两个孩子政策,积极开展应对人口老龄化行动。2016 年 1 月,“全面二孩”政策正式实施。为应对人口年龄结构的变化,我国生育政策逐步放开,开始鼓励居民生育两个孩子。

二、天津市人口及其年龄结构现状及特点

人口年龄结构是指某群体人口在某一时点的年龄分布状况,是分析研究人口发展规模和速度的重要指标,不同的人口与年龄结构会对社会经济发展产生不同的影响。随生育政策的演进,天津市计划生育工作稳步推进,并有效控制着全市生育水平,提高人口素质。国家一系列生育政策的实施对天津市人口年龄结构的影响也是深远的。

根据天津市统计局统计并发布的《天津市人口主要数据公报》和《天津市统计年鉴》,结合 2010 年全国第六次人口普查天津卷的系列数据,可得出天津市人口的主要变化情况。

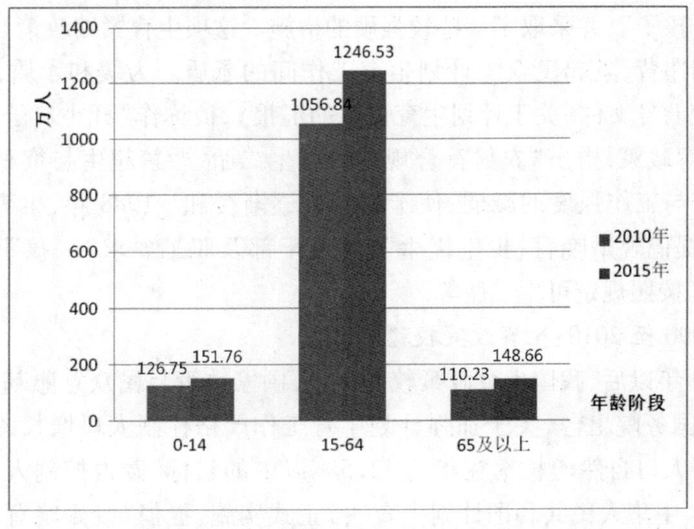

图 1　天津市 2010 年与 2015 年各年龄阶段人口数量对比图

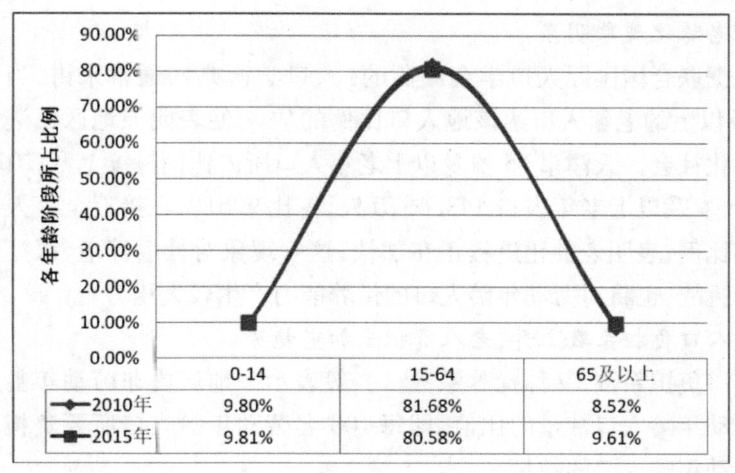

	0-14	15-64	65及以上
2010年	9.80%	81.68%	8.52%
2015年	9.81%	80.58%	9.61%

图2　天津市2010年与2015年各年龄阶段占比对比图

如图1和图2所示,2015年末全市常住人口总量1546.95万人口比五年前增加了247.66万,年均增速约50万人。按年龄构成来看,0~14岁人口为151.76万,15~59岁1159.28万人,65岁及以上为148.66万人。各年龄阶段占全市总人口的比例分别为9.81%、74.94%、9.61%。

根据这一数据分析,天津市的人口年龄结构大致有如下几个特点:

1. 少儿人口总量增加,但增速减缓

在计划生育政策的推行下,全市的人口出生率得到有效控制。由上图可知,2015年末少儿人口占比9.81%,相比2010年仅上升0.01%,变化微小。但总数略有增加,2015年末为151.76万,相比2010增加了25万人。2015年出生率为5.84%,相比2010年下降2.34%。少儿人口总数的小幅增加与人口出生率的持续下降,表明天津市新生人口增速减缓。

2. 劳动力资源丰富

2015年劳动适龄人口总数是1159.28万人,比2010年年末净增加92.44万人,劳动适龄人口数量占全市常住人口总数的比例达到80.58%[①]。这一高比例,显示出天津市当前劳动力资源丰富,劳动供给量充足,并有利于减轻全市人口抚养负担,为经济发展提供充足的人力资源保障。通过合理配置,劳动力资源将为全市经济健康发展添加动力,创造更多的社会财富。

① 《2015年天津市主要人口数据公报》中原数据为15~59岁人口及比例,文中该比例数字是指15~64岁人口及比例,由原数据计算所得。

3. 老龄化现象明显

根据联合国国际人口学会编制的《人口学词典》,通常来讲,当一地区 65 岁及以上的老年人口达该地人口比例的 7%,便表明该地区已进入并处于老龄化社会。天津市 65 岁及以上老年人口所占比例持续上升,2015 年末共有 65 岁及以上老年人口 148.66 万人,占比 9.61%。接近全市人口十分之一的比例,表明老龄化进程正在加快,这一现象对社会养老、医疗等提出更大的挑战,也将对劳动年龄人口的供养能力产生较大压力。

4. 人口负担系数上升,老人负担呈加重趋势

人口负担系数,又称抚养系数。一般表示一地区内非劳动年龄人口数量与劳动年龄人口数量的比值,即每 100 名劳动年龄人口所要负担和供养的非劳动年龄人口的数量。

表 1 天津市人口负担系数

年份	2010	2015	变化趋势
少儿负担系数	11.99%	12.17%	0.18%
老人负担系数	10.43%	11.93%	1.50%
总负担系数	22.42%	24.10%	1.68%

数据来源:据第六次全国人口普查天津卷、《天津市主要人口数据公报》《天津市统计年鉴》数据整理所得。

从上表看出,天津市 2015 年末的总负担系数相比 2010 年增加 1.68%。2015 年末,全市少儿、老人负担系数分别为 12.17%、11.93%,比 2010 年分别增加 0.18%、1.50%。表明至 2015 年末,平均每 100 名劳动适龄人口要负担 12 个少儿、12 个老人,总共负担 24 名非劳动年龄人口,比 2010 年多负担 2 人。

根据上述分析可知,天津市目前的人口年龄结构总体状况良好,劳动年龄人口比重超过 80%,劳动力资源丰富。少儿人口总数增加,但比重变化不明显,出生率持续降低,少儿增速减缓。老年人口的增加速度高于少儿,处于老龄化进程加快状态。劳动适龄人口的负担逐渐加重,其中多为老年人的负担。

三、“全面二孩”生育政策对天津市人口年龄结构变动的影响

“全面二孩”生育政策是在我国人口年龄结构出现重大转折时期推行的,符合人口发展规律、改善人口发展状况的重大战略抉择。这一抉择将会

对天津市的人口年龄结构变动产生新的影响，促进人口均衡发展。

1. 改变低生育率现状，少儿比重将增加

“全面二孩”政策将改变居民的生育意愿。天津市生育政策的贯彻比较完善，多年来保持较低的生育率，“全面二孩”政策给具有生育意愿的居民及家庭以政策支持，引导家庭调整生育计划，将改变当前的低生育率现状，使全市短期内新生儿数量增多，少儿比重由此上升。

2. 总人口数量增多，总负担系数上升

“全面二孩”政策影响下，原有的多数家庭“一孩化”状况会发生变化，家庭生育意愿与生育计划的改变将直接带来全市人口总量的增加。总人口中新生儿及老年人数量的增加，短期内将造成非劳动年龄人口数量的增加，加重劳动年龄人口的供养负担。

3. 人口总体性别结构趋向均衡发展

2015 年年底全市男女性别比例为 119.10（女性为 100，男性与女性的比值）。男性对女性比例高出近 20，可见目前天津市的人口结构中性别比例失衡较严重。“全面二孩”生育政策的实施将在一定程度上改善性别失衡的现状。“一对夫妇生育两个孩子”的情况下，总和生育率接近于人口代际更替的正常水平，因此将逐渐弱化性别偏好，减少出生性别的异化情况，长期来看有利于人口性别结构的均衡发展。

4. 长期执行下缓解老龄化进程，促使人口年龄结构向“橄榄形”转变

“全面二孩”政策下，天津市的生育水平逐渐提高。长期来看，一方面随着全市人口总数的增加，老年人口比重将缓慢下降，有利于缓解天津市的老龄化进程，降低老龄化水平。另一方面，老年人口与少儿比重降低，可保证劳动适龄人口的高比重，天津市的人口年龄结构将逐渐趋向“两头小，中间大”的“橄榄形”发展。

“全面二孩”生育政策会对天津市的人口年龄结构产生深远的影响。天津市作为京津冀协同发展区域内、环渤海经济圈的重要城市，应主动提升计划生育部门的服务方式与质量，推进“全面二孩”政策的实行。在理清“全面二孩”生育政策对全市人口年龄结构影响的基础上，应充分挖掘当前劳动年龄人口的人力资本，把握时机释放人口红利，在资源配置与经济发展的过程中充分考虑人口年龄结构，促进全市经济、社会与人口的协调发展。

（作者单位：天津理工大学法政学院）

加快天津市科普事业发展的对策研究

郑卫华　包英姿　高　峰

科学普及是科学研究的重要前提,是创新成果快速应用的助推器,是培育新技术新产品消费主体的重要手段。习近平总书记在全国科技创新大会上明确指出:“科学普及和科技创新是实现创新发展的两翼。”深入贯彻落实创新驱动发展战略和京津冀协同发展重大国家战略、打造全国先进制造研发基地,需要大力提高我市科普能力,实现科普与科技创新全面发展。

一、天津市科普事业发展现状

“十二五”期间天津市科普工作紧密围绕落实创新驱动发展战略,不断强化政府职能,广泛动员社会各界积极参与,成效显著。2015 年天津市公民具备科学素质的比例从“十一五”末期的 7.92% 提高到 12%,位列全国第三位。

1. 科普基础设施体系更加完善

“十二五”期间,我市科普设施体系不断完善,承载能力显著提升。至 2015 年,国家级科普教育基地达到了 32 家,市级科普教育基地 87 家。形成了包括 16 家科普场馆、17 家科普主题公园、22 家青少年科普活动站、32 家专题基地以及一批科普大学、科普长廊在内的科普设施体系。科普教育基地年接待量超过 1900 万人次,是“十一五”末的近 6 倍。每万人拥有科技馆和科学技术博物馆的展厅面积达到 97 平方米。

2. 科普作品原创能力不断提升

“十二五”期间,我市科普产品的种类不断丰富,原创质量不断提升,各类作品屡获国家级奖励。其中《航天简史》《果壳阅读》等获得全国科普优秀作品称号;《中国特色社会主义为什么行》《天津精神》等多部作品获全国优秀社会科学普及作品;《我们的身体为什么会这样》等3部作品入围科技部"全国科普微视频和动漫大赛优秀作品";科普剧《手卫生》获得"全国全民科学素质文艺调演优秀奖"。

3. 科普传播力度不断加大

传统媒体不断加大科普传播力度,我市累计发行科普图书290万册、科普期刊668万册,电视台播放科普节目时长2万小时,电台播放科普节目时长6631小时。同时,科普传播渠道多样化态势明显,在主流媒体推出"美丽天津科普你我他"专栏等;创办DM直投杂志;开设"科普天津""天津社会科学普及""泰达低碳""市民运动健康"等智能平台,科普网络传播平台规模快速壮大。

4. 科普品牌地方特色逐步显现

"十二五"期间,全市共组织科普讲座、展览、竞赛25万余次,公众参与人数累计达到6300多万人次。依托科技周、科普日等科普计划,形成一批地方特色品牌。"追寻创新的足迹—天津工业遗产科普展"被列为国家科技周重点示范活动。科普讲解校园行、"5.12"防震减灾宣传周系列活动引起积极反响,形成了"挑战杯"天津市大学生科技作品竞赛、天津市青少年科技创意设计竞赛、天津市科普微视频大赛等赛事品牌。

5. 科普事业保障力度持续增强

"十二五"期间,科普经费投入不断增加,科普专项工作经费筹集额2014年度达到6639.96万元,比2009年增加了26.7%,人均科普经费达到4.38元。科普人才队伍不断壮大,科普专职人员2015年达3176人,其中中级职称以上或大学本科以上学历人员占71.72%,科普兼职人员38144人,注册科普志愿者54643人。科普管理和政策体系不断健全,将社会科学普及纳入《天津市科学技术普及条例》,出台《天津市科普基地认定管理办法》等多项惠及科普工作的政策制度,为我市科普事业开展提供了有力的法律和制度保障。

二、我市科普事业面临的形势

1. 先进制造研发基地建设需要科普提供重要支撑

建设全国先进制造研发基地,做强天津制造,支撑和引领全国制造业发展,关键在于瞄准世界先进水平,集聚全球高端要素,营造创新创业良好氛围,着力提高产业创新能力。在新时期,需要科普事业丰满羽翼,大力普及科技知识、倡导科学方法、传播科学思想、弘扬科学精神,在社会上形成赞赏创新、宽容失败的社会环境,与科技创新保持平衡,助力全国先进制造研发基地建设。

2. 全面建设小康社会需要科普承担新任务

科学素质决定着公众的思维方式和行为方式,是实现美好生活的前提,是实施创新驱动发展战略的基础。"创新、协调、绿色、开放、共享"发展理念为实现"第一个百年目标"提供了路径。贯彻五大发展理念,进一步提高公民科学素质,是科普事业需要承担的新的任务,对于破解发展难题,厚植发展优势,引领经济社会发展新常态,全面建成小康社会具有重要战略意义。

3. 信息化时代推动科普创新工作模式

新一代信息技术加速发展,新经济、新产业、新业态、新模式不断涌现,公众对科普服务的需求不断扩散。信息技术的应用使泛在、精准、交互式科普服务成为可能,推动科普服务从受众泛在化、内容同质化、单向灌输向受众细分、内容精准推送、公众参与互动转变,信息技术成为科普创新驱动发展的先导力量。

三、天津市科普事业存在的问题

1. 公民科学素质偏低

天津市公民科学素质比例与北京(17.56%)、上海(18.71%)相比仍然偏低,与发达国家相差近 20 年(美国 2000 年公民科学素质比例为 17%);城乡差距问题依然明显,劳动适龄人口科学素质还有待提高,学生科学素质结构存在缺陷,科普的覆盖面和科普力度需要不断提高。

2. 科普场馆没有得到充分利用

以 2014 年为例,天津每百万人拥有的科普场馆数不到北京的 1/3,每百万人拥有科技馆和科学技术博物馆的展厅面积不足北京的 1/2。每小时每平方米展厅的参观人数与发达国家水平有着较大的差距。

3. 科普经费投入有待大幅提高

从人均科普专项经费上看,2014 年天津市人均科普专项经费 4.38 元,比"十一五"末提高了 21%,但只有北京(46.02 元)的 9.5%。从年度科普经费筹集额上看,2014 年天津市科普经费筹集额为 2.42 亿元,为北京市的 11.13%。

4. 科普人才队伍人员构成不理想

科普专职人员占比较低,2014 年天津市科普专职人员 3179 人,占科普人才总量的 7.6%,不足北京(16.9%)的一半。科普人才队伍水平有待提高,中级或本科以上水平人员占比只有 51%,低于北京的 63%。科普创作人员相对匮乏,天津市 2014 年拥有科普创作人员只有 269 人,仅为北京市的 23.7%。

5. 公众参与程度较低

天津市科普经费对政府拨款的依赖程度较高,政府拨款占年度科普经费筹集额的 79.35%,社会捐赠占年度科普经费筹集额的比例为 0.38%,远低于北京(4.47%)。参与科普活动的热情不够,以 2014 年科技活动周为例,我市参加科技活动周科普专题活动人数为 380.7 万人次,而北京科技活动周参加人数达到了 5841 万人次。

四、天津市科普事业发展的对策

1. 加大科普经费投入

强化政府资金投入,逐步提高投入水平。适当增加政府资金对科普场馆、科普展品的投入,增加中小型科技馆、科技博物馆等科普设施的建设,优化科普设施在各区中的分布。区级科普经费,区财政应予以保证,并逐年增长。建立多元化科普经费投入机制,充分发挥政府资金的引导作用,调动社会资金,引导企业、机构、个人支持科普和创新文化活动,形成资金合力,共同促进科普工作的发展。

2. 加强高素质科普人才队伍建设

积极宣传树立科普意识,多渠道、高标准选拔专兼职科普人才队伍,组织动员离退休工程师、科技人员、专家加入科普队伍贡献余热,鼓励科学家走出实验室,走近公众,以及实践经验丰富的中年高科技、高职称人员,吸引创新型企业家和创客参与科普事业,形成吸引更多人才从事创新活动和创业行为的社会导向。建立科普志愿者队伍的培养制度,广泛开展科学教育与培训工作。

3. 加强京津冀科普资源共享

积极推动成立京津冀区域性科普联盟,建立常态化区域科普合作交流机制。进一步推动科普资源共享,突破各地科普组织地域限制,积极组织科普队伍、科普资源跨区域交流服务,推动京津冀三地科普基地、博物馆、图书馆等公共文化基础设施联动,拓展科普活动渠道。发挥大型科技基础设施、工业生产线、农业示范园等的科普作用。在创新方法培训、科普人才交流等方面开展深度合作。借助北京的资源优势服务天津,利用天津在现代农业、高端装备产业、科教等方面的优势服务河北。

4. 加强科普场馆服务水平和能力建设

充分利用我市科普场馆规模大的特点,积极组织开展大型科普会展活动,创建科普品牌活动。提升科普场馆信息化水平,依托大数据、云计算等信息技术手段,采集和挖掘公众需求数据,实现科普信息精准服务。推进VR(虚拟现实)、AR(增强现实)、MR(混合现实)技术的应用,在现有科普场馆基础上,建设数字科技馆、虚拟科技馆等,突破科普时间、空间的局限。提高科普场馆科学传播能力,加强科普展览组织、演示技术、表演技巧、与公众的互动方式、创作力与团体协作、展品与多媒体的设计与搭建等基础知识的培训。

5. 加强科普成效评估监测

加强科普工作效果的评价和追踪机制研究,建立规范的科普效果评估制度,开展区科普能力综合测评,探索科普活动的后评估机制。委托有资质和有能力的第三方测评机构,对各区、各部门、各基地开展科普分类评估,促进科普资源共享;完善科普信息报送制度,汇总和发布全市最新的科普工作动态,加强交流与合作。

(作者单位:天津市科学学研究所)

抓住全运会契机　提升城市形象增强天津吸引力的思路分析

桂慕梅

很多城市通过举办富有巨大活力和影响力的大型体育赛事提升城市形象,加强城市形象的传播,并促进本地区经济和社会的全面发展。在多个大型体育赛事中,全运会是我国国内规模最大、水平最高的综合性运动会,受到社会各界的广泛关注。天津取得2017年第十三届全运会主办权。利用承办全运会的契机,天津需借鉴已有成功经验,在提升城市形象、增强城市的吸引力方面实行切实有力的规划措施。

一、全运会改善城市形象的积极作用

城市形象是城市环境、经济、社会和文化所反映的综合性信息以及公众对这些信息的总体评价。城市通过许多措施提升城市形象,这其中全运会使城市在短期内发挥了自塑与他塑形象的建构与传播的优势合力,故举办全运会被视为提升城市形象的契机。全运会是中华人民共和国全国运动会的简称,是以各省市自治区为单位参与的体育盛事。从历届举办情况看,全运会对举办城市的形象所发挥的积极作用主要体现在以下几个方面:

1. 促进举办城市优化环境

赛会环境主要包括城市基础设施和公共服务设施,二者的完善是全运会得以顺利进行的物质基础。通常情况下举办城市都会在申办成功后集中加强赛会环境的建设,主要包括体育场馆的修建或改扩建,道路的延长、拓宽或整治,公共交通车辆的增加,地铁、轻轨等城市轨道交通系统的改善,城市公园和绿化带的增建或整治等。

2. 推动举办城市的政府和相关社会组织提升行政管理能力和服务水平

全运会的开办要涉及市场开发、食品安全、公共卫生、社会安全、文体展演、交通、气象和电力保障、志愿服务、媒体传播与监督审计等多项工作,为使赛会的有序进行,历届全运会都会成立专门的组委会和纪律检查委员会,统一布署、管理和协调全运会相关工作。另外,举办城市各级各类组织与组委会的积极配合也是全运会得以顺利举行的重要保障。全运会增强了举办城市全行业应对大型赛会复杂状况的能力。

3. 促使举办城市建立合理又健全的建设计划、规章制度及运行机制

全运会活动的复杂性要求举办城市在申办期间就提出相应的建设计划。进入筹办阶段还需制订相关管理和服务的规章制度,以及为赛事有序进行而建立应急预案等机制。全运会对举办城市完善城市规范体系作用重大。

4. 提升举办城市市民良好的精神风貌

全运会期间,作为东道主的举办城市将接待来自全国各地的官员、运动员、裁判员、记者等社会各界公众,所有举办城市都会倡导市民文明观赛、文明出行,由此营造赛场,乃至全城良好的社会氛围。全运会促进了城市公共体育精神的培育以及市民综合素质的提高。

5. 强化了举办城市的对外传播

在全运会的申办期、筹办期和举办期都会有大量媒体对全运会及举办城市的方方面面进行宣传,全运会令举办城市在一段时间内获得媒体的高度关注和持续报道。举办城市在对外传播的过程中增强了城市及其形象的推广能力。

二、天津市城市形象现状特征

天津是继北京、上海、广东、江苏、山东和辽宁后,第七个承办全运会的省市,也是继北京、上海后,第三个独立承办全运会的城市。能在多个申办城市中胜出,获得全运会举办权,这与天津深厚的历史文化底蕴、强大的经济实力及安定和谐的社会环境所体现出的良好的城市形象关系密切。概括而言,天津城市形象特征可归结为以下几个方面:

1. 地理位置优越

天津地处华北平原的东北部,海河流域下游,东临渤海,北依燕山,西靠首都北京。天津是海河五大支流的汇合处和入海口,素有“九河下梢”“河

海要冲"之称。天津因河而兴,海河穿城而过。天津是太平洋西岸环渤海经济圈的中心,背靠华北、西北、东北地区,面向东北亚,是中国北方十几个省市区对外交往的重要通道,对外交流广泛,地理区位优势明显。

2. 城市历史悠久

天津始于隋朝大运河的开通,明永乐二年正式筑城。1860 年被辟为通商口岸后,天津成为中国北方开放的前沿。近代天津曾设有九国租界,租界内建设了风格各异的大小洋楼上千座,形成了世所罕见的"万国建筑博览园"。近代的天津在采矿、铁路、邮政、教育、司法与军事化等多方面引领全国,成为当时中国第二大工商业城市和北方最大的金融商贸中心。

3. 城市环境及公共设施建设完善

天津生态环境良好,到 2015 年底绿化达 1 亿平方米,林木绿化率提高到 23.7%,"三区、两带、多廊、多园"的市域生态保护体系形成。发达的公路、铁路、水运和航空及城市轨道交通的综合性交通体系已经建成。在京津冀协同发展国家战略规划下,交通一体化先行一步。津保铁路投入运营,与京广、京沪、津秦和京津城际四条高铁无缝对接,天津成为全国高铁枢纽。天津的科技、教育、卫生、文化和体育事业全面发展,其中 2015 年新建、更新体育健身园 500 多个,创建"绿色健身站"300 多个。

4. 经济基础雄厚

天津是全国著名的工商业城市,工业基础雄厚,第三产业发展迅速,跨国跨地区公司众多,外向型经济突出。2015 年《中国城市竞争力报告 No. 14》显示,在 294 座城市中,天津综合经济竞争力排行第六。

5. 行政及社会公共管理和服务能力高效规范

天津一直坚持边界清晰、分工合理、权责一致、运转高效、依法保障的政府职能体系及科学有效的权力监督、制约、协调机制,并重视全面推进依法行政。天津的公共服务能力不断增强,民生持续改善。城市地方性法规、政府规章、行业条例、社会公约等制度规章也都在不断完善中。

6. 社会安定和谐

天津是全国社会治安最好地区之一。中国经济实验研究院城市生活质量研究中心 2016 年对全国 35 个城市居民的生活质量的调查结果显示,天津生活质量主观满意度指数 55.61,居于 25 位。总的看来,天津社会秩序井然有序,社会氛围稳定和谐,市民安居乐业,民风淳朴。

作为一座历史文化名城、首批沿海开放城市和首批"国家中心城市",天津历经六百多年,形成了古今兼容、中西合璧的独特城市风貌。天津欣欣向荣的城市形象为全运会的顺畅开展奠定了基础。

三、以全运会为契机提升天津城市形象的策略

利用全运会带来的机遇,借鉴成功经验,在以往良好城市形象的基础上深入挖掘地域特色,进一步提升天津的城市形象,需重点把握以下方面:

1. 继承历史传统,在景观建设上突出天津特色,塑造具有天津个性的创新型城市形象

近年我国城市“千城一面”的现象使很多城市形象特色消失殆尽,难以识别。为此天津在塑造城市形象过程中需避免建设与其他城市雷同的城市景观,选择能够突出体现天津地域特色的景观要素。海河、近代历史性建筑与天津民俗文化是构成天津城市特色的三个最主要的方面,在筹备全运会时需提炼精华,进行创造性转化,侧重在会徽、会歌、开闭幕式表演、奖牌、纪念品设计以及场馆和绿化景观的建设等方面突出天津的地域特点。同时在筹备全运会的过程中,着重展现天津作为全国先进制造研发基地、北方国际航运核心区、金融创新运营示范区、改革开放先行区的城市定位及其形象特征。

2. 集中整治生态环境,深入推进美丽天津建设,创建生态宜居的城市形象

在筹备全运会阶段,继续实施“美丽天津 · 一号工程”,集中社会各方力量深入推进清新空气、清水河道、清洁村庄、清洁社区和绿化美化“四清一绿”行动。综合运用法律、技术、经济、行政四种手段全力提高空气环境质量,全面推进水污染防治,持续改善农村和社区环境面貌,实施大规模绿化美化。进行亮化改造提升工程,结合海河综合改造,完善海河夜景灯光设施,提升 25 公里夜景灯光线,重点完善文化中心、天津站、奥林匹克体育中心等标志性景观区灯光组团。为十三届全运会营造碧水蓝天的美好环境,使天津拥有水绕津城、城在林中、天蓝水清、地绿景美的生态宜居的城市形象。

3. 提升行政及公共服务管理能力,制定相关规章制度,构建友好开放的国际港口城市形象

政府和相关部门着力保障各类公共安全:紧抓食品安全、交通秩序、水电气热保障等重点工作。坚持源头管控,完善硬件设施,强化安全监管,消除安全隐患,确保水电气热正常供应和使用安全。制定全运会公平赛场规

则，健全志愿者服务制度，提倡全行业文明服务。倡导文明执法，强化文明管理，主张高效服务。营造社会秩序井然有序，社会气氛生机勃勃，友好开放的国际港口城市形象。

4. 改善民生，倡导全运惠民，共建和谐共享的城市形象

改善民生，尤其倡导全民健身，突出全民参与全运会的精神，提高市民对城市生活质量主观满意度。以践行社会主义核心价值观为主线，开展富有特色的群众精神文明活动。以市民文明素质为重点，加强教育引导，完善行为规范，倡议市民自觉抵制不文明行为，全面提升城市文明程度，增强城市文化软实力。借全运会时机，形成全运惠民、共建共享和谐天津的城市形象。

5. 综合运用多媒体传播渠道，规避对抗性传播效应，全面传扬天津优秀的城市形象

全运会使天津从我国几百座城市中突显出来，获得全国各地媒体和公众的关注。城市形象塑造的成败不仅在于城市形象本身的优良品质，还在于城市形象传播的内容和手段。城市形象传播是自我与他者的认同性建构。天津在全运会筹备与举办期间，一方面需充分利用全国性的媒体、当地省市主流媒体、当地社区媒体、公众间的人际传播以及互联网传播等多媒体传播渠道，主动发布天津城市形象的正面信息；另一方面还需建立突发事件传播应急预案等机制，以规避对抗性传播效应。

第十三届全运会是在我国全面实施“十三五”规划、全面建成小康社会关键性阶段举行的一届体育盛会。天津以全运会为契机，通过优化城市生态及公共环境，深化城市治理措施，建立常态长效机制，巩固发展整治成果，在公众面前呈现环境优美、服务优良、安全有序、文明和谐的城市形象，吸引全国乃至全世界的关注，进而推进天津稳定而快速地迈向小康社会。

（作者单位：天津社会科学院社会学研究所）

天津市中小学生通过课外教育提高全面发展能力研究

张雪筠

2014 年 2 月,天津市教委颁布了被称为最强减负令的《关于义务教育学校减轻学生课业负担的规定》,该规定明确控制了学生的在校时间。小学生每天在校学习时间不超过 6 小时。小学不得安排早、晚自习,保证学生午休时间。自愿参加托管班的学生,不得晚于 17:00 离校;初中学生每天在校学习时间不超过 8 小时。早晨到校时间不得早于 7:30,不得晚于 17:30 放学。此项规定的颁布,大大缩短了学生的在校时间,在一定程度减轻了学生的负担,保证了学生的身心健康。但另一方面,在减负的过程中,由于放学时间较之以往大大提前,给一部分家长带来课外教育的困扰。

一、天津市中小学生课外教育的基本情况

在校时间、课堂时间的缩短,一方面考虑是减轻孩子的课业负担;另一方面也是要为孩子获得更多课外教育提供机会与时间。如果说课堂学习更多的是知识的传授、学习能力的培养,那么课外教育活动则是一种培养人的个性品质的实践活动,能够为人的主动发展创造机会、为人的全面发展提供可能,同时丰富学生的实践体验、拓宽学生的成长空间。所以,课堂学习时间的缩短,必然需要以课外学习活动的丰富为补充。那么,天津市中小学生课外教育的情况如何呢?据天津社会科学院社会学所的调查,天津市中小学生的课外教育情况不容乐观:

1. 中小学生的放学后活动单调,课外教育不足

以班级授课制为核心的课堂教育,虽然在传授知识方面具有不可替代性,但是也存在着种种问题,如:忽视儿童的个性差异、不利于因材施教,学

生在教学过程中的主体作用不明显；学生实践能力的培养不足，等等。而课外教育则是在尊重学生兴趣、爱好、特长的基础上，为中小学生提供各种学习实践的机会，从而使中小学生获得更为全面的发展。可以说，丰富的课外活动应该是中小学生“减负”后的必然选择。但是从调查看，中小学生放学后的活动很单调，课外教育不足。

调查显示，小学生放学后的主要活动是写作业的比例为95.9%，上各种课外补习班比例为56.4%和才艺班比例为30.3%，玩占38.3%，看电视28.3%，同时还有8.1%的学生会玩电脑，只有4.3%的学生会去参加社会活动。总的来说，放学后小学生的学习生活安排并不理想。从调查看，大部分的学生放学后主要做的事情就是写作业和看电视。这样的课外生活显然不能为孩子的提供充分全面发展的机会。虽然，玩是孩子的天性，但是在适宜空间有限，独生子女多的情况下，玩提高孩子的身体素质、培养孩子的探索能力、想象力，和社会交往能力的作用未必能充分发挥，而回家后玩的比例只有38.3%，显然“玩”能为孩子提供的“养分”也有限。

而中学生回家的主要活动是写作业，比例为100%，其次是看电视，比例为15.6%，中学生玩电脑的比例要比小学生高，达到了21.5%。另外，中学生中上各种课外补习班的比例要大大高于小学生，达到了84.5%，而中学生上才艺班的比例大大减少了，仅有6.3%的初中生还会去上各种才艺班，可以说中学生的课外活动主要就是学习。从调查的结果看，在缩短了在校学习的时间之后，中小学并没有获得相应的为人的全面发展提供可能，同时丰富学生的实践体验、拓宽学生的成长空间。

2.课外教育的主体以机构为主

调查显示，学生家长还是比较重视子女的全面发展的。在一、二年级的小学生中参加各种才艺班的比例达到了六成以上，但随着年龄的增长家长关注的中心转向学习成绩，参加各种才艺班的比例大幅降低，到初中以后，仅有6.3%。从中可以看出，学习是家长尤其是高年级家长首要关注的重点，而且家长对课外教育的理解也比较简单，主要是各种文体活动。而且这些课外教育主要是由民办的教育机构提供，是以盈利为目的，聘请的老师也多以艺术院校的学生为主，教材也是由机构自由选定，未得到教育权威部门认定。而且调查还显示，仅有四分之一的家长明确肯定其孩子学习的民办教育机构有营业执照。在这种情况下，民办的教育机构是否能够为孩子们提供专业化的教育并促进中小学生的全面发展很难判定。

3. 学校的课外教育活动欠缺

在“最严减负令”颁布后,学校缩短了学生的在校时间,同时学校的教育内容也仅限于课本的知识,在学校学生的“德、智、体、美、劳”的全面发展仅留下了“智”这一项,而且是以书本知识为限。这样的状况,显然不能满足中小学生前面发展的要求。为此,天津市在 2016 年 3 月发布了,《天津市中小学生素质拓展课外活动计划》,计划在全市中小学开展素质拓展课外活动,到 2020 年,基本形成课内外教育有效衔接、校内外教育良性互动,对接社区、覆盖城乡、保障有力的中小学生课外活动工作体系,使中小学生的人文、艺术和科学素养整体提升,体质健康水平明显提高,学生的社会责任感、创新精神和实践能力显著增强。规划要求各中小学校要在星期一至星期五的课外时间组织学生开展素质拓展课外活动,每周不少于 2 天,每次活动不少于 1 小时。活动的内容可以安排为主题互动、竞技比赛、社团活动、参观体验、调查研究、技能训练、志愿服务等。但是从实际的执行情况看效果并不尽如人意。一些学校并没有完全开展拓展活动,虽然学校也有一些文体类的社团活动,但面对的不是所有学生,而是由老师挑选出擅长某些活动的学生组织起来参加各种比赛活动为学校争取荣誉,而不是为所有的学生提供课外教育的机会。还有一些学校敷衍了事,课外拓展活动就是组织孩子观看录像。这样的课外教育现状显然不能满足学生的要求。

二、开展课外活动,提高中小学生全面发展能力的对策建议

减负的初衷是为学生的更多的自我发展、自我完善的机会。但是由于放学时间与家长下班时间存在的时间差,导致了部分家长接孩子放学困难。另一方面,中小学生年龄小,自制自控能力低,完全靠他们自觉地、有目的地、有计划地利用放学后的课余时间去发展自己、提高自己的素质是不现实的。因此,减负在做减法的同时,也要做加法,即为中小学生提供良好的课外教育的机会。否则,不但素质教育的目标没有办法有效达到,反而会滋生出新的社会问题。从上面的分析中可以看到,“减负”后的“加法”问题显然被忽略。从家长的方面看,在接孩子都有困难的情况下,很多家庭对放学后课外教育问题并未提上日程。从学校的方面看,放学后,学生的教学生活是放手不管。从社会方面看,一方面民办的教育机构更多是投家长所好而设置课程,没有系统的促进中小学生全面发展的教育能力;另一方面,公益性的课外教育组织发展不发达,家长也很难找到合适的课外教育机会,因而

“三点半难题”也应运而生。而要解决这一问题需要社会、学校与家长的共同努力。

1. 完善以家庭为目标的福利政策,增加公共服务支持

从一定意义上说,社会管理就是要对社会构成的各个方面、社会生活的各个领域及社会发展的各个环节进行组织、协调、监督、推进和管理,对已出现的社会问题提供解决的方案和民生服务。目前,我市出现的“三点半难题”已经折射出了课外照顾与课外教育不足对家庭生活质量以及儿童全面发展方面出现了,因此,相关部门就应该完善以家庭为目标的福利政策,增加相应的公共服务。

而从国外的经验看,欧美等发达国家早在20世纪80年代起就逐渐将儿童托管纳入公共服务领域,并制定了儿童托管的社会福利政策。而我国的一些城市也纷纷出台措施,解决“三点半难题”。例如,北京市教委要求,各区县、学校可在星期一至星期五的下午的3:30~5:30安排艺术、科技、体育等活动。北京市财政将按照义务教育阶段实际在校生人数,城区生均每年400元,远郊区县生均每年500元标准将经费拨至各区县,由区县统筹安排使用。据测算,北京市财政每年将为此投入5亿元。再如,长春市规定义务教育阶段开展中小学生课外文体、科技活动项目,每周不少于4天,每天不低于1小时,学生们可以在星期一至星期五15:30~17:00的课外时间参加学校安排的活动,这些活动对于学生们是免费的,活动支出由政府“买单”。从效果上看,这些措施一方面延长离校时间为部分家长解忧;一方面业为中小学生提供了丰富的课外活动课程,促进了中小学生的全面发展。从而整体上增加了儿童与家庭的福利。天津市也应该借鉴这些措施,将中小学生课的课外教育纳入到中小学生的教育体系规划以及儿童福利计划中,并由政府提供相应的财政支持。虽然目前天津市已经出台了《天津市中小学生素质拓展课外活动计划》,但是实施的效果并不尽如人意。因此,应该进一步加大监督、管理的力度,促进学校确实、有效地开展课外教育活动。

2. 建立学校社工体系

中小学生的课外教育与课堂教育不同,应该着重于中小学生社会性的发展、兴趣与潜能的开发,是一个与课堂教育有联系但又独立的体系。它需要专业的组织、管理以及专门的师资力量。从国外的经验看,这一工作多数又专门的机构来完成。但是从天津市的现实看如果建立专门的组织机构,需要大量的人力、物力投入,而且目前社会公益组织并不发达,能够利用的资源有限,因此提供服务的成本太高。而利用学校现有的设施进行课外教

育无疑是最佳的选择。从调查看,77.7%的家长愿意孩子参加学校组织的课外活动,这从一个侧面反映出家长对课外教育的需求。但从教育工作者的反馈看,多数的学校缺乏组织课外教育的精力、人力与物力。而通过学校社工可以通过专业化的组织管理保证课外教育的质量。因此,应当在学校中设立专职的社工,在完成一般学校社会的德育心理教育、心理辅导、个案辅导等工作之外,专门负责学校课外教育的组织运行。其主要职责是挖掘充分利用各种资源,根据学生的情况设置不同的课外教育课程、聘请甄选教师、组织社会实践活动等,使中小学生获得更多健康成长的机会。

3. 规范民办教育机构的监督管理

不可否认的是家长对子女教育的需求是多种多样的,因此民办教育机构的存在具有其合理性。但是对于目前民办教育机构的管理还是一个空白,因此应该制定相关的监督管理条例。对民办教育机构的教师资格、教学内容等做出规范的监督管理,促进民办教育的规范化发展。

4. 大力发展公益性的教育服务组织

目前,天津市中小学的课外教育活动面临的重要问题就是师资的问题,促进公益性服务组织进入校园,可以有效的解决这一问题。在天津市课外教育做的比较好的恩德里小学就有公益性社会组织的帮助,但目前并没有在全市有效推广。一方面是公益性的社会组织不发达;另一方面是学校与公益组织之间缺乏有效沟通,学校不知道去哪里寻找公益性组织,而公益性组织也不知道学校需要什么样的服务。所以,在开展中小学生课外教育的过程中,应当大力发展公益性的教育组织,并建立沟通平台,将公益性服务组织的服务内容、服务特点以及学校的服务需求在平台上公布,相互沟通,最大程度上发挥公益性组织的特长,为中小学生的课外教育提供服务。

(作者单位:天津社会科学院社会学研究所)

天津市少年儿童身体健康隐忧与干预对策研究

——基于1458份问卷的分析

李宝芳

少年儿童是社会的未来、家庭的希望,他们的身体健康状况至关重要。为全面了解我市少年儿童身体健康状况,发现其中存在的问题,进而提出干预措施,促进少年儿童健康成长,2016年5月,课题组在我市和平区、河西区、南开区等市内六区的小学中进行了问卷调查。调查在每个区中选取两所小学,在每个小学的四、五、六年级中各抽取一个班级进行,共回收有效问卷1458份。被调查对象中,四年级学生占34.6%、五年级学生占36.5%、六年级学生占28.9%。调查结果显示,我市少年儿童的身体健康状况不尽如人意,亟需引起充分重视。

一、少年儿童身体健康隐忧

1.肥胖患病率高

近年来,我市少年儿童的肥胖患病率逐年上升。我市学生体质健康监测数据显示:2012年学生肥胖患病率达20.61%,2013年学生肥胖患病率达21.71%,2014年学生肥胖患病率达22.3%。此次调查的总体样本中,小学生体重超重率达24.1%,即近四个小学生里面就有一个"小胖墩"。少年儿童肥胖患病率如此之高无疑加大了身体的健康风险,着实让人担忧。

2.近视率居高不下

调查显示,少年儿童的近视率也居高不下。有32.2%的小学生戴近视镜,即近三分之一的高年级小学生患近视,而且随着年级的增长,近视率也逐渐提高,其中四年级戴近视镜的比例为 27.8%,五年级戴近视镜的比例为 34.4%,六年级戴近视镜的比例则增长到 37.8%(见图 1)。

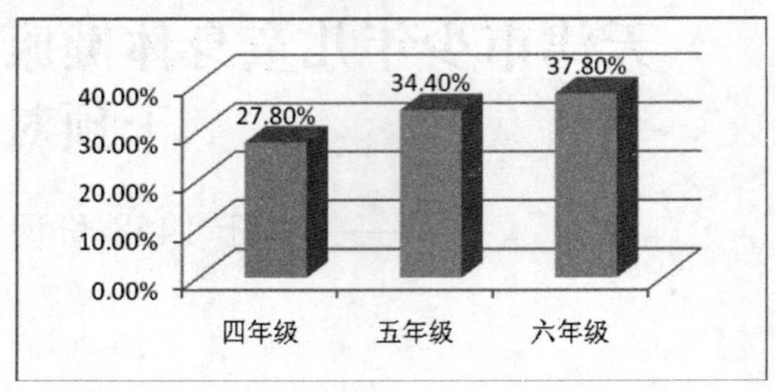

图 1　各年级近视率

3. 患病频率较高

调查显示,这个学期,37.4% 的小学生曾带病上学,34.5% 的小学生请过病假,49.5% 的小学生吃过药,10.8% 的打过针,8.9% 的输过液,1.2% 的住过院,2.1% 的因病休学,没生过病的只有 32.3%(见表 1)。即这个学期,大部分小学生都曾经生过病,且三成多的小学生曾经带病上学。在调查中,很多家长也都表示,孩子经常感冒、咳嗽、发烧,体质较差。

表 1　这个学期小学生的身体健康情况

身体健康情况	百分比(%)
曾带病上学	37.4
请过病假	34.5
吃过药	49.5
打过针	10.8
输过液	8.9
住过院	1.2
因病休学	2.1
没生过病	32.3

二、少年儿童身体健康状况较差的影响因素

通过统计软件的相关性分析,发现我市少年儿童身体健康状况较差,主要原因在于饮食不合理、睡眠不足、体育活动时间较少以及电子产品过度使用。

1. 饮食不合理

饮食不合理的突出问题是:很多学生经常不吃早餐,绝大多数孩子钟情“洋快餐”,零食中“垃圾食品”占三成以上。

三餐不规律,很多孩子经常不吃早餐。调查显示,每天都吃早餐的学生占78%,其余22%分别是多数时间吃(14%)、很少吃(7.3%)、从来不吃(0.7%)。孩子如果不吃早餐,那么午饭前就会因为饥饿而影响上午的学习效率。三餐不规律还表现在近一半的家庭有“家里吃饭时间不固定”的情况,比例为45.7%,久而久之会使孩子食欲减退,消化液分泌失调,严重影响食物的消化吸收。

绝大多数孩子喜欢吃“洋快餐”。调查显示,喜欢吃麦当劳、肯德基等“洋快餐”的小学生比例高达84.8%。43.6%的孩子每月都吃“洋快餐”,其中“每周都吃几次”和“几乎每天都吃”的占6.1%。在庆祝生日、考试奖励、同学聚会或节假日时,去吃“洋快餐”成为三至四成孩子的选择。“洋快餐”的特点是高脂肪、高热量。过剩的脂肪和热量长期积累的结果就会引起肥胖症、心脑血管疾病。

零食中“垃圾食品”占比过高。调查中明确表示“从不吃零食”的少年儿童比例仅为3.4%。其中,饼干类食品、烧烤类食品(羊肉串等)、方便类食品(方便面和膨化食品)成为很多孩子们的零食,选择的比例分别是31.3%、30.4%和34.1%。而这些食品是世界卫生组织公布的“垃圾食品”,对少年儿童的健康危害很大。

2. 睡眠不足

睡眠对于少年儿童成长的重要性不言而喻。调查表明,我市少年儿童的睡眠不足问题非常突出。有关学生健康和卫生的工作条例中都明确规定小学生每天睡眠时间应保证10小时。本次调查显示,我市小学生平均每天睡眠9.03小时,不足10小时的占66.6%,其中不足9小时的比例为25.9%,不足8小时的占6.9%。有48.2%的学生自己明显地感觉到睡眠不足。问其原因,说“作业太多”的达到49.5%,排在首位;与此相联系的是“写作业太慢”,有32.3%;其他依次是“学校要求到校时间早”(24.4%),“校外学习”(13.4%),“家教补习”(6.7%)。有41.6%的学生“经常”和“有时”有“为了完成作业不得不少睡觉”的情况。可见,学习负担不减难以保障少年儿童充足睡眠。睡眠不足使得将近一半的学生有过听课和写作业时“打瞌睡”的情况,其中“经常有”和“有时有”的占48.7%。

3. 体育活动时间较少

适度的体育锻炼可以促进身体健康。调查显示,孩子们平常的体育活动时间很少。当问及“课间时,你和同学经常会在哪里活动?”时,高达 73.5% 的学生都回答“在教室”,“去操场”活动的最少,仅为 11.2%,另外有 15.3% 的“在楼道”活动。课余时间,经常进行体育活动的仅为 36.1%,而看电视的比例高达 42.4%,上网的比例为 27.1%,玩电子游戏的比例为 20.1%,读课外书的比例为 65.5%,上课业辅导班的 32%,上才艺兴趣班的比例为 22.1%,其他占 8.7%。可见,看电视、上网、玩电子游戏、上课外班等活动挤占了孩子们大量的时间,也挤掉了他们进行体育活动的时间。

4. 电子产品过度使用

专家认为,青少年近视率之所以会逐年增多,与孩子过多接触和使用手机、iPad、电脑等电子产品有关系。儿童玩手机或者 iPad 时,由于电子屏幕不断闪烁变化,眼睛的睫状肌必须频繁运动,而人是通过视网膜成像来感知光线的,长时间强光的刺激和过度用眼对于尚未发育完全的儿童眼球伤害极大。此次调查的小学生大部分都拥有电子产品,其中有非智能手机的占 11.4%,有智能手机的占 52.5%,有 iPad 的占 48.1%,有游戏机的占 11.7%,以上电子设备都没有的仅占两成,比例为 20.2%。电子产品的过多接触不仅减少了身体锻炼的时间,更加重了眼睛的疲劳,无疑成为少年儿童过早近视的重要原因。

三、促进少年儿童身体健康的干预对策

我市少年儿童身体健康状况较差,亟需引起充分重视。改善他们的身体素质,促进其健康成长,需要学校、家长和社会各方的共同努力。

1. 家长率先垂范,培养孩子良好的饮食作息习惯

加强家长的健康教育,提高家长的健康知识水平,从而促进儿童良好饮食作息行为的建立。家长需率先垂范,学习科学饮食知识,养成良好的饮食习惯。同时,对儿童进行营养知识健康教育,使儿童了解常吃甜食、油炸食品和含糖饮料的不良后果,纠正儿童挑食、偏食的不良习惯,特别要有意识地培养孩子养成吃早餐的好习惯,并给孩子准备高质量的早餐,注重食物合理搭配、营养均衡,拒绝“洋快餐”。家长自身必须养成良好的作息习惯,进而影响和培养孩子的健康作息习惯,拒绝熬夜和牺牲睡眠。

2. 学校开设"健康饮食"校本课程

当前,我市尽管有少量学校开设了一些涉及有关学生饮食健康的卫生健康专题课程,但是教授的知识不系统、不规范。各小学需开设"健康饮食"校本课程,让学生比较系统地学习有关"健康饮食"的知识,培养学生对饮食与营养学、生理学、医学等相关学科的兴趣和情感,树立科学的饮食观。

3. 多渠道宣传体育锻炼的重要意义,提高学校与家长的重视水平

需通过专题讲座、墙报、黑板报、广播、报纸、网络等多渠道多种方式宣传体育锻炼的重要意义,提高学校、家长与学生对体育锻炼的重视程度,让全社会都形成深刻共识:孩子的体质远比孩子的学习成绩更重要。此次调查表明,大部分孩子都喜欢体育活动,77.4%的学生喜欢体育课,绝大多数学生喜欢体育活动,其中非常喜欢的占51.8,比较喜欢的占39.7%,不太喜欢的仅为7.5%,很不喜欢的仅为1%。所以学校和家长应该因势利导,培养孩子的体育爱好,形成良好的运动习惯。家长更要以身作则,引导和限制孩子的电子设备利用时间和频率,增加室外活动时间。

4. 加大对学校体育工作经费的投入,确保体育课时

政府需进一步重视学校体育教学工作,设立学校体育专项经费,纳入政府财政预算,确保教育部门每年有经费支持各间学校开展体育工作。教育主管部门须明文规定学校必须遵照国家规定,保证一、二年级每周上够四节体育课,三至六年级每周上够三节体育课,遇上节假日、调课等特殊情况,也不得以体育课时来充抵语数英等课程,如果因为天气原因不能进行户外课程,也应安排适合室内进行的简单活动,以保障学生在校内有足够的体育锻炼时间。现在很多学校不让孩子做体育运动,有的甚至连课间十分钟都不让孩子乱跑乱动,原因就是怕孩子受伤,导致家长和学校之间产生纠纷,因而因噎废食。建议可以学习国外的一些先进经验,比如学生家长或者政府购买一些学生保险,保证学校或老师组织学生体育活动无后顾之忧。

5. 家校联合继续为学生"减负"

教育部门和学校要切实担起为学生"减负"的重任,能在课堂上由老师讲解清楚的知识点、可以在课堂上完成的作业,请指导学生在校内完成,尽量减少学生放学后的负担。家长也须减少课外课程辅导班,让学生有更多时间好好休息、充分睡眠并有空余时间进行体育锻炼。

6. 把"大课间"活动明确纳入学校课程范围

从国家到本市,近年都先后要求中小学每天要安排一小时的全校性大课间体育活动,以保证学生每天有足够的体育锻炼时间。建议我市教育部

门应要求各小学把"大课间"活动时间明确列入课程表,即使不能每天安排一小时活动,最起码在周五下午课后应组织一小时"大课间"活动,另外对于当天没有体育课的班级,学校也应在当天下午组织一次"大课间"活动。

(作者单位:天津社会科学院社会学研究所)

天津市枢纽型社区社会组织发展现状及建议

李培志

随着社区建设的深入开展，培育社区社会组织、促进社区社会组织参与社区治理已成为当下城市基层社会治理实践创新的重要内容。《民政事业发展第十三个五年规划》指出要支持发展在城乡社区开展为民服务、养老照护、公益慈善、促进和谐、文体娱乐和农村生产技术服务等活动的社区社会组织。可以预计，未来一段时间，不仅社区社会组织的数量会有所提升，而且其功能作用也将会得到进一步发挥。从当前基层社会治理的实践来看，枢纽型社区社会组织（本文所说的枢纽型社区社会组织主要是指在街道/乡镇层面成立的社区社会组织联合会、服务促进会等组织）因其所处位置、定位等因素，已成为孵化社区社会组织、引领社区社会组织发展的重要平台。为此，在推动社区治理体系和治理能力现代化建设、大力培育社区社会组织的过程中，关注枢纽型社区社会组织发展便显得尤为必要。

一、天津市枢纽型社区社会组织发展现状

2013 年 4 月，天津市民政局制定了《关于加强社区社会组织建设的意见》（津民发〔2013〕35 号），提出创建和推行“1 + n + x”社区社会组织组建模式。其中“1”是指每个街、乡镇建立 1 个枢纽型社区社会组织联合会（或服务中心），负责对辖区内社区社会组织的引导、服务和管理；“n”是指每个社区建立若干个基本型社区社会组织，主要包括社区服务、社区事务、慈善救助、文化体育、社区维权等；“x”是指每个社区根据居民构成，建立具有本社区特点的特色型社区社会组织。截至 2016 年 3 月，天津市社区社会组织

总数 26165 个,其中枢纽型社区社会组织 237 个[①]。在天津,枢纽型社区社会组织是培育社区社会组织发展的关键环节和重要载体,其在天津市整个社会组织服务管理体系中处于重要位置。

在当下积极推动社会建设的时代背景下,发展枢纽型社区社会组织有一定的现实性。在城市社会,伴随着"单位人"向"社会人"的转变,城市社区治理实践出现了一些新变化新情况,如出现了大量形式多样"草根性"社区社会组织活跃于社区生活当中,这些社区社会组织参与社区建设与服务并已成为当前社区治理结构中的重要主体,为此,如何更好地服务这些社区社会组织,使其健康有序成长就成为一个迫切而重要的现实问题。于是,在街道层面成立枢纽型社区社会组织就成为应对城市基层社会治理新情况的策略选择,可以说,枢纽型社区社会组织建设不仅是推进社区社会组织备案服务管理的重要抓手,也是加强社区治理和服务创新的重要探索。

近年来,天津市不断加大工作力度,在街道层面推动组建枢纽型社区社会组织,社区社会组织培育服务平台不断完善,为推动政社互动、三社联动提供了重要支撑。在区级层面,滨海新区较早探索成立和发展枢纽型社区社会组织,通过实践创新取得了一定成效,社区社会组织数量大幅提升。如近年来,新区不断加大对社区社会组织的扶持力度,鼓励其参与社区事务,社区社会组织从 2013 年的 1300 多个、2014 年 1731 个,增加到目前的 3266 个,其中塘沽地区 1252 个,汉沽地区 739 个,大港地区 1003 个,开发区 240 个,生态城 32 个;社区服务类 1180 个,社区事务类 313 个,慈善救助类 246 个,文化体育类 1173 个,社区维权类 286 个,其他类 68 个。[②] 一定程度上,这些社区社会组织在社区实践中发挥了提供社区服务、畅通表达渠道等方面作用,提高了社区服务质量、推动了社区治理创新有序开展。

在实践中,天津市通过政策引导,进一步促进枢纽型社区社会组织作用发挥。比如《天津市社区公益事业专项补助经费使用管理暂行办法》(津民发〔2016〕12 号),指出备案类社区社会组织可依托街乡镇枢纽型社区社会组织以组团形式进行项目申报。在天津市开展的公益创投实践中,枢纽型社区社会组织为社区社会组织参加社会治理与服务提供了重要平台。以 2016 年为例,天津市市级层面的公益创投由枢纽型社区社会组织承接的项目,主要有集贤里街社区社会组织联合会为老服务项目、学府街社区社会组

---

① 该数据是笔者在 2016 年 3 月参加由天津市社会组织管理局组织的有关社区社会组织调研时所得。

② 张姝:《社区社会组织"开花结果"》,《滨海时报》2016 年 1 月 16 日。

织联合会“儿童心智成长发展”项目等。区级层面，如小白楼街道社区社会组织服务促进会的“小白楼街‘爱洒回家路’老年人二维码腕带试点项目”“小白楼街‘近邻助高龄、志愿帮扶老人’试点项目”和“南营门街道社区社会组织服务促进会的‘爱晚讲师团试点项目’”等。另外，滨海新区也不断加大投入，积极引导枢纽型社区社会组织参加公益创投实践，如2016年，枢纽型社区社会组织参与的项目主要有：塘沽街道社会组织联合会“彩虹微笑”儿童庆生会项目、大港街道社会组织联合会“七彩阳光”关爱残疾人服务项目、汉沽街道社会组织联合会“收藏开启互助锁，集报搭建连心桥”项目、茶淀街道社会组织联合会“晨光—丽日—夕阳”孝亲敬老志愿服务活动项目等。这些公益创投项目，不仅满足了部分居民多样化的社区需求，而且也提升了一些社区社会组织的服务能力。

整体来看，枢纽型社区社会组织通过组织引导，整合资源，协调服务，让各类社区社会组织联系在一起，增进社区社会组织之间的互动沟通，使社区社会组织有序参与社区建设，在此过程中，不仅社区志愿服务、社区文化建设、文明生活方式倡导、社区治安巡逻、社区环境保护等各类社区实践有了一定组织保障，而且居民多样化需求得到了回应，社区社会组织自身建设也得到了加强。一定意义上，可以说，枢纽型社区社会组织的作用发挥程度将对社区社会组织培育发展的总体进程产生重要影响。当然，城市基层社会治理实践在不断发展，枢纽型社区社会组织的组建模式、运作方式仍还需要不断完善、探索与创新。

总之，天津市枢纽型社区社会组织建设工作取得了一定成效，在孵化扶持社区社会组织、整合社区内外资源、引导社区组织组织有序发展、创新社区公共服务供给方式等方面产生了积极影响。但与促进社会组织改革、创新社区治理实践的要求相比，枢纽型社区社会组织作用发挥还不够明显、缺乏更加有效举措密切联系社区社会组织。在具体实践中，街道枢纽型社区社会组织发展还面临着服务管理人员缺乏、专业人才少、保障机制不健全、公信力与影响力不强、自身能力不足等问题。

二、促进天津市枢纽型社区社会组织健康发展的几点建议

1. 加强党建工作，充分发挥党建引领作用

进一步发挥党建政治引领作用，以枢纽型社区社会组织党建工作带动组织健康发展，有效利用党建资源，不断强化服务功能，凝聚群众，增强枢纽

型社区社会组织发展活力。坚持问题导向,加强人员、经费等保障机制建设,健全枢纽型社区社会组织党建工作机制,充分发挥枢纽型社区社会组织党组织战斗堡垒作用。创新枢纽型社区社会组织党建工作,认识和把握枢纽型社区社会组织的特点,探索党组织发挥作用的新方式,创新党建工作方法和活动形式,强化枢纽型社区社会组织党建工作品牌建设。

2. 推动规范化建设,凸显培育引导功能

规范化建设是枢纽型社区社会组织发挥服务管理作用的重要基础性工作。按照功能完备、作用明显要求,不断强化制度和能力建设,完善内部治理结构,建立体现社会组织本质特征的制度化的治理规则和机制,以规范化建设增强枢纽型社区社会组织服务能力。围绕自身定位,自觉发挥枢纽型社区社会组织培育、引导、协调功能,不断提高其依法自治能力。深化街道职能改革,做实做强街道枢纽型社区社会组织,促进政社合作。枢纽型社区社会组织要积极协同有关各方,建立常态化的联络、激励等机制,充分发挥社区社会组织"代言者"作用。完善服务设施保障机制,加强互动联系和资源整合,为社区社会组织提供场地、经费、组织运行等方面支持。警惕枢纽型社区社会组织行政化倾向,创新工作方式,增强自主性。尝试枢纽型社区社会组织组建、服务方式创新,探索有天津特色、符合社区实际需要的社区社会组织培育发展新模式。针对当前社区治理及社区社会组织发展的现实,因地制宜,加强示范和品牌建设,提升社区社会组织知名度和公信力。

3. 加强专业化人才队伍建设,提升教育培训工作质量

目前,天津市枢纽型社区社会组织中专职化、专业化工作人员少,而这已严重影响了枢纽型社区社会组织服务能力与服务质量的提升。为此,针对天津市社会组织发展的新形势,通过制度创新,建立并健全相关保障、激励机制,逐渐减少"兼职人员",配备充足的专职化、专业化社会工作者,打造一支充满活力的社区社会组织服务人才队伍。加强从业人员教育培训工作,对现有从事社区社会组织服务管理的工作人员进行专业知识和业务技能培训,建立枢纽型社区社会组织负责人培训制度。适应基层社会治理创新的新要求,教育培训工作要定期常态化,内容要与时俱进、增强针对性。

4. 总结公益创投实践经验,完善公益创投相关机制

实践表明,公益创投是培育社区社会组织的一种积极尝试。为此,要及时总结社区公益创投实践经验,适时推广成功做法,既为今后公益创投实践提供借鉴参考,也为探索创新社区服务提供新方式。根据社区实践的特点和实际,强化制度保障,进一步优化公益创投实施方案,提高实际操作性。

健全符合天津实际的公益创投活动相关机制，完善公益创投活动的方式和程序，特别是投入形式、财务管理、考核办法、绩效评价等内容。积极引导、联合、协助社区社会组织参与公益创投活动，在立项、实施等环节中进一步发挥枢纽型社区社会组织的平台和载体作用，使社区社会组织在参与社区建设、满足社区需求中不断成长，实现自我服务、自我管理。探索向枢纽型社区社会组织购买服务的新方式、新机制，提高社区提供公共服务的质量和效率。

（作者单位：天津社会科学院社会学研究所）

天津市社区信息化建设现状及对策研究①

张　品

社区是具有某种互动关系和共同文化的人类群体进行一定社会活动的区域。在我国这一区域需要按照便于服务管理、便于开发社区资源、便于社区自治的原则进行界定和调整,以居委会和村委会辖区为主导形式。社区信息化就是要以社区为单位逐步构建一体化的政府公共服务、社会服务、居民自治和互助服务的综合信息服务体系。

一、社区信息化的基本内容

社区信息化是运用计算机网络、电视、电话、微信公众号、数字屏幕等多种途径,实现政府行政管理、公共服务、社区居民生活需要的信息化。

1. 社区管理的信息化

一是建立社区人口数据库。包括居民个人基本信息、居民关系信息、暂住居民的信息,以及低保、收养、殡葬和计划生育等 15 类信息。二是建立社区公共事务网站。包括社区党建、综治信访、社区工作者、社区经济、科教文体等工作中的 41 类管理信息。三是建立社区政务信息平台,以街道为单位建立,实施各类数据在线实时统计分析。

2. 社区公共服务信息化

建设社区公共事务服务平台,涉及劳动就业、计划生育、社会治安、司法调解、社会保障、社会福利、文教科谱、医疗卫生等内容。

3. 居民生活服务信息化

紧扣社区居民的日常生活需求,以信息提供为核心,有效整合各种服务

① 天津市 2015 年哲学社会学科学规划项目“社区网在居民参与社区治理中的作用研究——以天津中北镇论坛为例”阶段性成果,项目编码 TJSK15 - 010。

资源,包括社区概况介绍、社区公告、社区新闻、日常服务、便民助手、社区休闲、电子商务等方面。

4. 居民交流互动信息化

为了丰富居民交流形式,增强社区凝聚力,以政府、企业和个人为主体建立社区论坛,开展旨在增进居民交往的网上服务,设置社区事务论坛、社区生活论坛、社区经济论坛、社区文体论坛,还有居民博客、居民微博、微信群、QQ 群等。

5. 社区教育信息化

建立居民终身教育服务平台,开展远程教育、网络课程、互动教学,以及亲子教育、学前教育、课外教育、职业教育、老年教育等,满足居民多样的教育需求。

二、天津市社区信息化的建设概况

2009 年,天津市建立了统一的社区服务信息管理系统,包括社区管理和社区服务两大方面,纵向链接市、区(县)、街(乡)、居(村)四级社区管理部门,横向覆盖各部门所有延伸到社区的各类业务以及广泛的公共和社会服务资源,同时为每个社区留有建立小网站的空间,便于社区居民开展民主自治,形成了全市统一的、覆盖社区各类业务、以社区综合数据库为支撑、渠道界面统一、集中部署的社区综合信息平台。2010 年 8 月起,市内六区、滨海新区、东丽区、西青区所有城市社区开始启用社区服务信息管理系统,2011 年 1 月起,其余区(县)城市社区也开始启用。如今天津市已搭建起覆盖城镇、农村的 5662 个社区服务子网站。全市社区工作人员依托该系统开展日常工作,初步实现了社区管理数字化、办公自动化、管理信息网络化,提升了社区管理服务水平。

通过社区信息化网络,居民不出社区,就能了解到各方面相关政策与服务信息,同时有 9 项服务居民不出家门就能办到:寻找家政服务员、寻找电器维修技工、办理低保证前期手续、办理老年证前期手续、下载打印劳动就业相关表格、下载打印计划生育相关表格、下载打印文化相关条例、下载打印户籍相关文件、下载打印卫生防疫相关文件。

在满足居民生活需求方面,天津市还依托高清互动电视让 100 多个社区实现“智慧”生活,覆盖近 10 万人。居民打开电视,通过遥控器便可在屏幕上选择各种服务,包括点餐送餐上门、呼叫医疗服务、了解社区动态、掌握最新的民生信息通知等等。

天津市的社区网有城市、行政区(镇)、生活圈、小区 4 级,建设主体有政府、企业和个人 3 种。城市级的地方论坛有北方网、天津论坛、渤海论坛、泰达家园论坛等;行政区(镇)的社区网有宝坻论坛、中北镇论坛、华明镇论坛、张家窝论坛等;生活圈级的社区论坛有华苑社区网、梅江社区网、瑞景居住区社区网等;目前,天津市共有城镇社区 1511 个,每一个社区都有自己的社区网。居民通过社区论坛获得生活、工作,以及各种新闻资讯,并通过社区网和邻里、管理部门交流、沟通。举办比较成功的社区网还拥有自己的手机客户端、微信平台,方便居民随时随地的查阅、交流信息。此外,一些社区网还延伸出 QQ 群这样的交流模式,进一步拓展了社区网的作用空间。

三、天津市社区信息化建设存在的问题

1. 资金投入不足

社区信息化是一项庞大的工程,需要多方参与其中,投入资金。社区信息化初级阶段主要是政府投资,当社区信息管理服务系统进入应用阶段后,开发新的社区信息化服务体系、建设社区的网络基础设施以及制作社区服务网站并进行维护等,都需要许多财力、人力以及物力的投入。随着数据库的充实、工作量加大,人员和投资需求日益增加,仅仅依靠政府投入难以维持社区信息化的后续建设。

2. 信息化系统整合不够

首先,天津市的社区信息化平台还不能与整个城市的社会服务体系有效兼容,这限制了社区信息化服务的推广。其次,天津市社区信息化平台建设的主体多样,存在着系统孤立、分散,信息共享困难,缺乏整体规划,重复建设和盲目建设等问题,严重制约了社区信息化的健康发展。再次,技术版权多样也导致交流壁垒。如果两个或两个以上的数据库不是由同一家软件公司开发,那么它们之间的信息共享和整合成本就非常高,不仅涉及到技术上的障碍,还有知识产权、市场争夺等本身利益的协调。这成为不同信息平台共享和整合的瓶颈。

3. 技术和管理人才缺乏

社区信息化是一项涉及众多现代科学技术的工程,需要大量的专业技术人员和施工人员。目前社区信息化建设存在着技术储备不足和技术人员短缺的难题,一方面数字社区工程的规划、设计和工作队伍的技术能力不

强；另一方面街道和社区居委会信息化专业人才缺乏，IT 服务的专业人员更是极少。

4. 政府主导的多、社会参与的少

在社区信息化建设过程中，由于缺少有效参与机制，除政府和基础运营商参与之外，没有引入平台软件提供商、网络运营商等其他设施服务商，市场动作单一化，这导致社区信息化参与面过窄，运转效率偏低，成本偏高。另一方面，居民群众在社区信息化建设过程中往往只作为受众被动地接受，形成政府供应、群众接纳的局面。从目前的状况来看，不管是计算机网络还是呼叫网络，都存在着使用率不高、设备闲置的问题，这使得社区信息化网络社会效益发挥不充分，由此带来受益面窄、影响力小、完善速度慢等弊端。

四、天津社区信息化的发展对策

1. 制定发展规划

社区信息化的实质是汇集居民信息，联通公共管理和公共服务，建设社区居民反应诉求、解决矛盾和参与治理的通道。在内容方面要更加丰富，维护、完善现有的信息数据库，紧随现实需求，及时、动态地将涉及管理和服务的信息纳入到数据库中来，同时承载更多地服务功能，更加贴近居民生活，以居民需求为导向，开发多层次、多样化的服务。在功能方面要更加便捷，要把社区信息化建设纳入天津市经济社会发展规划和城市总体规划，将社区信息平台与整个城市的政府信息管理和信息公共服务平台，以及其他信息服务平台联系起来。尝试引入更多的电子信息设备，开发更多的信息平台，如微信公众号、手机 app 等，使居民可以随时随地获得多种消息，并参与城市与社区互动。

2. 改革投资结构

政府要加大对社区信息化建设的投入力度，将其经费纳入财政预算。在坚持政府投入为主的基础上，广泛吸收社会资金，鼓励社会各界通过捐助和招商的形式投资社区信息化建设，逐渐建立和完善政府投入与社会筹资相合的多元化投入机制。

3. 建立统一的标准体系

社区信息化是一项系统工程，涉及很多部门和诸多领域。实现科学统筹、资源共享、信息标准统一是关键。天津市的相关部门和机构要尽快研究制定社区信息化建设的标准体系，就建设范围、内容、方式、运行管理、数据资源共享等设立统一标准,加快社区信息化的普及和推广。在完善建设标准的基础上,要进一步完善社区信息化服务质量评估标准。要通过质量监督,推行社区信息化质量认证,将岗位职责、服务内容、工作流程等纳入规范化、标准化、程序化的轨道。要通过制定评价指标体系,细化考评项目,加强绩效评估等手段,引导社区信息化工作健康发展。要通过社会公示、客户评议、群众回访、开展社会监督等方式切实提高服务质量。同时将考评结果在官方网站公布,方便消费者鉴别。

4. 加强人才队伍建设

要建立干部选拔制度,公开招聘一批具有大专以上学历的社区干事,将那些政治素质好、工作能力强、热心社区工作的人员充实到社区信息化建设领导班子里去。要引进计算机或网络信息专业的毕业生,加强社区信息化专业人才队伍的建设。强化社区工作人员教育培训制度,定期、经常性地开展社区信息化业务培训。提高街道干部、社区工作人员运用信息技术的能力,推进社区日常管理、相关报表、申报业务的电子化、网络化。

5. 鼓励社会力量参与社区信息化建设

在社区信息化推进过程中,第一,要更新观念,注重政府引导机制创新和服务模式创新,坚持"民建为主、公助为辅、共同推进"的原则,按照"政府主导、行业引导、企业参与"的思路来动作。第二,要充分调动各类运营主体参与社区信息化建设的积极性,通过政府牵头把网络运营商、内容服务提供商结合起来,在统一规划的基础上,吸引电信、广电等部门积极参与到社区宽带网的建设中来。第三,要积极鼓励和引导多方参与社区信息化建设,对与百姓生活相关的社会服务,采取多渠道融资、多形式运营的方法,广泛吸收民间资本参与市场化运作,建成社区信息化共建共享的利益分配机制。第四,利用民众力量,引导居民参与到社区信息资源的开发中来。

(作者单位:天津社会科学院社会学研究所)

天津市普及家庭医生服务推进分级诊疗改革研究

王光荣

推进以“基层首诊、双向转诊”为核心的分级诊疗改革是我国医疗体制改革的重要任务，也是缓解群众“看病难、看病贵”问题的关键所在。建立分级诊疗制度，推行“小病在社区、大病到医院、康复回社区”的医疗模式，可以大幅降低医疗卫生费用，有效改善医疗卫生服务，全面提高医疗卫生质量。普及家庭医生签约服务，让家庭医生承担基层首诊和健康管理，既能普遍地提高城乡居民健康指数，也为推进分级诊疗创造有利条件。

一、家庭医生签约服务是分级诊疗制度的基础和抓手

家庭医生签约服务是以全科医生为核心，以全科服务团队为依托，以社区为范围，以家庭为单位，以全面健康管理为目标，居民自由选择家庭医生签订协议，通过契约服务的形式为重点人群提供连续、安全、有效、适宜的综合医疗卫生和健康管理服务。实行家庭医生签约服务，将医疗卫生服务责任落实到医生个人，让医生更贴近居民并实时掌握居民健康档案，把治疗康复和生活指导结合起来，从而将服务重心从疾病治疗前移到健康维护上，最大限度地守护居民的健康。发达国家实行家庭医生签约服务已经多年，取得了成功。我国近几年开始推行家庭医生签约服务，但是受医疗体制等因素的制约，推进速度极为缓慢。目前正在开展的以分级诊疗为核心的医疗卫生体制改革，使普及家庭医生签约服务变得更为迫切。

首先，家庭医生签约服务是分级诊疗制度的基础。分级诊疗制度是指按照疾病的轻、重、缓、急和治疗的难易程度，分别由不同级别和服务能力的医疗机构承担治疗，并按病情变化情况进行及时便捷的双向转诊，从而建立

科学合理的诊疗秩序,确保病人得到适宜治疗。分级诊疗制度的核心政策措施是基层首诊、双向转诊、急慢分治、上下联动。在分级诊疗体系中,基层承担患者首诊、上转重病患者、接收下转康复患者三项重要任务。家庭医生是基层首诊、下转康复、常见病治疗、健康管理的最主要的承担者。家庭医生签约服务的普及,可以为分级诊疗制度打下坚实的基础。

其次,家庭医生签约服务是推进分级诊疗制度的抓手。分级诊疗制度改革涉及医疗制度的方方面面,是牵一发动全身的系统工程。分级诊疗的首要环节是首诊,基层承担能否承担首诊和首诊成效如何是决定分级诊疗制度可行性的关键。在当前医疗体制下,分级诊疗意味着要将不适合在大医院治疗的常见病患者留在基层,但是居民对基层医疗机构缺乏信任,一味地涌向三级医院,这是分级诊疗改革面临的难题,而家庭医生签约服务正是解决这一难题的钥匙。如果家庭医生签约服务普及,患者的首诊医生就是最了解居民健康档案的全科医生,一方面可以准确地诊断疾病,做出科学的治疗方案或者向上转诊的决定;另一方面可以赢得居民的信任,促使居民较快地转变观念,有病不再径直去大医院,而是先请家庭医生做诊断。首诊有可靠的医疗技术,又得到居民的接受,基层首诊、双向转诊就可以落到实处。

二、家庭医生签约服务推进慢而且不平衡及其原因

天津市持续推进家庭医生签约服务,但是整体上进展比较缓慢。天津市在和平区、河北区先开展家庭医生签约服务试点,继而在市内六区和滨海新区全面推广。2014 年以来,不断扩大签约服务的深度和广度,覆盖范围扩展到所有区县。目前,天津市建立家庭医生团队 2275 个,与居民签订服务协议 120.8 万份,上门服务 30.1 万人次,其中送医送药 11.1 万人次。区县推进程度各不相同,人口分散的蓟州区签约比例较高,家庭医生服务也相对完善。截至 2016 年 7 月底,蓟州区家庭医生累计完成签约 453646 人,占全区人口的 53%,年度签约居民健康评估 44133 人,入户访视服务 19471 人次,到村卫生室家庭医生工作站坐诊服务 4662 人次,开展健康教育 566 次,教育受益群众 21130 人,出院回访 2309 人,双向转诊服务上转病人 563 例,下转病人 76 例。为了提高家庭医生签约服务质量,蓟州区人民医院 2015 年 12 月以来先后选派 218 名区级指导医生,支援家庭医生服务团队。2016 年以来,实行糖尿病、高血压两种慢性病人与家庭医生对接,每个家庭医生负责签约慢性病人的健康管理工作。滨海新区家庭医生签约服务试点逐步

推进，预计2016年底居民与家庭医生签约人数将达到35万人，签约率25%左右。

家庭医生签约服务普及缓慢的主要原因有以下几个方面。一是全科医生严重短缺，实际签约的医生不完全胜任家庭医生职责。家庭医生不仅要能够诊断绝大多数疾病和治疗各种常见病，而且要能够给慢性病患者康复和生活方式方面的指导，这样的职责只有“科科通”的全科医生才能承担。由于全科医生就职于大医院，而且数量非常少，所以参与家庭医生签约服务的多数是专科医生或者是医疗技术薄弱的乡医村医。在这种情况下，居民没有签约的积极性，参加签约的居民不多，有些居民签约后没有得到预期的服务，不再续约。二是医疗保险报销对家庭医生签约服务缺乏必要的支持和激励。家庭医生签约服务在居民医保报销上跟在大医院看病没有差别，甚至农村的家庭医生看病没有医保报销，致使居民一旦生病就去医疗水平高的医疗机构。家庭医生在签约后提供服务没有得到相应的报酬，特别的村医跟居民签约后，服务量激增，收入却没有相应的增长。这就导致居民自动放弃家庭医生服务和家庭医生不积极按契约服务并存，签约服务失去了实际功能和持续发展的动力。三是签约医生受医疗服务条件制约，难以提供居民满意的服务。签约医生一般在基层医疗机构工作，基层医疗机构设备落后，缺乏必要的检验检查仪器，而且检查结果大医院不认可，致使患者重复检查，患者宁愿放弃家庭医生检查。在这种情况下，家庭医生的医疗服务只限于处理最普通的常见疾病，稍微复杂一点的病情就力不能及，让居民去大医院就诊，这样一来，居民觉得直接去大医院更省事更高效。

三、以普及家庭医生服务推进分级诊疗改革的对策

普及家庭医生签约服务，可以夯实基层医疗资源，进而吸引患者首先选择家庭医生诊疗，有利于对患者进行分级，也有利于各级医疗机构合理分工。天津市正在推行家庭医生签约服务和分级诊疗改革，认清二者的关系，把普及家庭医生签约服务和分级诊疗体系中的强基层结合起来，可以实现家庭医生服务于分级诊疗协同推进，最终实现医疗体制改革的目标。

1. 以重点人群为切入点实现突破

家庭医生签约服务虽然是适用于所有居民的服务，但是居民对它的认知和需要程度各不相同。从需求强烈的群体入手，不仅开展的阻力和难度小，而且容易产生示范效应。老年人属于常见病多发而且行动不便的人群，

需要家庭医生提供便利的医疗服务;高血压患者、糖尿病患者、脑卒中患者、残疾人、结核病和严重精神障碍患者等人群需要长期治疗或跟踪指导,家庭医生签约服务对他们来说比去医院的治疗更方便更有效。推进家庭医生签约服务是一个循序渐进的过程,优先覆盖以上两大人群,让他们切身感受家庭医生签约服务所带来的就医方便、治疗系统、费用节省等优越性,不仅可以打破居民以消极旁观态度对待家庭医生签约服务的局面,而且示范效应会使其他人主动了解和接受家庭医生签约服务,促使更多的人自愿加入家庭医生签约服务。

2. 建立医生签约服务标准和规范

家庭医生签约服务的质量是决定性因素。没有标准和规范,家庭医生服务缺乏依据和约束,随意性太大,容易出现服务不到位,引起居民不满意。政府制定相关规范,优化家庭医生签约服务,控制服务质量,增进医患双方满意度。一是制定签约规则。居民按照自愿原则签约,自主选择签约家庭医生。每次签约的服务周期原则上为一年,签约期满后居民可根据服务情况选择续约或另选其他家庭医生签约,家庭医生在签约指标未满情况下不得拒绝居民的签约要求。二是制定详细服务内容和服务流程。督促家庭医生团队按照协议提供全程服务、上门服务、错时服务、预约服务等个性化服务,以科学的流程实现服务高效率,满足居民的就医需求。三是制定服务质量标准。家庭医生给居民提供标准化的服务,政府依据标准对家庭医生服务进行监管和考核,居民依据规范和标准对家庭医生服务不到位的情况投诉或举报。规范和标准要随着整体医疗水平和群众要求的提高而完善,既要让家庭医生有条件有能力达到,又让居民有获得感和良好的健康管理服务。

3. 构建高技术水平家庭医生团队

以家庭医生为主组织服务团队开展签约是提高服务效能的途径,也是试点的成功经验。由家庭医生、社区护士、公共卫生医师组成签约服务团队,家庭医生发挥主导作用,社区护士和共卫生医师各负其责,可以向居民提供长期连续的基本医疗、公共卫生和健康管理服务。根据家庭医生工作复杂性和国外经验,家庭医生最好由全科医生担任。由于天津市全科医生稀缺,所以短期内家庭医生只能放宽条件,容许非全科医生担任。但是这并非长久之计。政府应抓紧制定规划加快培养全科医生,一方面在医学专业教育机构扩大全科医生培养规模,补充新生力量;另一方面出台政策为在职医生提供培训、研讨、考试、进修等机会,促进全科医生队伍不断壮大,逐步实现所有家庭医生具有全科医生资质的目标，建构起技术过硬群众信得过的家庭签约服务队伍。

4. 加快家医疗服务信息平台建设

信息平台实现家庭医生与各级医疗机构互联互通的必要手段。一是搭建家庭医生签约服务工作信息平台。有机整合基本医疗和基本公共卫生服务信息，加快区域医疗卫生信息数据中心建设，实现基层医疗机构之间、基层医疗机构与公立医院的信息交换共享。二是搭建医院与家庭医生的互动平台。政府负责和推动全市利用“互联网 +”、远程医疗等新技术，实现检验报告、影像数据、健康档案、电子病历等资源在不同医疗卫生机构间共享，开展远程医疗、即时通讯。三是搭建信息交流平台。通过远程医疗、即时通讯等方式，加强二级以上医院医师与家庭医生的技术交流与业务指导。通过智能客户端等多种方式搭建家庭医生与签约居民的交流平台，为信息咨询、互动交流、患者反馈、健康管理等提供便利。四是搭建医疗服务信息平台。积极利用移动互联网、可穿戴设备等为签约居民提供在线预约诊疗、候诊提醒、划价缴费、诊疗报告查询、药品配送和健康信息收集等服务。

5. 制定配套的支持政策体系

家庭医生根据实际情况确定转诊，为家庭医生团队按一定比例配置医院专家号、预约挂号、预留床位等资源，方便签约居民优先就诊和住院。医院为由家庭医生上转的患者设绿色通道，实现家庭医生转诊与医院接诊顺畅对接。改革医保支付和报销制度，实行签约居民接受家庭医生诊疗零起付线，报销治疗费用比例高于大医院，并且转诊住院患者的起付线从家庭医生诊断算起。家庭医生根据签约人数按年收取签约服务费，服务费由基本公共卫生服务经费、基本医疗保险基金和个人分担。在用药方面，家庭医生可以酌情为签约的慢性病患者延长单次配药量，可根据病情和上级医疗机构医嘱为下转病人按规定开具药物，药品种类与医院相衔接。在医保、医药、转诊等方面政策实施支持家庭医生服务的政策，可以提高家庭医生签约服务的能力和吸引力，引导居民参加签约服务。

6. 建立家庭医生激励考核机制

综合考虑签约服务量、签约居民健康管理效果、居民满意度、遵守家庭医生职业规范情况等，确定家庭医生收入，使提供达标服务的签约医生年收入达到天津市平均工资的 3 倍左右，达到优秀标准的签约医生可获得更高的收入。对于签约服务获得优秀评价的团队，不仅要进行表彰和宣传，而且要在职称晋升、培训进修等方面优先考虑。建立考核指标体系，按年度考核家庭医生签约团队,对考核不合格的团队采取督促整改等措施,鼓励和扶持考核绩效好的团队向更多团队发展。

（作者单位:天津社会科学院社会学研究所）

天津市慈善养老项目运行研究

刘　娜

一、天津市老龄化问题很严重

2016 年 4 月 24 日市老龄办公布了天津老年人口最新统计数据，截至 2015 年底，我市 60 岁以上户籍人口已达到 230.37 万人，占全市户籍人口的 22.43%，这意味着大约 5 人当中就有 1 位是老年人。天津人口老龄化程度超全国平均值，在上海、北京之后，位列全国第三。在户籍老年人口中，65 岁及以上户籍老年人口 146.93 万人，80 岁及以上户籍老年人口 33.41 万人；失能老人约占 6.65%，空巢老人约占 70%，独居老人约占 10.21%。据统计，相比“十一五”末 176.4 万老年人口，“十二五”期间，天津老龄化进程加速，平均每年增加约 10.79 万老年人口，预测到“十三五”末，老年人口将达到 273 万人，占总人口比重将超过 25%，意味着每 4 人当中就有 1 位是老年人。综合近年来人口变化数据可以看出，天津人口老龄化发展呈现出老年人口增加快、规模大；高龄、失能老人增长快、社会负担重；农村老龄问题突出；老年人家庭空巢化、独居化加速等特点。

二、老龄化带来的压力

老龄化给我市的稳定、协调、和谐发展带来一定压力。主要表现在以下方面：

1. 对经济发展的压力

一方面，老龄化会使社会经济支出增大，如建立养老机构、健全针对老人的医疗机构、组建长期照护老人的组织等都需要大量的资金；另一方面，社会有劳动能力工作人员的迅速下降,也会影响经济发展的潜力。

2. 对社会治理的压力

老年人口的增多。将对家庭的伦理、道德、婚姻关系构成一些不良影响,作为社会基本单位的家庭,若其矛盾越来越多,给社会带来不稳定因素,影响社会治理的进程。

3. 对文化建设的压力

人口老龄化背景下代际文化冲突将不断加剧,弘扬孝道传统文化将面临诸多困难,文化教育服务体系将面临诸多压力。

4. 对社会建设的压力

人口老龄化过程中独居、高龄、空巢、失能和带病老年人口的迅速增多,不仅会给家庭、社会带来诸多问题,而且会给社会保障制度和公共服务体系带来巨大压力。

5. 对基础设施建设的压力

由于人口老龄化速度过快,我市社会基础设施建设没有跟上这个步伐。现有的道路、住房、社区以及整个社会的硬件设施难以适应老龄化社会的需求。

我市政府也已经关注到了老龄化问题,2016 年市政府工作报告指出:政府将养老问题放在“十三五”战略任务之一的高位,提出建设“以居家为基础、社区为依托、机构为补充的多层次养老服务体系”,推行“医养结合”养老服务模式。同时引导社会力量投资建设一批养老设施,提高困难老人居家养老补贴标准。

在应对我市老龄化带来的各种难题中,光靠政府的力量是有限的,作为提供社会服务重要力量之一的慈善组织应在养老助老方面承担更多,更有作为。2016 年 9 月 1 日实施的《慈善法》也明确规定:“慈善组织应开展扶贫济困、扶助老幼病残等困难群体的非营利活动。”我市的慈善组织也积极开展养老助老项目。

三、我市慈善组织养老助老项目现状

我市众多的慈善组织基本都对养老、助老这一传统慈善项目很关注。在这里主要介绍天津慈善协会、天津福彩中心、天津红十字会等三个组织的慈善养老助老项目。

(一)天津市慈善协会养老助老项目

1. 项目名称:"九九重阳"慈善助老系列活动

活动内容:表彰爱老孝亲先进;慰问热心慈善老人;为养老机构的老人办实事。

资金来源:爱心企业、单位出资建立冠名基金或与市慈善协会共同开展专项活动。

实施情况:自1996年以来,每年与养老公益组织和爱心单位联合开展多项活动,使我市数万名老年人受益,有效地推动了我市尊老敬老风气形成。

2. 项目名称:"慈善光明行"白内障复明行动

资助对象:本市享受基本医疗保险,年龄在50岁以上,患有白内障且符合手术条件,个人支付手术费用有困难的患者。

资助标准:全市每年资助1000名,全额资助个人应付的手术和进口晶体费用。

资金来源:由爱心企业捐助。

实施情况:于2012年4月启动实施,由爱尔眼科医院负责实施手术,目前已建立一个冠名专项基金。

3. 项目名称:关爱空巢老人

资助方:为老年人提供专项服务的社会公益机构和组织开展的为老服务的公益项目。

资助方式:选择优秀项目给予款物支持,与主办公益机构和组织共同实施。

资金来源:发动社会捐助,建立"关爱空巢老人慈善基金"。

实施情况:从2008年至今,先后建立了"津工慈善助老基金"、"今晚传媒助老基金"等冠名基金和"关爱空巢老人慈善基金",实施多项助老项目。

(二)天津福彩慈善养老助老项目

近年来,天津福彩秉承"扶老、助残、救孤、济困"的发行宗旨,不断筹集更多的公益金用于天津市养老事业的发展,去年累计投入福彩公益金1.194亿元用于养老服务业发展建设、民办养老机构建设和床位运营及养老服务人员培训补贴等。2014年6月27日,由福彩公益金资助592万元、天津首家专门接收失智老人的国办养老机构——失智老人康复照料中心正式投入使用,建筑面积 9889.13 平方米,设置床位 300 张,主要托养安置社会家庭中需要专业照护的失智老人、失能老人以及国家救济对象中的失智老人,是一所集养老、康复、护理、医疗、临终关怀于一体的综合性养老机构。

(三)天津红十字会博爱养老助老项目

项目简介:将“人道、博爱、奉献”的红十字精神与中华民族尊老敬老的传统美德相结合,在全社会营造关爱老人,关心老龄事业发展的浓厚氛围。每年重阳节期间,开展多种形式的为困难老年人送温暖献爱心活动。

虽然我市已有这些慈善养老项目,对解决我市的老龄化问题有很大助益。但我市的慈善养老项目管理水平亟待改进,项目还存在物资支持乏力,人力资源不足,项目管理专业能力不强,专业细化分工不突出等问题。慈善养老项目运行需要进行现代化“洗礼”。2016 年 9 月 1 日实施的《慈善法》也规定:“慈善组织应当建立项目管理制度,对项目实施情况进行跟踪监督。”借鉴现代化的项目管理理论与运行模式来进行改革,使慈善养老项目成为慈善组织的“品牌”,以吸引社会更多关注与资助。

四、完善慈善养老项目运行过程探讨

慈善养老项目运行过程就是使用人、财、物实现项目目标,完成项目规划的过程。这一运行过程需要建立项目运行组织(团队)、配备人员、资金到位,并及时进行信息反馈的项目管理计划。下面从慈善养老项目运行过程中的项目执行与监控两方面提出建议。

(一)慈善养老项目的执行过程

慈善养老项目执行主要注重组织与人员、资金拨付与使用、物资采购与发放等过程。

首先,慈善养老项目良好运行必须依赖完整的慈善组织内部治理结构及与外部相关组织的沟通。内部治理就是从上到下分别为:会员大会—理事会—常务理事会—秘书处,秘书处下又有:人力资源部、财务部、办公室、信息管理部、品牌公关部、项目管理部、筹资部、基金管理部等。项目管理部下设不同的项目小组,负责各个项目的具体运行。慈善养老项目在有了完善的内部组织框架基础外,还必须与外部的其他组织协调与沟通,如项目服务提供组织、或合作伙伴。对于慈善养老项目来说主要包括与医疗机构、老人所需生活物品的生产和销售机构、老人护理人员培训机构等相关组织的沟通与合作。因此,慈善养老项目小组还需要确认与其他组织间的职责关系,一般通过正式文件来规范这些关系,如项目章程、合同、合作协议、项目实施细则等。

其次,慈善养老项目运行过程中的人员配备,组建高效的项目管理团队对慈善养老项目的高效运行至关重要。项目经理应该在项目启动之初就全程参与到项目运行中。项目小组成员必须具有以下素养;

一是能担当,团队人员必须理解并接受慈善养老项目的使命与义务,并支持项目的目标与任务,担当起相应的职责。

二是能合作,项目团队必须有相互合作与相互依赖的意识,这样一个团结合作的团队才是合格的团队。

三是有激情,激情是推进项目运行的正能量,对慈善养老项目的激情与使命,激励团队成员积极投入慈善事业中。

四是能敬老,敬老爱老是中华民族的优良传统。团队成员应该尊敬爱护老人。

五是能理解,大部分老龄人口思想行为相对落后,团队成员应换位思考,理解老年人,引领他们接受新事物。

最后,慈善养老项目运行中物资管理。慈善养老项目在运行过程中还涉及到捐赠物资的接收与发放。因为这关系到慈善养老项目的信度与效度,一旦出现问题,就会影响慈善项目的公信力,应全力控制这个风险点。为了对筹集到的养老物资进行良好运作,必须在接收与发放环节制定相应的清单:

一是在接收物资时,需对物资进行清点并填写物资接收清单、物资接收确认表;对物资进行核对后,还要填写物资确认单。

二是在物资入库时,需对物资再次清点核对,库存管理人员应填写入库登记表。

三是在物资出库时,需填写申请表,经批准后才能领取物资,并在出库登记表上签字确认。

四是在物资发放时,需要受赠人对接收的物资进行清点,项目负责人在物资接收清单收据上签字、盖章。以备有关部门查看。

(二)慈善养老项目的监控

慈善养老项目运行中,需要对项目进行内外部监督。慈善养老项目管理中除了对项目时间进度、财务管理、人员表现等进行内部监控外,还需要对慈善养老项目进行外部监控。从以下五个方面展开论述。

1.任务监控

主要是记录项目中不同任务的实际开始时间和结束时间。如有延误,项目负责人与任务负责人应及时沟通加快进度。

2.物资监控

对项目资金定期核对,对物品定期盘点,同时进行慈善项目的内外部审计。

3.受助者资格鉴定

受助者的鉴别与确认关系到项目的公平与公正,是项目实施中的重要环节。

4.人员表现监控

项目负责人应及时记录项目成员的日常工作表现,并进行褒扬或批评指正。

5.信息监控

信息公开是外部监控的主要方式,信息主要指款物的筹集、接收、使用与审计。可以使用多种方式进行信息公开:电视、电台、报刊杂志、年报、通讯、网站等。通过高效与透明的信息公开,可以增强慈善养老项目的公信度。

慈善养老项目的现代化管理与运行必将迎来我市慈善养老项目服务业的大发展,树立众多的慈善养老项目“品牌”。这些“品牌”必将促进我市老龄化问题的渐次解决,并在一定程度上促进全市慈善事业的发展及社会的整体、协调发展。

(作者单位:天津社会科学院社会学研究所)

天津市养老机构老年人心理健康与服务调查报告

王小波　杨　俐　韩章荣

老年人是比较特殊的群体，他们的心理问题和需要不同于低年龄人群，由于生理功能逐渐老化、各种疾病、社会角色与地位改变、社会交往减少，及子女离家、丧偶、好友病故等负性生活事件的冲击，老年人经常会产生消极情绪体验和反应。随着进入“生物—心理—社会转折期”，老年人的心理活动发生变化，有的甚至出现心理冲突与危机；由于社会、心理、躯体和生物等因素混合而导致老年人多因抑郁、焦虑、痴呆、躯体疾病或合并症就诊，同时伴有衰弱无力。因此，关注和增进老年人的心理健康，缓解老年人心理功能减退对社会的压力，成为目前急待研究与解决的一大课题。

由天津市婚姻家庭事务协会主持申请，天津市良友心理咨询机构、天津市青年职业学院等合作完成的中央财政支持的“点亮心灵，守望银铃幸福——养老机构老年人心理健康服务”示范项目（以下简称“项目”），对天津市养老机构中的老人进行了心理状况调查及心理健康服务，本文以此为例，对生活在养老机构中老年人的心理状况及其心理健康服务进行分析研究。

一、天津市养老机构中老年人心理健康状况及影响因素

项目根据养老院规模，建院时间、市属或民办性质等，选取市内有代表性养老机构 18 家，每家养老院随机抽取一定比例老人，共 1022 名，使用症状自评量表（SCL－90 量表）对其进行心理测量，并对测量结果为阳性分值的老人，进行个体咨询与团体辅导；同时在各个养老机构举办对老人及对护理人员的心理健康讲座，在辅导后再次对老年人进行心理测量，并进行前后

测对比。此项目历时半年,取得一定成效。根据孙颖心等的研究表明,虽然家庭养老者的心理健康状况好于社会养老者,但二者差异并不显著。因此对养老机构中老人进行心理测评及服务,也为今后对居家老人进行服务提供借鉴意义。

前期的心理测量结果显示,从总体上看,入住养老机构的老年人具有较好的心理健康水平,但同时有超过五分之一的老人,在一定程度上存在着各类心理症状。测量结果呈阳性,即分值超出正常值的有 230 人,占被调查者的 22.5%。其中阳性分值中比较显著的有躯体化及饮食睡眠,躯体化问题明显的有 124 人,占有阳性症状人数的 53.91%,占被调查人数的 12.13%。有饮食睡眠问题的共 169 人,占阳性症状人数的 73%,占被调查者的 16.54%。

症状自评量表(SCL-90)测量结果

心理学症状	躯体化	强迫症状	人际敏感	抑郁症状	焦虑症状	敌对症状	恐怖症状	偏执症状	饮食睡眠
阳性分值(T>2)人数(人)	124	74	35	59	58	59	49	27	169
阳性人数占总体阳性症状(%)	53.91	32.17	15.22	25.65	25.22	25.65	21.30	11.74	73.48
阳性人数占被调查人数(%)	12.13	7.24	3.42	5.77	5.68	5.77	4.79	2.64	16.54

通过与老人的一对一访谈,我们发现除了身体机能下降、身份角色转变等因素外,生活在养老机构的老人还有一些特殊的因素影响其心理健康。

1. 环境适应问题

入住养老院是老年人晚年生活的重大变化,从熟悉、独立、隐蔽的家庭环境进入更具集体生活色彩的养老机构,老人们需要经历相当长的生活与心理适应。因服务需要,服务人员可随时进入老人房间,打扫卫生或者进行巡视,老人的生活空间由私密转为公开;另外,外出受限也是影响老人心理的主要因素。出于管理与安全考虑,多数养老院不准许老人自由外出,如外出需申请批准或家人陪伴,因此,多数老人的自由受到限制,只能在养老院封闭的空间中日复一日地生活,造成身心压抑。

2. 人际关系困扰

人际关系的复杂性也是影响养老机构中老人的重要因素。老人们要处理与其他老人的关系、与护理人员的关系、与养老院的关系以及与自己儿女亲属的关系等。“这里就是一个小社会,什么样的人都有”。(某老人)在养老院,除非是夫妻一同入住,或者个人出高价包间,否则,自理与半自理等级的老人两人一个房间;不能自理的老人,则是3人甚至住6~8人一个房间。在这种宿舍式居住环境下,老人们要彼此协调、适应、磨合,接纳他人的脾气秉性,老人“因脾气不和而要求换房间”是院方经常要解决的问题。

3. 一些养老院居住环境差、护理人员素质较低

公立养老院环境设施好、收费标准低,但是床位少,老人如申请入住,一般要排队等待3至5年才能进入;而私立养老院由于成本核算与盈利需要,在护理、饮食、经营管理等方面与公立养老院普遍存在极大差距。另外,养老院护理人员的待遇低影响其服务质量,许多护工来自农村,缺乏护理知识,而且劳动强度大,一个护工要照顾十来个老人,有的人把不满情绪便发泄到老人身上,使老人无法得到良好照料,更得不到尊重。

4. 养老机构服务不足

心理测量发现,老人饮食睡眠的问题比较严重,老年人本身睡眠减少、肠胃不好,容易出现食无味觉,夜不能寐,并由此引发焦虑、紧张等不良情绪。在养老院,作息时间是按照工作时间统一安排,如某养老院是两班倒,晚8:00换班,因此8:00前,要求老人全部上床,这样上一班的人员便完成了工作,但早早上床的老人根本无法入睡,只得在床上转辗反侧;然后早晨从6点就被顺序叫起,安排早饭,因为这一班要在早8:00下班,下班前要完成他们的工作。这种根据工作需要而不是自然规律安排的作息时间,显然不够人性化。一方面规律性作息有利于健康,但另一方面,老人感觉不自由、被强制。其次是吃饭问题,吃饭是每个人的基本需求,也是老人一天中最重要的事情,但是因为老人院是集体用餐,无法做到咸淡适中、软硬适宜,满足每位老人的需求。有的老人牙口不好,无法咀嚼,要求饭菜软一些,提出后被院方驳回,十分沮丧;还有位老人每顿饭要自己用剪子剪碎食物,因为搅拌机搅碎的食物太稀烂无法下咽。饮食问题对老人造成持续困扰。

二、心理服务对促进老年人心理健康具有积极影响

项目在18所养老院,共进行了100场心理健康讲座,并根据测量阳性分值及老人自愿原则,进行一对一心理辅导,共有231位老人进行了1008小时的个体辅导。这些服务使老人获得了心理健康知识,调整了认知,缓解了焦虑情绪,掌握与他人沟通的技巧,学会与他人沟通,心理健康水平有了

较明显提高。后期心理测量显示,老年人心理症状水平总体下降 23.67%,症状水平下降较明显的依次是:恐怖症状下降 28.98%,人际敏感下降 27.08%,焦虑症状下降 26.14%。

症状自评量表(SCL—90)前后测量均值比较

项　目	躯体化	强迫	人际敏感	抑郁	焦虑	敌对	恐怖	偏执	饮食睡眠
前测均值	1.83	1.89	1.92	1.84	1.76	1.9	1.76	1.71	2.01
后测均值	1.56	1.44	1.4	1.44	1.3	1.45	1.25	1.3	1.55
均值下降百分比(%)	14.75	23.81	27.08	21.74	26.14	23.68	28.98	23.98	22.89

心理健康教育与心理咨询服务对提升老年人心理健康水平具有重要作用。下面总结一下心理服务的独特优势及其不足。

1. 态度

心理咨询师对老人平等、关怀、亲切的态度,其仔细聆听、认真回应使老人感受到自己被尊重理解、接纳认同,使老人敞开心扉,将自己平时不愿、不敢对他人讲的事情和咨询师说,这种直抒胸臆、将内心想法、愿望讲述出来并得到认真倾听的过程本身,就能够提升老年人的自我价值感,从而改善其心理状态。

2. 关系

咨询师与他人建立的不是普通的人际关系,而是一种不同性质的咨访关系,这种关系提供了安全设置和保密原则;咨询师的人格魅力很容易与老人建立起彼此信任、理解的关系,这会让老年人感受到不同寻常的心理支持与亲密熟悉的感觉;另外,年轻咨询师的到来也为老人带来新鲜与活力,打破了养老院沉闷、循规蹈矩的生活。有利于改善老年人沉闷低落的心境。

3. 专业知识与技能

咨询师利用自己的专业技能为老人带来心理慰藉。如利用认知调整,帮助老人看到问题出现的其他原因与可能性;通过同理心,让老人看到自己是好的,是正常的,悦纳自己;通过催眠放松,改善老人焦虑紧张情绪;通过发掘过往经历,使老人看到自己一生的价值与优势;通过行为训练,让老人掌握自我放松的技能;通过陪伴、支持与关注的心理过程,提升老人的自我价值与自我效能。通过一起面对衰老、死亡、丧失等比较沉重又无法与他人交流的话题,使老人能够直面,畅言,放下恐惧,过好当下的生活。

4. 项目中体现的问题

一是心理服务亟需社工人员的支持，现实问题不是心理咨询可以解决的，却是老人最急需的，如医疗服务、特困的经济、饮食方面需求等，都需要社工人员协调各方关系、帮助解决。二是项目的持续性。此次心理服务是在项目支持下进行的，老人在约定时间内每周见咨询师 1 次，一次一个小时，每次见到咨询师，老人们总是特别开心，但由于项目所限，每人最多只能进行 4 至 5 次，建立好的关系便被迫中断。当项目结束，咨询师与老人进行告别，使一些老人感到被抛弃、不得不再次经历丧失。

三、关注老年人心理健康，推进心理健康服务，提升晚年幸福

1. 政府应高度重视心理健康工作的重要性，为老年人等弱势人群购买心理健康服务

随着现代医学模式转变，健康已不再局限于身体健康，还包括心理健康和社会功能良好，三者结合才是真正的健康。让大多数老年人保持较好心理功能与心身健康，是缓解人口老龄化压力、实现健康老龄化的重要内容。因此，各级政府应高度重视老年人的心理健康，并因老年人购买能力下降、经济困难，政府应为其心理健康服务买单。

2. 在机构及社区养老服务中增设心理服务项目，建立老年人心理健康服务长效机制

应将心理服务纳入养老服务的常规工作中，无论是在养老院、还是在社区老人照料中心，都应关注老人的心理需求，而不仅仅提供生活照料。应设立专门的机构与人员，为老人年提供持续的心理服务，为其缓解、消除孤寂空虚等消极情绪。也可在社区建立长期、互助性心理支持团体，由专业咨询师指导建立，进行定期督导，使社区心理支持能够持续进行。

3. 对于特殊困境老人，心理服务应与社工服务相结合

特殊老年群体包括失独、空巢老人，独居孤寡老人，罹患重疾、瘫痪与癌症老人，痴呆、精神类疾病老人及高龄老人等，由于其经济条件所限或本人不愿进入养老院，这些人的生活自理发生很大困难，情绪心理极为不稳定，更容易形成抑郁等心理问题。因此急需社工人员帮助解决现实问题，心理咨询服务必须与社工人员服务相结合，共同为老人的心理健康提供支持。

4. 尊重心理咨询工作的专业性，培养合格的老年心理工作者队伍

心理咨询是一项非常专业化的工作，不经过长期专业训练是无法胜任

的;另外,老年人心理具有一定特殊性,因面对各种丧失而产生的无力、迷茫、愤怒、焦虑、抑郁等心理问题,对其进行抚慰与疏导,需要心理工作者具有强大的内心力量与丰富的人生阅历,否则不仅无法帮助到有心理问题的老年人,反而可能使自己受挫。因此应重视培养专门的老年人心理健康工作者队伍。

(作者单位:天津社会科学院社会学所;天津市婚姻家庭事务协会;天津良友心理咨询公司)

天津市探索医养结合新模式进程中的现状、问题及对策研究

张银峰

近年来，为了应对老龄化日益加剧的形势，天津市积极探索医养结合发展模式，并取得了初步进展，但同时也面临诸多问题和困难。本文即在梳理医养结合发展现状的基础上，探讨这种新模式在实践中存在的问题和不足，并据此为医养结合的未来发展方向提出几点针对性的建议。

一、医养结合发展现状

目前在天津市，医养结合虽然尚处于创始阶段，但在某些方面也已取得了一些成效。

1. 试点机构已基本覆盖全市

从2015年开始，医养结合试点工作便已展开，南开区、河西区的部分基层医疗机构便开设了专门的老年病房；2016年，在政府有关部门的大力支持下，试点机构进一步增加，如河东区、西青区、宝坻区、蓟州区也被纳入试点范围，一批试点机构投入运营，并已根据群众的实际需求，正式开展全程医疗、护理和生活照料等服务。按照市民政局制定的目标，到2017年，家庭医生为居家老年人签约服务达到120万人，养老机构内设医疗机构或与医疗机构签约服务80%以上。

2. 运作模式正在探索之中

根据不同群体的养老服务需求，天津市的民政部门采用多策并举的方式积极创新服务模式。例如，在居家养老服务层面，针对自理老人建立社区日间照料中心(站)，并根据失能、半失能老人的特殊性，鼓励医疗机构、养老机构开展居家养老护理和康复服务；在机构养老服务层面，通过“养老机构

把医院请进来、养老院走出去与医院合作、基层医疗结构增设养老服务”三种方式加快推进“医养结合”。

3. 建立医养结合标准规范的工作已提上日程

根据市民政局的初步规划,2017 年,本市初步建立医养结合的政策体系、标准规范和管理制度,基本形成符合需求的专业化医养结合人才培养制度;预计到 2020 年,天津市将建立覆盖城乡、规模适宜、功能合理、综合连续的医养结合服务网络,实现医疗卫生和养老服务资源的有序共享。

4. 医养结合网络化建设初见成效

互联网新技术为医养结合新模式的推进提供了重要的支持,如在 2016 年,河东区引入了社会化的养老机构,并配备了全市首家医养结合远程监控平台。该平台可通过老人佩戴的健康手环定期记录其平时的心率、血压、脉搏、体温等数值,这样,医护人员便可对老人的身体状况进行及时的跟踪、评估,一旦发现异常情况,监控平台还会自动发出警示。同时,该手环还兼具定位、呼叫、生活辅助等功能。

5. 一些医养结合特色医院开始投入运行

在政府部门的大力倡导下,社会力量和民间资本开始积极投入到医养结合的建设中来。少数民营医院积极引入医养结合方式,主动入驻到养老机构或设立专门的医养机构,着力打造预防、康复、治疗常见病的医疗特色,为入驻老人以及周边的居家老人提供服务,如全方位的生活护理、健康跟踪监测、心理咨询辅导、日常疾病诊疗等。

6. 家庭医生签约服务成为医养结合工作的重点

根据市民政局拟定的《关于推进我市医疗卫生与养老服务相结合的实施意见(试行)》(以下简称《意见》),在未来几年,天津市将大力开展家庭医生为老年人签约服务,为居家老年人建立健康档案,力争到 2017 年完成签约 120 万人,到 2020 年实现签约服务制度全覆盖,并形成长期稳定的契约服务关系。

二、医养结合面临的主要问题

当前,人们对医养结合的潜在需求较高,这种模式也已获得政府部门和社会各方的共同重视,但与此同时,医养结合的发展亦面临各种各样的问题和挑战。

1. 政府部门职能交叉重叠，一些政策和设想难以落实

在现行体制下，不同性质的养老机构均由民政部门负责审批和管理，而医疗机构又隶属于卫生部门管辖，涉及到医疗保险费用报销事宜又会牵涉到社保部门，等等。从具体的实践情况来看，医养结合正面临着"说起来容易，做起来难"的尴尬境地，其主要原因就在于管理存在交叉、主管部门权责不明。尽管在顶层设计方面，中央政府已经出台了一定数量的条例和规定，天津市政府也制定了相应的办法和实施意见，但由于缺乏一个强有力的协调、组织单位，一旦遇到具体的问题，不同的部门则会优先从自己的立场和利益角度来进行考量，甚至有的时候还会出现责任推诿、利益纷争的严重后果。

2. 基层医疗机构的医养护一体化能力有待于提升

目前，天津医养结合试点机构主要以基层医疗机构为主体，而在现有资源分配制度下，基层机构所能获得资源扶持是非常有限的。因此，多数试点机构普遍存在病房改扩建经费支出较大、24 小时服务诊疗护理任务繁重、医护人员和护理员数量相对缺乏等现实困难，这些问题严重制约了试点机构医养护一体化建设。如果这些机构缺乏长足持续发展的动力，就会直接影响到入住率。因此，如何突破试点机构政策补偿机制瓶颈、进一步增强其医养护服务能力，已经成为当前亟待解决的问题。

3. 养老机构拓展医疗服务功能的阻力较大

通常，养老机构可以按相关规定申请开办老年病医院、康复医院、护理院、中医医院等，也可内设或引入医务室、护理站。一些公办、民营的大型养老机构都具有一定的先前基础，或许还可以较为顺利地实现"医 + 养"的衔接，而对于一般性的小型、基层的养老机构而言，这似乎成为一种难之又难的期许，因为根据相关规定，若想取得医疗资质，它们就必须具有相应的软硬件设施和人员配备。再者，相当一部分民办的养老机构目前多处于一种微利的状态，几乎没有多余的盈利来配置、维护医疗服务设施。

4. 医养结合中的医保支付面临两难的困境

一方面，养老机构都希望政府部门能够放宽医保支付的准入门槛，从而能够更好地为老人们服务。如果适度增加医保资质的名额，既可以鼓励养老机构想方设法增设医疗机构，还可以大大降低医院内大量老年患者压床的现象。但另一方面，在医养结合推进的过程中，套取医保的风险隐患也广泛存在。例如，少数养老机构会把入住老人一般的康复护理服务变相为"医疗诊治"服务，用医保基金报销相关的费用，等等。诸如此类的违规行为人

为地增加了养老机构和医疗结构的合作难度。

5. 养老护理人才严重短缺

目前,养老护理员普遍面临工作强度大、待遇福利水平较低、职业前景不明朗、受尊重程度低等困境,加之这一行业的特殊性,整日要与老年人相伴,因此,年轻人多不愿意从事这一行业。同时,行业内的人员流动率较高,专业人才流失严重,这是当下养老机构面临的共同难题。在很大程度上,护理人才的匮乏极大地限制了医养结合在天津市的发展和推广。

6. 广大群众对医养结合的认知不足

在多数群众看来,居家养老、有病就医是一种约定俗成的生活惯习,医养结合对于大多数人而言还是一个新鲜的事物。根据天津中医药大学 2015 年开展的一项有关本市居民对于医养结合认知态度的调查,“超过八成的退休居民对医养结合模式不了解,基本了解的只占到一成;今后有意愿接受医养结合模式养老的,占到调查总数的 61.9%,不愿意接受的仅占 21.6%,另有 16.5% 的老人持观望态度”。可见,人们对于医养结合的认知、了解程度是非常有限的,但多数人对这一新型的养老模式表现较高的认可度。

三、相关的对策建议

综合上述天津市医养结合发展的现状及其面临的主要问题,本文提出以下几点建议:

1. 建立健全医养结合工作组织、协调机制

上述《意见》已明确提出,要“建立天津市推进医养结合工作协调机制”,这便为医养结合工作指明了明确的方向。但关键的问题是,此项工作如果继续由市卫计委和市民政局共同牵头来做的话,恐怕很难打破原有的“多头管理、职能交叉、权责不明”的困局。故而,应当适时成立以市委领导为一把手的医养结合工作领导小组,以此来理顺“医养结合”工作的管理、协调机制,进而打破体制、机制上的各种障碍,理顺、规范、明确各个部门在“医养结合”业务上的职责范围,避免因部门间条块分割而导致的资源浪费。

2. 加大财政扶持力度,增强基层医疗机构的养老服务功能

大体而言,社区居家养老仍将是未来天津市居民最为主要的养老方式,同时,家庭医生的签约服务将会成为一种主流趋势。而在目前,社区医疗机构的卫生设施和养老设施普遍面临服务能力不足的问题,政府部门需要加大财政投入力度,积极推动医疗资源下沉,如配备专项资金为基层医疗机构

更新设施、扩大床位规模,并给予家庭医生相应的补贴,鼓励他(她)们上门为失能、半失能老人提供服务。此外,还要适当提高基层医务人员、服务人员的福利待遇,使得他(她)们能够安心扎根基层、服务基层。

3. 鼓励医疗机构主动入驻养老机构提供服务

如前所述,多数基层养老机构实际上并不具备设置医疗部门的条件。为此,有关部门可以积极引导、鼓励医疗机构自觉的进入到养老机构为老人们提供医疗健康服务。例如,一些大型医院的老年病科室可以下设派出机构,由邻近的养老机构提供场所,不仅为入驻老人服务,也面向社会群体开放;此外,一些中医院也可以派出医生到养老机构服务,并形成定时、稳定的制度。这样,即可以推动医养结合模式的深入推进,还可以最大限度地发挥已有资源的利用率和效度。

4. 完善医保支持政策,探索建立护理保险制度

根据最新出台的《基本医疗保险支持医养结合发展的政策措施》,将“扶持建立家庭病床、优化医保费用结算方式、调整医保基金给付额度、改进基本医保付费方式、扩大医保药品报销范围、支持医师多点执业”等新举措切切实实地落实、执行到位。并在此基础上,建立有效、可靠的网络化监管机制,从而确保医保基金中每一分钱都能用到实处。再者,还可从多方面入手探索建立长效的护理保险制度,尽可能减轻老年人护理方面的费用负担。

5. 进一步加强相关的人才队伍建设

为了解决老年护理等方面人才紧缺的问题,政府部门可以扶持一些院校优先建立相关专业的人才培养平台;另外,还要加强养老服务行业人员的职业技能培训,根据具体情况还可为他们提供适当的培训补贴;建立相应的激励、奖励机制,为医养结合事业的发展留住更多的人才。

6. 通过各种途径加大宣传,使得更多的群众了解、认识医养结合

除传统的报纸、电视之外,有关部门还可充分借助新媒体平台(如微信、微博等)向广大民众宣传医养结合的优长与裨益。

(作者单位:天津社会科学院社会学研究所)

天津市药品安全问题与监管机制创新研究

杨　政

药品安全问题主要指药品在生产、流通和使用环节中表现出来的外在威胁和内在隐患状态。药品安全问题主要表现为质量问题、不良反应、临床用药差错和药品有效性问题。近年来,天津市有关部门不断加强对辖区内药品生产和流通环节的检查、监督和管理,有效保障了天津居民的用药安全。天津市的药品安全形势总体相对平稳。

一、天津市实施的药品安全保障措施

天津市各级政府和职能部门对药品安全问题历来十分重视,积极采取多项政策措施保障辖区居民的用药安全。

1. 有序开展"放心药厂"和"放心药店"建设工程

天津市市场和质量监督管理委员会通过开展现场检查,完成了"放心药厂"和"放心药店"的评定工作。从全市参加评定的 82 家药品生产企业中评出 A 级企业(即"放心药厂")40 家,B 级企业 38 家,C 级企业 4 家。授予 A 级企业"放心药厂"牌匾;监督 B 级企业及时整改,排除质量隐患;对 C 级企业,除了监督企业对存在的问题进行及时整改,还要加强法规培训和技术培训,加大现场检查和抽样检查力度;对 D 级企业,各监管单位(部门)要按照药品监督管理法律法规对其实施重点监管,对其违法违规行为实施严查、严打、严办。问题严重的 D 级企业,依法收回 GMP 证书,责令企业整改;2014 年,"放心药店"创建工作被天津市政府列入 20 项民心工程。经过天津市药品零售企业量化等级评定,115 家药店被评为 A 级"放心药店",B 级零售企业 1877 家,C 级零售企业 1262 家,D 级零售企业 313 家。2015 年全市共完成 3762 家零售药店的检查和等级评定工作,其中评定 A 级 147 家,B

级药店2073家,C级药店1120家,D级药店247家。天津市市场监管委针对辖区内药品零售企业的量化等级进行分类管理,重点监督。

2. 连续发布年度药品安全发展报告

继2015年发布《天津市2014年药品安全监管报告》之后,2016年8月,天津市市场和质量监督管理委员会发布《2015年药品安全发展报告》。对辖区内的药品注册、生产和流通环节的安全保障措施进行了全方位的解析。根据报告,天津市在药品注册环节完成了审评审批改革,启动了药品上市许可持有人制度试点工作,开展了药物临床试验数据自查核查工作,完成了药品注册品种信息系统建设;在药品生产环节,对天津市药品生产企业"GMP"认证情况和药品安全监管现状进行了详细的披露;在药品流通环节,对天津市2015年度药品零售企业"GSP"认证情况以及药品使用环节的各级医疗机构监督情况进行了公开。此外还对药品零售企业电子监管入网、药品地方抽检以及专项治理情况进行了公布。药品安全年度发展报告展现了了天津市在药品安全保障领域采取的积极措施和取得的显著成果,对天津药品安全保障形势的改善具有积极意义。

3. 全面推进辖区药品安全大检查

针对食品药品安全问题,天津市市场监管委牵头起草并报请市委、市政府印发了《全市食品药品安全大检查工作方案》,决定自2016年5月中旬至11月底,在全市范围内开展为期7个月的食品药品安全集中检查整治。明确规定各区县党委和政府是本区县大检查工作的组织者、推动者和执行者。此次大检查分企业自查、区县普查、专家抽查、部门督查和市级核查五个步骤。检查重点是企业依法取得主体资格、经营资格,落实安全管理制度、质量管理规范、产品质量控制等主体责任落实情况。大检查通过依法取缔或吊销证照、停业整顿、责令整改等分类治理措施,彻底排查了天津市药品安全领域存在的各类安全隐患,使天津市药品市场秩序更加规范,药品安全状况明显改善。

4. 重点培育居民的安全用药意识

2016年10月12日,天津市市场监管委在武清区启动"全国安全用药月"现场咨询活动。活动期间,全市开展了户外公益宣传、药品安全网络知识竞赛等活动。通过专家现场咨询、用药知识讲座等形式向辖区居民宣传安全用药理念和实用知识,对不适当的自我用药、过度使用抗生素和注射剂、盲目轻信进口药和高价药、混淆保健食品和药品概念等常见误区进行梳理解读。活动期间,还开展了针对儿童、老年人等特定群体的安全用药科学知识。多种形式的安全用药知识宣传活动对天津居民的用药行为形成了显著的科普干预,有效提升了天津居民安全用药的意识、能力和水平。

二、天津市存在的主要药品安全保障问题

通过全面检查和专项整治活动,天津市的药品安全形势总体向好,天津居民的用药安全也得到了基本保障。但天津市在药品生产、流通和使用环节依然存在诸多问题,亟需治理。

1. 药品生产环节的质量问题

药品质量事关人民身体健康和生命安全。虽然天津市近年来一直在加强药品质量监管,但药品质量问题还是时有发生。天津市药品生产环节的质量问题主要包括以下几个方面:首先,部分生产企业的日常生产并未严格执行 GMP 标准。很多企业通过 GMP 认证之后,便不再按照 GMP 规范对生产过程进行监管,导致药品质量问题层出不穷;其次,一些药品生产企业的生产缺乏规范,没有严格依据工艺规程进行生产,药品制备方法达不到规定标准;最后,不少企业的药品生产和检验数据记录不完整。有些企业的药品生产批次没有生产记录。对药品生产过程中出现的不合格产品处理缺乏详细的记录。对药品生产的抽检流于形式,未能对全部批次的药品做到抽检并留样,或者留样量达不到规定要求。在对药品进行检测之后,未能出具规范的检验报告。

2. 药品流通环节的安全隐患

药品流通是药品从生产企业到最终消费者的全过程,包括药品批发和零售两个基本环节。在药品批发环节,有些药品批发企业管理职责落实不到位,对供货单位及其销售人员,未进行严格的资质审查,未能对所购进药品建立完整的药品质量档案,未与生产企业签订明确质量标准的购货合同。许多企业不按规定索取并保存票据,未履行进货检查、验收和出库登记制度。药品储存和运输条件不符合标准;在零售环节,部分医院药房和药店的设施与设备配置不齐。部分企业营业场所没有空调、冰箱和温湿度调节设备,或者缺乏防潮、防虫的基本设施。对药品的购进验收不规范,不按规定逐批验收。企业验收人员对所购进的药品验收,只检查数量是否相符,对药品内外包装、标签、说明书及标识等内容不进行严格核查。有些药品甚至未经质量管理人员验收就直接上柜销售。更有甚者,部分零售企业受利益驱使,从非正规渠道购进药品,导致企业售出的药品一旦出现质量问题,监管部门难以追根溯源,清除隐患。

3. 药品使用环节的不合理用药

合理用药包括安全、有效、经济与适当四个基本要素。根据世界卫生组织的调查报告，全球有三分之一的病人死于不合理用药，而不是疾病本身。天津市的不合理用药情况也比较普遍。药品使用环节的用药安全主要涉及医疗机构、药店和患者三个环节。医疗机构方面，在医药不分的情况下，医生受个人利益驱动，往往倾向于开具不合理的大额处方，从而为患者的用药安全埋下隐患；在药店零售端，在专业知识欠缺和利益驱使的双重挤压下，药店销售人员往往向患者推荐一些高利润的药品，从而导致患者出现不合理用药；在患者方面，有些患者和家属有病乱投医、乱服药。不按照医嘱服药或者私自加大服药剂量。此外，我国药品说明书普遍存在适应症偏多、不良反应偏少的情况，容易将患者带入用药误区，

三、天津市药品安全监管机制创新的主要路径

药品是一种关系到群众身体健康与生命财产安全的特殊商品。保障药品安全，是一项复杂而艰巨的系统工程。天津市药品安全监管部门只有不断创新监管思路，才能为辖区居民的用药安全提供强有力的监管屏障。

1. 整合保障药品安全的的行政监管效能

药品安全牵涉生产、流通和使用等环节。对药品的安全监管也涉及诸多职能部门。各部门对药品安全监管所负职责不同，监管重点各异。部门之间条块分割，导致对药品安全的监管留下许多死角。2014 年，天津市将原市工商局、市质监局、市食药监局合并，统一组建天津市市场和质量监督管理委员会，在全国省级层面率先建立了大部门市场监管新体制。新组建的天津市市场和质量监督管理委员会整合了原工商、质检和食药监局的职能，对于药品安全监管体质的创新打下了坚实的组织机构基础。但从市场监管委运行两年多的实践来看，新机构的融合还不够充分，预期的监管效尚未完全发挥出来。因此，有必要进一步强化市场监管委人员和职能的整合，进而将药品安全监管机构的监管效能完全释放出来。

2. 发挥保障药品安全的市场监管功能

作为一种特殊的商品，药品的生产、流通和交易都遵循市场经济的规律。因此，一定要重视药品安全的市场监督功能。在药品交易的每一个环节，每一个参与主体都既是利益攸关方，又是质量责任主体。药品质量是药品功效发挥的前提。无论是对于生产环节的选料和投料，还是流通和使用

环节对品种和厂商的选择,每一个参与主体都应该清楚,对于药品来说,唯有坚持严标准,才能得到高质量。只有生产和出售高质量的药品才能为企业带来持续的收益能力。任何偷工减料、以次充好、以假乱真的短视行为都必将摧毁企业的市场前景,得不偿失。新版 GMP 和 GSP 为药品生产、流通和零售企业提供了一套标准的质量保障体系。各企业必须严格执行 GMP 和 GSP 的硬件和软件标准,以此全面提升企业的药品质量管理和保障能力。

3. 拓展保障药品安全的社会监管潜能

近年来,随着药品安全问题的出现和公民权利意识的增强,药品安全领域的社会监管愈来愈受重视。在药品安全领域,如何将来自政府、市场和社会等不同领域的各种参与主体,在相互尊重意愿和利益的基础上,通过良性互动的沟通机制来实现社会监管和共治是药品安全监管领域的新课题。首先,必须为社会组织、群体和个人参与药品安全监管提供透明通畅的渠道和平台,将药品生产者、流通环节的参与者、消费者、新闻媒体和药品行业协会等都纳入到药品安全监管架构之中,共同构建药品安全监管的社会监管格局。通过建立药品安全网络维权平台和维权机制,实现社会利益和企业利益之的平衡。其次,要大力倡导和培育医药从业人员的社会责任感。医者仁心,药者良心。医药从业人员只有具备了高度的使命感和社会责任感才能为广大人民群众提供真正的放心药和良心药。

4. 构建保障药品安全的应急干预机制

无论如何特殊,药品终归还是一种商品。从生产、流通到最后使用,出现药品安全问题总是不可避免的,即使最严格的企业自查、专业普查、部门抽查还是专家督察,都只能起到降低出现药品安全问题的概率。因此,除了尽力降低药品安全问题的发生概率,还应该尽早建立一套应对药品安全系统性风险的干预保障机制。这一机制包括三个环节:问题药品召回制度、药品安全预警机制和药品安全应急机制。尽快完善以企业自主召回为主,政府强制召回为辅的召回制度;尽早构建药品安全预警机制,探索建立药品安全预警指标体系。通过预警机制,及时发现药品安全问题,并将相关信息传达给社会公众;建设药品安全事件应急处理机制。坚持预防为主、预防与应急相结合的药品安全问题干预机制。通过这一机制快速分析、评估、控制并处理药品安全事件,降低问题药品的社会危害,维护人民群众的身心健康和社会稳定。

(作者单位:天津社会科学院社会学研究所)

天津市政府和社会资本合作(PPP)模式应用中的法律保障缺失及其完善对策

于海生

近年来,随着城镇化进程的加速推进,结合了政府和社会资源优势的PPP模式被加速提上日程,各地PPP项目如雨后春笋般层出不穷,尽管PPP模式并不是新鲜事物,但是迄今我国并未有成熟的顶层制度设计。从各地PPP的推进情况看,也存在诸多的实施困难。PPP模式的法律保障尤为重要。

一、PPP模式概述

政府和社会资本合同(PPP)模式,即公共部门与私人部门建立合作伙伴关系用于提供公共产品或服务的一种方式,是一种将私人资本引入基础设施建设的先进的融资模式。PPP模式能有效结合政府和社会资源的优势,可以缓解政府的财政压力和债务负担,实现政企"双赢",同时提高公共服务的质量和效率,有利于扩大民营企业参与基础设施领域的范围。

PPP模式中,政府和社会资本之间的合作关系是最重要和最主要的法律关系。一方面,政府和社会资本之间通过协商一致签订特许权协议明确双方的权利义务。采用合同方式,强调了两者权利义务的约定是双方协商一致的结果,两者关系主要属于民事法律关系,受民法通则和合同法等民事法规的调整。另一方面,特许经营权合同,由于其主要是公共服务的提供,而公共服务的质量和定价等直接涉及公共利益,需要政府或法律给予一定的干预。因而政府既是合同的一方主体,又是监管者,监督和管理社会资本生产和提供公共服务的全过程。由此看,政府和社会资本又不完全是平等的,是管理者与被管理者的关系。正如在法国,就把这类合同定义为"公法契约”,其处理也不同于一般的民事合同。由发展和改革委员会牵头制定的关于特许经营法的征求意见稿,其中就特许经营权协议中救济的规定中,也包含了民事诉讼途径和行政诉讼途径两大类型。由此也可以看出政府和社会资本之间法律关系的复杂性。充分认识到这点很重要,这样我们才能创设公共部门和私人部门共同承担责任的规则,也才能创设公共部门对私人部门监管的规则,从而保障公共利益的实现。

二、天津 PPP 项目运行的现状

2010 年,天津市提出建立政府与市场合理分工的基础设施投融资体制,通过特许经营、投资补助和政府购买服务形式,吸引社会资金参与投资、建设和运营有合理回报或有一定投资回收能力的城市基础设施项目。此后,市建设交通委委托市自来水集团作为政府出资人,以股权收购形式,与法国威立雅水务公司共同设立津滨威立雅水务公司,该项目公司并获得政府 30 年特许经营权,确立以 PPP 模式建设经营城市供水及污水处理项目合作框架。水利项目开启了天津 PPP 模式先河。随后,滨海新区供水及污水处理引入 PPP 模式并顺利实施。2010 年 6 月,天津市静海新城垃圾处理项目成功引入 PPP 模式。近三年,天津先后将 PPP 模式移植到于家堡金融区能源站、侯台一号能源站、天津燃气站点和唐津高速(天津北段)等项目。经过 3 年试点探索后,天津开始系统规划政府和社会资本合作项目,2015 年 8 月,天津新建公共设施项目全部向社会资本开放,首次推介了 57 个项目,总投资 2372 亿。2015 年 12 月,天津市第二批推介的 PPP 环保项目,涉及污水处理、垃圾处理、垃圾焚烧发电等,总投资近 50 亿。2016 年,天津市第三批推介的 PPP 项目,总投资 20. 22 亿元。至此,天津新建公共设施向 PPP 开放。

天津市最近两年制定了《天津市推进政府和社会资本合作指导意见》、《天津市市政公用交通领域推广政府和社会资本合作(PPP)模式实施方案》、《天津市政府和社会资本合作项目前期工作专项补助资金管理暂行实施细则》等一系列文件,以加强政府和社会资本合作项目的规范化管理,明确了 PPP 模式的运行流程及职责分工,形成了部门联动、分工明确,上下协同推进的运行机制。但由于国家层面对于 PPP 项目的多个重大法律问题没有明确适应规则。天津 PPP 项目运行过程中,仍存在一定的法律问题。

三、PPP 模式法律问题分析

目前调整 PPP 模式的法律制度尚不健全,尚未形成有利于 PPP 项目实施的较为完善的法律环境,法律效力层次低、法律规定不清晰,甚至不同法规之间存在冲突,导致操作层面无所适从,各地在实际运作中仍会遇到许多法律障碍,不利于 PPF 项目的实施和发展。

第一,法律层级的 PPP 规定缺位。尽管国家部委及各地政府制定了一系列关于规范 PPP 的政策和文件,但这些都只是部门层级的规范性文件,作为法律层级的 PPP 规定仍然缺位。这直接导致了 PPP 项目在实施过程中与现行立项制度、土地制度、担保制度、税收制度、价格制度、预算制度、政府采购制度、招投标制度、国有股权转让制度、财务制度、争议解决制度等多方面的冲突。PPP 规范性文件往往因为层级低而无法优先适用。

第二,PPP 项目合同属性及救济途径。政府给予未来的政府和社会资本合作项目的批文到底是行政许可还是对自己行为的确认？PPP 项目的这种合作关系是政府与社会资本之间主体平等的合作关系,还是行政许可的关系,这是需要研究的一个基本问题。这不仅涉及到各个行为主体之间权利义务的关系及地位问题,还涉及到救济途径的问题。

第三,PPP 项目的社会资本合作方选择是适用《政府采购法》还是《招标投标法》,有些 PPP 项目是由使用者付费,不需要财政进行补贴,不适用于《政府采购法》,有些 PPP 项目并不涉及工程建设,不适用于《招投标法》。同时满足两部法律的 PPP 项目,即由财政补贴的工程建设项目可能会因两部法律存在冲突而无所适从。两部法律均不满足的 PPP 项目,即由使用者付费的非工程建设项目将无法可依。

第四,PPP 项目涉及的项目用地以及配套开发土地能否统一通过协议方式取得？在很多使用者付费的项目中,未将土地使用权纳入资产评估范围,规定由使用权人无偿提供给项目公司使用,以降低项目的成本。根据《划拨用地目录》,规定对以营利为目的,非国家重点扶持的能源、交通、水利等基础设施用地项目,应以有偿方式提供土地使用权。若用地是通过挂牌或协议出让等方式取得,却不能保证持有特许经营权的项目公司同时获得土地使用权。

第五,社会资本投资形成的 PPP 项目资产权属如何界定？项目公司要承担设施进行维修保养的义务,但是按照财政部 2008 年 8 月 7 日发布的

《关于印发企业会计准则解释第 2 号的通知》要求,BOT 业务所建造基础设施不应作为项目公司的固定资产。所以,项目资产面要面对双重征税,能否用其做融资担保,以及项目公司能否进行股权转等问题。

四、天津 PPP 运行中的法律对策分析

目前 PPP 项目运行的国内环境,存在上位法体系未建立,下位法存在冲突的情况。这种情况下,天津 PPP 模式的法律保障有些难度,但基于 PPP 项目发展的迫切需要,天津应该在地方立方上有所作为,针对 PPP 项目运行中出现的具体问题出台地方性法规和政府规章予以解决。

1. 厘清 PPP 特许权协议的法律性质是立法关键

PPP 项目特许权协议的法律性质至今存在争议,主要表现为行政合同与民事合同之争。这个争议是 PPP 模式法律问题的核心,争议不解决或解决不当会挫伤社会资本参与 PPP 项目的积极性。笔者认为,如果将 PPP 特许权协议定性为行政合同,过分强调 PPP 特许权协议的行政性或者公共利益,可能会使政府和社会资本方之间的利益失衡,导致行政权力过大而压制社会资本方,使 PPP 模式难以长期运行。将 PPP 特许权协议定性为民事合同,可以使得特许权协议双方当事人的权益更好的得到司法救济。PPP 立法,首先应当在立法层面上对特许权协议的民事性质加以明确。在基础设施特许经营立法中应明确规定,因实施基础设施和公用事业特许经营项目,以及履行、解释、变更、终止基础设施和公用事业特许权协议而产生的争议,应当适用中华人民共和国民事法律予以解决。特许经营者与实施机关就特许权协议发生争议并难以协商达成一致的,可以依法提起民事诉讼或仲裁。当然,如果是特许权协议未能涵盖的具体行政行为产生的争议,仍可通过行政诉讼进行解决。

2. PPP 立法应彰显共治双赢理念

立法机关在制定 PPP 规则时,应明确 PPP 模式的基本理念是政府搭台、市场唱戏,政府与社会资本基于权责对称行驶各自职责,尽可能避免在规则制定上把政府放置在不容挑战的主导地位。有些社会资本对 PPP 抱观望态度,主要是担心地方政府过于强势,缺乏市场意识和契约精神,社会资本自身处于被动地位,没有话语权。天津市 PPP 立法要建立公开透明的 PPP 项目运作程序,优化公共项目决策机制,让政府、社会资本共同参与项目策划。综合考虑每个 PPP 项目的市场需求、融资成本、建设运营维护成本等因素,

合理设计项目预期收益,让参与各方能看到盈利点,提高社会资本参与PPP的积极性。

目前国内PPP的推进效果不够理想,其中一个原因就是回报机制不够明确和合理。笔者认为,我市PPP立法应致力于完善投资回报机制,有针对性地进行投资回报制度设计,以共赢理念引导PPP立法。投资回报方式应结合项目的市场需求,同类项目融资成本、投资建设运维成本等因素综合确定,并应确定相应的价格调整和补偿机制。在PPP立法前,建议在PPP特许权协议示范文本中对投资回报方式、价格调整和补偿方式加以明确约定。

3. PPP立法应明确公私双方的权利义务配置

明确PPP项目中各方主体的权利义务关系对于PPP项目的运行具有重要意义。权利义务的配置是PPP法律关系中最内核的部分,也是基本问题。明确PPP各方主体的权利与义务能够使政府认识自身在PPP中扮演的角色、防止权力寻租、逃避职责以及行政权的滥用,并且能够保障社会资本方的合法极益,使PPP模式的运行结果达到预期。2015年财政部发布《PPP项目合同指南(试行)》,规定了PPP项目合同的内容要素,同时对各内容要素进行了法律及商务层面的分析,并提出各方权利义务分配及分险分担的指导原则。该《指南》可以作为PPP项目各参与方在研究PPP项目及拟定PPP合同过程中的指引性材料。笔者建议,天津市针对本辖区内PPP项目运行的特点,组织专家、学者、PPP项目合作方等着重研究PPP项目运行中各方的权利义务,制定《天津市PPP项目合同示范文本》,对PPP合同双方的权利义务进行详实的规定,以使政府和社会资本对PPP项目合同有更加全面准确的把握。

(作者单位:天津社会科学院法学研究所)

天津网络安全状况分析及问题建议

张智宇

现代通信与互联网走进了千家万户,工作与生活都离不开通信网络。2016 年网络安全事件频出,接二连三的网络诈骗事件唤起了个人、社会以及整个国家对于网络安全的重视。十二届全国人大常委会第二十四次会议 12 月 7 日通过了《中华人民共和国网络安全法》。天津,临近京畿要地的直辖市和北方经济中心,其网络信息安全问题也成为不容忽视的关注焦点。

一、天津网络安全及防范治理情况分析

1. 天津政务及社会服务网络安全防范措施得力,效果突出

伴随行政审批制度改革,天津的行政审批部门全面开展"互联网 + 政务服务",行政许可及相关服务事项全流程网上审批比例不断提高。金关、金财、金审、金税、金保及应急指挥系统、医保联网系统、商品房管理系统等大量网络生产生活服务系统在天津广泛应用,与此相关的网络安全防范也瞄向了更高的标准。依托国家计算机病毒应急处理中心位于天津的地缘优势,天津市政府重要政府部门网站得到中心全天候安全监测服务,全面保障了政务和社会服务网络的安全。天津市网信办联合其他相关部门组建了网络安全检查办公室,自 2016 年 7 月 26 日开始,针对关键信息基础设施的网络安全问题展开重点检查,加强风险评估、安全防范,进一步巩固可政务及社会服务关键信息基础设施的网络安全。

2. 治理网络违法有害信息的"清朗专项行动"为天津净化了网络空间

2016 年,按中央网信办统一部署,为遏制网上违法违规有害信息传播,净化网络空间环境,天津政府在全市范围内展开"清朗专项行动"。经过半年专项行动,全面清查网上违法违规信息特别是淫秽色情、暴力血腥、赌博

诈骗、虚假谣言等37类有害信息，为天津市互联网，构筑起一片更加清朗的网络空间。

3. 天津网络安全防范技术储备与硬件设施具有得天独厚的优良条件

我国唯一的负责计算机病毒应急处理的专门机构——国家计算机病毒应急处理中心落户于天津，其主要职责是快速发现和处置计算机病毒疫情与网络攻击事件，保卫我国计算机网络与重要信息系统的安全，是国家网络与信息安全应急技术五大支撑队伍之一，拥有国内最权威的恶意代码样本信息库，目前共存储计算机病毒样本1500万余个。而位于天津市西青学府示范工业园的总体占地面积达2600亩的的天津信息安全产业基地，是目前全国最大的信息安全产业基地。

4. 天津银行业、电信业针对电信网络欺诈的安全防范成效显著

天津公安部门与银行共建“警银联动机制”，严把转账汇款关。经过共同努力，通过银行柜台汇款发案数量和ATM机等自助设备转账被骗案件数量大幅下降。2016年6月，农行天津东丽支行成功堵截一起电信诈骗案，被害人王女士通过微信摇一摇添加了一位自称为“藏族上师”好友，听信其以筹建寺庙为由征集善款，执意要将积蓄汇出，农行员工反复劝阻客户，避免其大额资金的损失。2016年12月1日上午，天津工商银行还成功堵截了一起通过ATM转账的电信诈骗案件，为客户避免资金损失28000元，成为银行账户管理新规实施后，国内第一起被成功堵截ATM转账电信诈骗。天津银行业加强临柜业务管理，强化柜面合规操作，提高一线员工的风险责任意识，确保客户资金安全，成为维护客户存款的安全“守门员”。天津电信运营商则通过加强通信行业自律管理，强化号码实名登记管理，清退个人用户办理的400号码，清理网上改号软件，杜绝改号软件在应用商店的上架销售等方式，从犯罪工具角度斩断诈骗犯罪人实施作案“罪恶之手”。

5. 专业的反电信诈骗工作机构成绩斐然。

2016年天津市公安局成立反电信网络诈骗犯罪中心，天津市公安局和市通信管理局、天津银监局联合制定工作方案，银行、电信部门入驻反诈中心联合办公。反诈中心的建立，极大地维护了天津市区域内企业、部门和老百姓的切身利益。截止到2016年末，中心成立8个月，接处电信网络诈骗警情2.5万余起、为群众发送不少于652条预警信息、封停涉案电话号码6537个、止付涉案银行账号4353个、止付涉案资金5000余万元。

6. 网企与警方合作构建天津地区反网络欺诈犯罪的合作新模式

天津警方与58同城网达成合作意向，在警企联动等方面开展深入合

作,共同打击网络诈骗犯罪。2016 年 10 月 29 日,天津市滨海公安分局民警在滨海新区抓获了一个利用 58 同城发布假招工信息、骗取求职者钱财的黑中介团伙,涉案 6 名嫌疑人全部落网,涉案价值 5 万余元。该案是滨海新区公安局走访 58 同城天津总部时,获知有人利用 58 同城品牌发布虚假招聘信息诈骗案件线索,迅速抽调精干警力主动出击调查侦破。在 58 同城网整合梳理线下报案线索及线上大数据配合下,天津市公安局网安总队与天津市公安局和平分局又共同端掉一个盘踞在市内六区,以在网上发布虚假招聘信息,骗取求职者"体检费""报名费"等费用的诈骗团伙,抓获嫌疑人 10 名,查获公章 4 枚,用于作案的电脑 8 台,从窝点查获未被销毁的合同数百份。

7. 天津市网络安全防范宣传教育活动深入社区、深得人心

为增强社会全体成员的网络安全防范意识,天津市网信办,宣传部门、公安部门、民政部门长期采取多种形式展开宣传教育活动。自 2015 年 8 月始公安机关组织开展防范通讯网络诈骗"进社区、进企业、进学校、进村镇、进家庭"的"五进"活动;并借助警银合作平台,在银行客户端对可能出现的网络诈骗进行把关宣传;通过媒体开展防骗宣传;借助快递员的接单、送货渠道,对网购人员开展防范宣传等宣传方式,取得良好效果。2016 年 1 月下旬,开展"防范电信网络新型违法犯罪宣传周"活动,围绕防范电信网络新型违法犯罪,通过在网站设立专栏,"两微一端",宣传视频、宣传手册和宣传展板、在人流密集的公共场所和社区设置宣传点等多种方式宣传防范电信网络新兴违法犯罪的相关知识。在整个宣传周期间,网络专题页面及"两微一端"防电信诈骗相关新闻总阅读量超过 15 万人次。2016 年 9 月中下旬,配合第三届国家网络安全宣传周,天津市开展教育日、电信日、法治日、金融日、青少年日、公益宣传日等主题日活动,针对不同人群进行宣传教育,并取得了良好的宣传效果。

二、天津网络安全及防范治理中存在的问题

1. 针对移动网络客户端的网络安全防范和治理尚有待进一步研究和突破

当前的网络安全防范和治理,仍主要集中在传统互联网和计算机领域的传统互联网。但随着移动通信网络的发展和普及,越来越多的网络安全问题将发生在移动客户端及 App 上。尽管移动通信网络属于互联网和通信

网络这个大范畴,但其也有其独特性,尤其是移动互联网在时空限制方面相对传统互联网有先天优势。移动互联网用户群体广、潜在市场潜力巨大。移动互联网结合智能手机平台以及传感器、GPS、蓝牙等部件开发出来的第三方应用(app),其灵活性和适应性更强于传统互联网上的应用。以传统互联网不涉及的定位问题就是移动互联网的一大特色。但针对移动互联网安全防范,尚没有统一的认识,也未引起全社会的高度关注。

2.“清朗行动”后的网络有害信息整治仍需规范化

“清朗行动”成果显著,网上违法内容大幅度缩减,网民们不再为打开网络就陷入不可入目的尴尬而烦恼。但如何行动所取得的丰硕成果,维持网络空间的一方净土?“清朗行动”后如何将有害信息整治常态化和长效性?还需要后续形成规范化的违法有害信息处置机制。

三、天津网络安全及防范治理的发展建议

1.依托“全国网信三级执法体系”展开执法规范建设,形成网络违法信息清除整治规范化

《互联网信息内容管理行政执法程序规定》中明确规定国家、省(区、市)、市(地、州)、县(区)各级网信部门三级的级别管辖、属地管辖原则,确立上级网信部门对下级网信部门行政执法督查制度。三级执法体系厘清级别权限、明晰执法边界的同时,全面加强执法队伍建设方面,建立执法人员持证上岗制度,集中开展网信行政执法专题培训,集中围绕网信执法政策法规、取证规范、执法流程等内容系统授课,进一步提升依法行政意识和能力。依托全国网信三级执法体系展开执法规范建设,将“清朗行动”后的网络清除违法有害信息监管工作常态化,将有利于监管工作的规范化。

2.在天津高校内加快网络空间安全学科建设,勇于开展核心技术探索,尽快形成完整的网络空间安全学科和人才培训体系

面对网络技术的日益变迁,移动互联网的普及和发展,天津应立足于自身技术储备较为雄厚的优势,抢先在本地高校内推动网络空间安全学科建设发展。2015 年6 月11 日国务院学位委员会和教育部联合发出《关于增设网络空间安全一级学科的通知(学位【2015】11 号)》,在“工学”门类下增设“网络空间安全”一级学科。天津地区有国内知名的南开大学和天津大学,在网络和计算机领域具有较强的科研综合实力,天津又有国家计算机病毒应急处理中心等国家级研究实践基地,以这些科技实力做后盾,推进网络空

间学科建设,建立网络安全人才培育基地,继续天津引领国内互联网安全领域的先发优势。

3. 推动量子保密通信城域网建设工作,进一步提升移动网络安全硬件基础设施标准

量子通信具有高效性、安全性,量子保密通信技术基于量子力学原理,能确保两地之间密钥分配的绝对安全性,从而保证通信的绝对安全。作为目前安全性最高的通信网络,量子城域网是城市互联网类型的发展方向。2013 年,中科院联合相关部门启动了千公里光纤量子通信骨干网工程“京沪干线”项目,建设连接北京、上海的高可信、可扩展、军民融合的广域光纤量子通信网络,目前上海到合肥的网络已经开通。技术已经实现集成化的量子通讯终端,通过交换实现局域网之间无条件的安全,也可以实现量子网络的推广,目前的能力已经能够覆盖大概 6000 平方公里的城市,来支持千节点、万用户的主网的需求。在移动互联网日益变迁的今天,天津互联网发展,需着眼于可行性的最高安全技术水准,推动量子保密通信城域网的应用和运营。

(作者单位:天津社会科学院法学研究所)

天津市律师服务业发展状况、问题与建议

刘行星

目前,天津市律师服务领域由传统的诉讼事务为主发展到诉讼、非诉讼事务并重,由单一的国内业务拓展到国内、涉外业务多元化发展,形成了比例基本合理、专业门类齐全、能够满足不同层次需求的法律服务市场格局。“十二五”期间,全市律师办理诉讼案件 129197 件,其中刑事案件 15800 件,民事案件 111353 件,行政案件 2044 件;办理非诉讼法律事务 22985 件;年度累计担任法律顾问数量 24128 家。全市律师服务收费 40 多亿元,缴纳税收近 4.2 亿元。

截至 2016 年 12 月 22 日,天津市共有律师事务所 677 家、执业律师 5994 名。其中,女律师 2694 名,占律师总数的 44.94%;专职律师(含派驻)5620 名;兼职律师 234 名;法律援助律师 55 名;公司律师 9 名;公职律师 76 名。

一、天津市 2016 年律师培训与交流情况概览

天津市律师行业的行政管理职能由各级司法行政机关律师管理部门行使。日常培训与行业管理职能由天津市律师协会(下称市律协)及其派出机构行使。市律协成立于 1984 年 10 月,是具有独立法人资格的社会团体,是律师的行业自律性组织。为有效开展行业活动,市律协下设 18 个专业委员会(下称专委会),开展业务研讨交流活动。

今年以来,市律协大部分专委会都举办了各种业务研讨和培训活动。房地产专业委员会举办的培训交流会,就房地产市场运行过程中涉及的问题进行了深入探究和讨论;保险专业委员会参加了由中国保险监督管理委员会天津监管局、天津市保险行业协会承办的“商业车险改革”专题讲座;刑

事专业委员举行年会暨“庭前会议”专题研讨会,就“庭前会议”的话题展开“控、辩、审三人谈”;政府法律顾问委员会召开新年工作会议,并举办了“提供主动式服务推动政府依法行政”专题讲座;未成年人保护专业委员会召开工作经验交流会,通过抓阄的形式将 17 所中、小学校及幼儿园普法进校园的工作分配到参加此次会议的律师手中;农村法律事务专业委员会召开“2015 年年会暨 2016 年工作推动会”,以期引领和带动全市律师农村法律服务工作水平明显提升;金融专业委员会举行了“私募合规体系与法律意见书实务”“新三板法律实务”“资产证券化法律实务”等专题讲座;国际经济贸易专业委员会举办的活动较多,主要有天津企业“走出去”服务联盟法律合作签约仪式暨助力津企融入“一带一路”法律服务座谈会、中国对欧洲并购投资及教训总结全英文主题沙龙、法国贸易投资移民法律政策讲座、沪津自贸区金融创新政策比较及律师业务开拓专题讲座;海事海商专业委员会举办了 2010 贸易术语及租船确认书讲座;中小企业法律服务专业委员会举行了《中小企业法律服务执业宝典——法律顾问篇》《中小企业法律服务宝典——公司登记法律服务篇》发布会;劳动与社会保障专业委员举办了劳动争议案件实务操作、劳动仲裁案件实务案例分析与疑难问题解答专题讲座;仲裁专业委员会主办了“发展仲裁代理业务、提升仲裁代理水平”专题讲座,并与天津仲裁委员会举办仲裁理念与律师实务培训;民商专业委员会举办了民间借贷纠纷司法实务研讨、公产房纪要解读及裁判思路精讲专题讲座;知识产权与互联网专业委员会举办了“综合审判实务及制度创新”讲座及“掩卷之后的思考——记者眼中的知识产权发展历程”主题沙龙;体育产业法律专业委员会举办了“全运会依法治理研讨会”;在市律协组织的部分区域律师专业培训会上,刑事专业委会、政府法律顾问专业委员会、民商专业委会就各自专业领域方面对参训律师进行了培训。

二、天津市律师管理与交流情况概览

市协会的主要职能是,承担律师的行业管理工作;维护律师的合法权益,支持律师依法执业,对律师和律师所实施奖励和惩戒;组织律师业务培训、交流和研讨;总结交流律师工作经验;组织律师与境内外律师团体开展律师业务交流活动;开展律师文化体育活动,举办律师福利事业。

一年来,市律协开展了各项活动,促进了律师行业管理与交流。主要活动有,与中央及外地驻津记者联谊会签署战略合作协议,确定了两会将在法制新闻报道领域开展广泛合作，建立协调联络机制，发挥各自优势，进一步宣传天津律师行业的重要活动、先进人物等，依法维护律师和记者合法权益；举办“家国梦 · 法理情”2016 新春展示会，回顾了天津近代以来的律师业发展历程，总结了近年来市律师协会在行业管理上取得的成绩和本市律师为在服务国家经济建设、承担社会责任作出的贡献，而且展示了本市律师在文艺、体育等方面的才艺；参加第九次全国律师代表大会，本市 3 家律师事务所荣获“全国优秀律师事务所”称号，4 名律师荣获“全国优秀律师”称号；市司法局与天津市检察机关召开构建新型检律关系座谈会，邀请部分市人大代表、政协委员及律师代表就检察机关在司法办案中依法保障律师执业权利，构建新型检律关系开展座谈交流，征询意见建议；与北京市律协联合举办“两高贪污贿赂案件司法解释”专题讲座，本市执业律师、法官、检察官共计 400 余人参加了讲座；与市新闻工作者协会签署战略合作协议，确定了两会在法制新闻报道领域开展广泛合作常态机制，发挥各自优势，进一步弘扬法治精神，推动法治天津建设；与北京市律协、河北省律协共同主办“一带一路 · 中国律师——涉外律师业务机遇与发展”研讨会，来自京、津、冀三地的 200 余名律师参加了会议；市律协会长带队一行 14 人参加了以“新机遇、新挑战、新发展——关于新时期律师事业发展的思考与展望”为主题的首届北方律师发展论坛，市四名律师在论坛中进行了发言，共十五篇论文入选论坛优秀论文集；应香港律师会邀请，副会长带队，共 5 名律师参加了以“跨境法律新业务，讯息科技创新机”为主题的两岸四地青年律师论坛；应韩国仁川地方辩护士会邀请，市律协会长率领的市律协代表团一行 24 人赴韩国进行交流访问；举办了天津自贸区金融制度创新讲座暨天津仲裁委员会金融专委会成立大会，旨在提升律师服务金融创新的能力和水平，为天津自贸区发展提供更加优质高效的金融法律服务。

三、进一步发展天津律师服务业的几点建议

1. 关于律师队伍建设问题

截至 2016 年 12 月 25 日，天津市共有律师事务所 677 家、执业律师 5994 名。2015 年末天津市常住人口总数为 1546. 95 万人。天津市常住人口与律师的比率为 2581:1。

截至 2016 年 8 月 31 日，参加 2016 年北京市执业年度考核的律师事务所共 2046 家，律师共 25487 名。2015 年末北京市常住人口总数为 2170. 5

万人。北京市常住人口与律师的比率为 852:1。

截至 2016 年 12 月 25 日,上海市共有律师 19127 人,有律师事务所 1458 家。2015 年末上海市常住人口总数为 2415.27 万人。上海市常住人口与律师的比率为 1263:1。

截至 2016 年 12 月 25 日,重庆市共有律师 7416 人,有律师事务所 422 家。2015 年末重庆市常住人口总数为 3016.55 万人。重庆市常住人口与律师的比率为 4068:1。

对比四大直辖市的律师队伍状况可以看出,天津市律师与常住人口的比例远远低于北京和上海,而高于重庆市的这一比例。律师队伍的发展状况从一个侧面体现出社会经济发展程度。律师的社会需求往往与社会经济发展水平成正比。

天津市是国家中心城市、超大城市、环渤海地区经济中心、北方国际航运核心区、金融创新运营示范区。2016 年 4 月 25 日,《第一财经周刊》发布了新的中国城市分级排名榜单,天津被定义为一线城市。2015 年 4 月 21 日,中国北方第一个自贸区即中国(天津)自由贸易试验区正式挂牌。在京津冀协同发展的背景下,天津必将面临着历史性的发展良机。在依法治国的环境下,律师必将发挥着越来越大的社会作用。目前,天津的律师队伍需要在规范、有序基础上,进一步加快发展步伐,以适应社会经济的发展需求。

针对律师队伍发展规模偏低的现状,今后本市应积极扶持新入行执业律师,加大减免年检注册费,保持每年递增 10% 左右的速度,争取在 2020 年全市律师总数达到 9 千名。天津作为直辖市,2022 年律师规模应该突破万人大关。

2. 关于专业委员会业务研讨与委员招募问题

2015 年 9 月 11 日,七届市律协公布了 18 个专业委员会主任、副主任名单后,各专委会陆续在市律协网站上发布委员招募通知。问题是,这些招募通知发出后都没有下文,各专委会委员入选人数或具体名单都不见公布。甚至,个别专委会也不发布招募通知,也不举办业务研讨活动。今后应加强市律协专业委员会业务研讨交流活动力度,并且规范专委会委员招募规则和举办研讨会的选题安排。

虽说当今社会已经发展到了微信时代,但是微信群无法代替互联网。一些篇幅比较长的业务研讨报告还是发布在网页上更有利于阅读和下载。微信群更具有即时通讯和娱乐功能。对于后加入的人来说,群里以前的信息无法获得。比较而言,微信公众号更接近于网站的功能。所以,建议每个专委会开设一个微信公众号。日常活动通知及业务研讨报告同时发布于律协网站及微信公众号上。

3. 关于律师参政议政问题

律师是法律服务人员，而法律与政治联系最为紧密。律师执业水平和服务能力的提升离不开政治参与。本市律师积极参政议政，推进依法行政，目前共有70余名律师担任各级党代表、人大代表和政协委员，律师参与社会管理的职能进一步显现。广大律师已成为促进经济社会发展、建设法治天津的一支重要力量。

但是，律师担任党代表、人大代表和政协委员的人数占律师总数的比例不足2%。这个比例比较低。古希腊的伟大思想家亚里士多德曾言，人天生是政治的动物。律师职业与政治的联系更为紧密，作为律师群体，没有理由不关心政治。那种埋头苦干不问政事的做法，并不利于律师开展业务。今后，无论律师管理机构和组织还是律师群体自身，都应该积极推荐或自荐，参政议政，在社会事务及公共管理中发挥作用。

（作者单位：天津社会科学院社会治理与公共政策研究中心）

天津市网购食品安全问题的现状及优化对策

段 威 王兆英

伴随着经济的飞速发展以及工作生活节奏的加快,网购食品已经成为公众,尤其是年轻人生活中不可或缺的消费方式。但囿于网络的虚拟性、信息的不对性称、网络监管的局限性、相关法律的滞后性等原因,网购食品的安全问题令人担忧。近年来,我市对食品安全始终进行重点监管及严格把控,网购食品的安全问题需要政府间的区域合作、法律法规的不断健全、相关部门的严格监控以及网购链条中各个主体责任落实等各方面的共同努力。

一、天津市网购食品安全问题之现状

互联网的存在似一把双刃剑,其为我市居民带来便捷性的同时,由此所引发的侵权现象亦屡屡发生。伴随着网络销售对于实体销售模式冲击效果的逐步凸显,我们需要在肯定网络购物优势的同时,正视我市所面临的网购食品安全问题,以期能够依此做出妥善的应对决策。

(一)我市居民网购食品消费势头强劲

在 2014 年支付宝公布的网购十年账单当中,天津总支付金额占到了全国的 1.3%,与广东、上海、北京等省、市一起占领了十年账单的全国前 20 名。从 2014 年的情况来看,天津人均支付金额达到了 16326.6 元,是 2004 年的 19.7 倍,排名上升到全国第八。2015 年,天津全限上批发和零售业实现网上零售额 244.03 亿元,同比增长 95.2%;网上零售额占限上社会消费品零售总额的比重为 8.9%,比上年提高 3.9 个百分点。在 2015 年的天猫全球狂欢节开启的1小时内,天津市民花销达3亿元,“双11”当天,天津市的网购交易额超10亿元。

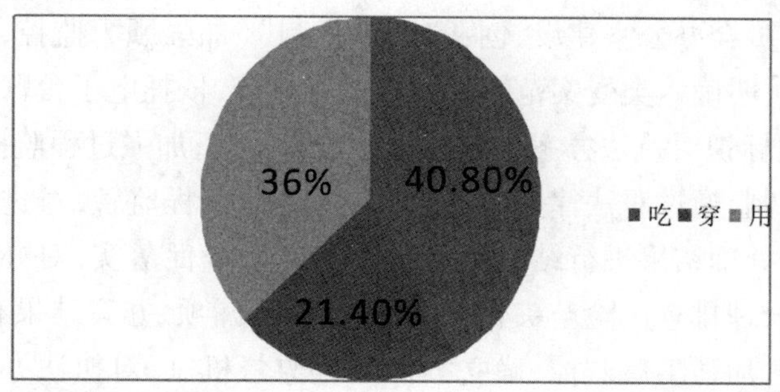

2016年全年天津市网上零售额38773亿元,比上年增长33.3%。其中网上商品零售额32424亿元,增长31.6%。在网上商品零售额中,食品类商品增长40.8%,位居首位。

(二)网购食品方式所引发的投诉数量呈上升态势

互联网的普及为人们的生活提供了极大的便利。之于购物而言,人们已经完全可以足不出户而实现一站式购物消费体验,但是网购食品所带来的安全问题不容小觑。国家工商总局发布了《网络市场监管工作年度报告(2015年)》显示,2014年全国工商和市场监管部门受理网络购物投诉7.78万件,而到2015年已达14.58万件,同比增长87.4%,与“十一五”末期相比增长了77.67倍,连续两年排在服务类投诉首位。

与全国大环境下的网购趋势相似,我市的网购食品安全同样成为一个不容忽视的问题。仅2016年11月11日至15日,天津市市场监管委投诉举报中心共登记分拨各类消费投诉549件,涉及食品、家电、通讯产品、餐饮卫生等环节,其中网购投诉比例超50%,可见网购安全问题已经成为超越实体店购物投诉的一项亟待解决的问题。

(三)食品安全成为政府工作的重点关注领域

2016年2月,《2016年天津市食品安全监管计划》(以下简称“计划”)经市政府常务会议审议通过。根据《计划》,天津市食品安全监管工作将认真落实“四个最严”(用最严谨的标准、最严格的监管、最严厉的处罚、最严肃的问责,加快建立科学完善的食品安全治理体系)要求,按照“五个三”(“三不”:不事先打招呼、不需地方人员陪同、不接受任何单位接待;“三直”:直奔企业、直插现场、直接查看;“三化”:工作量化、检查标准化、证据固化;“三性”:客观性、真实性、公正性;“三高”:行动高要求、检查高质量、工作高效率)监管思路,强化“三方责任”(各级政府属地管理责任、食品安全监管部门责任、食品生产经营者主体责任)、做实市、区县、街镇乡“三级”食品安全委员会办公室建设、创新“三项机制”(加强预警监控,确立案件进出审查机制,明确六类受案范围和五项受案标准,依托电子台账,以“红、黄、橙、绿”四色标识对执法办案全过程进行监督管控;加强过程监控,确立办案流程监控机制,通过对法律文书、涉案款物进行全程监管,对进入检察诉讼环节的案件处理结果进行结果跟踪、处理反馈、督促落实,对办案风险进行预警评估,合理排查风险苗头,确保案件监管不漏项、办案结果有反馈、研判风险有预警;加强事后监控,确立案件评查监督机制,对执法办案开展案后质量监督)、填补“三个空白”(解决食品生产加工小作坊等监管难题、规范牛羊肉屠宰管理、建立食品安全监管可追溯系统),提升全市食品安全监管水平,切实维护“舌尖上的安全”。

此外,针对网购热潮“双 11”的到来,天津市消协联合网监处共同开展了网络购物专题投诉活动,便于消费者及时举报网购食品侵权问题,及时、有效地进行维权。

二、天津市应对网购食品安全问题之难点透析

(一)法律法规缺乏规范性、明晰性

目前我市应对食品安全问题时所适用的中国食品安全法律制度,主要包括《食品安全法》《产品质量法》《消费者权益保护法》《农产品质量安全法》等。在此基础上,辅以行政法规、相关技术标准和地方法规。2015 年 10 月 1 日正式实施的《食品安全法》对网购平台经营管理、食品追溯问责做出了规定,但具体内容仍不清晰。例如,第三方平台连带责任问题,很多第三方平台经营者对其实施很困惑,连带责任如何界定,惩处效果是否立竿见影,其中的详细信息和实施要求都有待进一步补充说明。

(二)政府人员缺乏技术性、专业性

网购食品因涉及互联网的使用,因而相较于普通购物更具有智能性、专业性特征。政府中负责网购食品安全监测、追责的人员在进行该类问题的接待投诉、事件调查、争端解决等过程中势必会涉及互联网知识的运用,依赖于对互联网的熟悉操作以及对于互联网食品销售中的监管漏洞、法律责

任有较为精专的调查能力与熟识度。就我市目前政府人员的职业技能现状而言，在互联网的知识、操作方面稍显弱势，对于网络购物的风险点敏感性较差，技术性以及专业性均有待提高。

（三）维权群体缺乏自主性、积极性

我市部分消费者面临网购食品侵权问题时维权意识较为淡薄，且部分消费者为了换取评价红包、店家赔偿等微小利益而对所购食品做出缺乏真实性的描述及评价，而这无形中滋长了劣质食品生产商的气焰。维权意识的培养需要我市相关部门的积极宣传，使消费者懂得自己每一次正当维权不仅是自我保护，也为网购食品的生产与销售增加了一分安全。

三、天津市网购食品安全问题之优化对策

由于网络虚拟了现实世界中的空间感以及时间感，因此，网络食品安全问题的应对往往牵扯众多的主体，并非限定区域内主体的努力便可简单实现。为促进京津冀区域、甚至全国范围内网购食品安全问题的妥善解决，我市可以尝试以下几点建议：

（一）进一步完善政府监管与法律保障

1. 建议增设我市政府网购食品安全监管部门

对于网购的监管、调查、整治需要对于互联网知识的精通以及技术的更新，建议我市设立专门的互联网交易安全监管主体，区分“网购食品配送监管”与“网购食品安全监管”两个层次，同时结合我市“食品安全市、区县、乡镇三级体系”负责监管网络食品市场动态。此外，在部门设置后，要明确部门内成员的职责分工，各司其职，将网络食品交易分块管理，每一级对上级负责，受上级监督，各部门间横向辅助，共同落实网购食品安全监管规则及处罚力度，加强对网购食品侵权行为的打击与遏制。

2. 促进京津冀协同发展中的网购食品法律保障体系

建议我市将网购食品的法律法规纳入京津冀协同发展立法保障体系内，联合北京、河北共同出台关于网络购物、网络订餐等食品方面的细则，在《食品安全法》《京津冀加强食品安全监管合作备忘录》的基础之上完善网购食品方式的各项规定，例如：明确网购食品安全卫生标准、入住网络的经营者资质、网购食品维权方式、网购食品侵权后果即法律责任等方面，为切

实维护我市网购食品安全奠定夯实的法律基础。

(二)完善我市对第三方服务平台的监管

建议我市制定网购食品监管的办法和措施,强化网络食品交易第三方平台落实义务以及我市网上销售食品、网上订餐服务监管,保证消费者在互联网食品交易所产生的交易纠纷能够切实得以解决。

1. 严格审查我市网店资质和供货渠道

市场准入制度是食品进入流通渠道的大门,也是造成网购食品安全风险的重要原因。网店入市申请程序应由第三方平台上级监管部门根据国家相关法律法规进行严格审查,由第三方平台机构执行操作,对网店的资质进行详尽审查。包括:经营食品名称、供货渠道、食品流通许可证、经营许可证等信息。审查合格的商户要上缴部分保证金才可经营,如日后发现经营假冒伪劣产品,除接受质监部门处罚外,将永远取消网店经营资格、没收保证金,并在全国性平台上加以通报。

此外,我市一些历史悠久、文化内涵丰富、具有广泛知名度和群众基础的津味传统特色食品代表着我市食品安全形象,其供货渠道是我市审核的重中之重,除了准入的常规审核,还应置于网上监管与线下监管并存的机制内,时时提供供货电子凭据,以便核查与抽查。

2. 增加对消费者在网购食品前的提示义务

消费者的客观认知能力与网购食品安全风险防控有正相关的影响,建议购物平台在消费者购物前增设“质量认证”“相关注意事项”等的页面,消费者阅读完后点击“我已了解”才可以进入购物页面。同时,增设消费者监督平台,对于市民举报网购食品侵权行为的做法进行保护与奖励,以社会公众监督配合法律保障的畅通开展。

(三)畅通我市居民网购购物维权通道

2014 年第,滨海新区工商局首次针对网络购物,将消费维权“一级直通绿色通道”开进电商企业,即将市“12315”指挥中心受理的消费者投诉直接转送到被投诉企业,由被诉企业直接提出处理方案,与消费者协商和解,促进大型电商依法诚信经营,便利消费者维权。建议将此种方式在我市其他区域进行推广,同时配合社区普法等活动提升消费者网购食品安全维权方面的意识,使消费者知晓一旦发现利益受损,可以先向各大交易平台的客户服务部门投诉;其次,可以向我市工商和质检部门提交对于此类问题的投诉;再次,遇到网购诈骗应及时向我市公安局网监处报案。

(作者单位:天津社会科学院法学研究所,天津市滨海新区人民检察院)

天津市滨海新区人民调解工作现状与对策研究

刘志松

当前,滨海新区正处于"五大战略"叠加的机遇期,全区经济运行总体平稳,产业结构积极调整,社会事业继续发展,民生事业持续进步。同时,也面临着"三期叠加"的"新常态"影响继续深化,宏观经济面临较大下行压力的挑战。在当前经济社会加快转型升级的过程中,由于社会结构发生变化,群体冲突风险增加、社会状态愈加活跃、社会诉求不断提升、个体维权意识逐步增强等因素,社会矛盾纠纷呈现出一些新变化、新特点,为人民调解工作提出了新课题。

一、滨海新区人民调解工作现状与成效

近年来,新区不断加强人民调解工作,探索构建一体化人民调解工作体系,推出了一系列创新举措,提供有力的人才和物质保障,不断夯实人民调解工作基础,充分发挥人民调解在维护社会和谐稳定中的重要作用,取得了明显成效。

1."宽领域、全覆盖"的调解网络基本形成

目前,新区共建有各级人民调解组织 416 个,其中,街镇调解组织 18 个,居村调解组织 383 个,各功能区管委会调解组织 7 个。行业、专业调解组织 8 个,基本上达到了人民调解组织在新区的全覆盖。全区以司法行政部门为主导,以城区街(镇)司法所为依托,居(村)为基础,以各功能区人民调解组织建设为突破口,以行业性、专业性人民调解组织为创新点,不断完善基层人民调解组织建设,形成了纵到底、横到边的人民调解组织网络。

2. 人民调解队伍整体素质不断提升

目前,全区共有调解员 2063 人,同时新区司法局为 25 个司法所,共配备专职人民调解志愿者 25 人。全区通过多项举措,注重邀请律师、公证员、基层法律服务工作者以及具有相关专业知识的专家、学者参与人民调解工作,发挥好他们懂法律、懂政策、懂业务、会做群众工作的优势。人民调解员队伍的专业化、社会化程度不断提高。

3. 人民调解工作管理规范化不断加强

统一规范人民调解工作的各项业务规章制度,完善了人民调解的工作流程,修改完善相关规定,规范运行调解机制。要求调解组织基本达到"五有"(工作场所、标牌、印章、调解文书、统计台账)和"四落实"(组织、制度、工作、报酬)的标准,逐步实现"六统一"(标牌、印章、人民调解标识、程序、制度、文书)。通过开展调解卷宗的专题培训和检查评比制作,调解协议书的制作也更加严谨,成卷率逐步提升。

4. 部门联动多元化纠纷调解机制逐步完善

紧密结合司法体制改革,以探索完善人民调解、司法调解、行政调解的"三调联动"机制为重点,形成了分工合理、权责明确、优势互补、协调联动的社会矛盾纠纷解决体系,推动多元化纠纷解决机制建设。积极推进人民调解与公安、信访、交通、医疗等行政调解和专业调解的有机衔接。完善诉调对接机制。与新区人民法院各审判区联合建立了"诉前联合调解中心",对各级人民调解组织做出的合法调解协议,人民法院给予法律效力确认。

5. 行业性、专业性人民调解组织建设实现突破

推进行业性专业性人民调解组织建设,根据新区特点,推动在 7 个功能区建立了人民调解委员会。先后成立了天津市船员服务行业协会人民调解委员会等 8 个专业性、行业性人民调解组织。根据矛盾纠纷的行业、专业特点和规律,运用专业知识,借助专业力量,提高了调解的权威性和公信力。

6. 人民调解维护社会和谐稳定成效显著

3 年来,全区共排查出矛盾纠纷 26657 件,调解成功 25896 件,调解成功率达 97% 以上;涉及当事人 64474 人次,协议涉及金额 5980.418 万元;防止群体性上访案件 89 起,涉及当事人 2677 人次。截至 2016 年 6 月底,各级调解组织共排查矛盾纠纷 4825 次,预防矛盾纠纷 794 件,调解纠纷案件共计 1371 件,调解成功 1370 件,调解成功率达 99%,涉及人员 3178 人。

二、滨海新区人民调解工作存在的问题

近年来,随着新区经济社会快速发展,新问题不断涌现,矛盾纠纷呈现出诸多新的特点。新区人民调解工作还存在一些问题,需要转变思路、创新举措,逐步加以解决。

1. 人民调解一体多元化建设有待进一步加强

目前,新区城区人民调解工作基础较好,而 7 个功能区人民调解工作发展不平衡,区域差异较大,一体化与多元化并存的人民调解体系有待进一步规划与设计;针对外来人口的人民调解网络建设不足,企业人民调解组织建设有待加强;人民调解工作网络有待进一步拓展,横向与相关部门的衔接,纵向对街道、社区工作的嵌入度有待加强;新区人民调解工作一体化、多元化建设缺乏新区层面的制度保障。

2. 人民调解队伍的专业化、职业化有待进一步提升

随着社会矛盾纠纷日益多元化、复杂化,人民调解的范围不断扩大,从传统民间纠纷逐步扩展到交通、医患、劳资、知识产权、消费等领域,随着滨海新区开发开放不断深化,尤其是天津自贸区的设立和发展,诸如知识产权、涉外、商贸、金融等专业领域的纠纷大量出现,对人民调解队伍的专业化水平提出了更高的要求;同时,新时期对人民调解工作的要求日益专业化、法治化、规范化,与传统人民调解队伍的整体素质提升、兼职身份等存在一定矛盾,推进部分人民调解员职业化已迫在眉睫。

3. 人民调解社会化建设有待进一步突破

政府主导、部门协同的功能发挥较大,而社会力量参与度不够。构建政府主导下全覆盖的基本人民调解体系和由政府购买通过组织化、项目化运作的社会化模式并行的框架已成为人民调解工作的发展趋势,新区在人民调解平台建设、专业社会组织培育、人民调解工作室建设等方面大有可为。

三、滨海新区人民调解工作的发展方向

1. 人民调解工作发展的基本方向

党的十八大以来,中央对人民调解工作的精神要求为新区人民调解工作创新发展指明了基本方向。一是要完善有机衔接、相互协调的多元化纠纷解决机制,完善人民调解、行政调解、司法调解联动工作体系;二是加强行

业性、专业性人民调解组织建设，主动适应新形势、新常态，创新社会治理方式，提高维护社会和谐稳定能力；三是推进人民调解工作社会化，运用政府购买服务等方式，通过项目化运作，构建政府主导、社会协同的人民调解网络。

2. 保障新区经济发展维护社会和谐稳定

当前，改革创新人民调解工作是保障新区经济社会持续稳定发展的迫切需要。新区当前经济社会加快转型升级，社会结构发生变化，社会矛盾纠纷呈现新特点。环境污染、土地流转、征地拆迁补偿等涉众纠纷，知识产权、涉外、金融消费等新型专业化纠纷逐步增多。人民调解需要改革创新，切实提升预防和化解新时期矛盾纠纷的能力，充分发挥好维护社会和谐稳定“第一道防线”的作用。

3. 新区人民调解自身改革发展的需要

新区人民调解工作面对新的形势，在理念思路、方法手段、体制机制等方面还存在诸多不适应的地方，还存在一些亟待解决的问题。这迫切需要进一步解放思想，与时俱进地推动人民调解工作改革创新发展。一是新区各区域主要功能与发展模式呈现多元化，人民调解工作基础差别较大。二是随着新区行政体制改革的不断深入，构建多元化“大调解”工作格局势在必行。三是新区人民调解队伍的专业化素质整体偏低，化解矛盾纠纷的能力参差不齐，调解手段与方式过于单一，职业化有待进一步提升；四是在构建政府主导、社会力量参与的人民调解工作机制过程中，社会力量参与度较低，人民调解工作室、专业第三方调解机构、专家库等社会化模式急需进一步推广；五是人民调解信息化、智能化建设存在多线并存、信息共享度低、网络终端信息更新滞后等问题。有待进一步整合现有网络信息资源，构建线上线下一体的人民调解服务网络。

四、滨海新区人民调解工作的对策建议

1. 构建以区域多元化为基础的系统多元化人民调解工作框架

滨海新区辖区内各城区、各功能区在发展规划、矛盾纠纷类型、人民调解工作基础等方面都具有各自的特点和差异，新区的这一特点决定了人民调解工作必须选择一条不同于其他省市地区的发展思路和模式，“系统多元化”是必然发展方向。“纠纷解决多元化”更多是集中在纠纷解决方式的多元化方面，而新区的多元化发展思路应该突破单一的方式多元，实现各城区、功能区人民调解工作模式多元化、纠纷解决机制多元化、纠纷解决主体

多元化、纠纷解决程序多元化等全面系统地多元化发展思路。

2. 以打造行业性、专业性调解综合平台为契机加强与相关部门的对接

从国内先进地区来看,基本都把大力发展行业性、专业性调解工作作为人民调解工作的一个重要发展方向,从滨海新区自身来看,诸如医患纠纷、物业纠纷、劳资纠纷、交通事故纠纷、金融消费纠纷、知识产权纠纷、经贸商事纠纷等专业化较强的矛盾纠纷类型在受理纠纷案件中所占的比例越来越大,原有的传统基层人民调解模式逐渐显露出在专业化方面的不足,发展行业性、专业性人民调解组织是一个必然趋势。行业化、专业性调解组织的发展同样要确立一体化多元化的发展理念和思路,克服一盘散沙式发展困境,逐步推进行业化、专业性调解综合平台发展,建设专业性人民调解中心,提升行业性、专业性调解的实效性。

3. 加强政府主导吸收社会力量广泛参与

目前,滨海新区可以提供人民调解工作的社会力量已经初具规模,专家库、律师库、专业社会组织、民办非企业单位等社会力量亟待整合,为新区人民调解工作社会化提供服务支持。广泛吸收以社会组织、专业人员为代表的社会力量参与人民调解工作,通过政府购买社会服务、项目化运作的形式,充分发挥社会力量专业化优势,打造一批特色调解工作室、"和谐社区诊所"、"和谐企业服务站"等亮点调解组织,打造人民调解工作的"第二道防线"。

4. 构建"大调解"工作格局

在社会治理创新的背景下,以人民调解体系化、多元化建设为主线,以规范化、标准化建设为基础,以专业化、社会化为导向,以制度化建设为保障,推动人民调解工作创新发展。充分发挥相关部门的协同配合作用,充分发挥街(镇)、居(村)、企业等基层社会治理与服务网络的工作嵌入作用,充分发挥各类专业社会力量的参与作用,不断完善横向联合、纵向拓展的人民调解网络。推动行业协会、专业机构等更多的社会主体共同参与预防和调处各类矛盾纠纷,推进行业性、专业性人民调解组织发展。倡导和培育相关社会组织和个人设立调解工作室和职业调解机构,通过政府购买公共服务等方式,不断扩大调解领域,推进调解主体多元化,推进调解方式和手段更加多样化、专业化。完善适应新区经济社会发展形势、具有新区特色的"大调解"工作格局。

(作者单位:天津社会科学院法学研究所)

天津市司法鉴定管理立法调研报告

天津市司法局课题组

司法鉴定制度是司法制度的重要组成部分，在当前国家层面司法鉴定立法条件尚不成熟的情况下，通过地方立法，统筹兼顾，系统规定，不仅对在深化司法体制改革中进一步健全完善司法鉴定统一权威的管理体制和运行机制具有重要意义，而且对于进一步提升我市司法鉴定管理水平具有重要的现实意义。天津市司法鉴定管理立法被列为我市 2016 年度立法调研项目，我局积极开展立法调研工作，认真完成立法项目调研报告

一、天津市司法鉴定管理工作开展情况

截至 2016 年底，我市共核准登记司法鉴定机构 38 家（三类内 23 家，三类外 15 家），司法鉴定人 436 名（三类内 278 名，三类外 158 名），十几年来，我市司法鉴定业务量逐年增加，年均增长率达到 10%，累计完成司法鉴定业务近 30 万件，近年来，我市司法鉴定意见采信率高达 99.5% 以上，有效投诉率低至 0.1% 以下，"一高一低"的发展态势位居全国前列。在肯定成绩的同时，我市司法鉴定管理也存在着以下问题和薄弱环节：

1. 管理体制不统一

目前《关于司法鉴定管理问题的决定》（以下简称《决定》）规定的统一审核登记、统一编制名册、统一鉴定程序、统一鉴定标准、统一管理规范的基本要求在我市还没有完全落实到位，诉讼职能与鉴定管理职能相分离的改革要求也没有完全实现，对其他类鉴定事项实行登记管理的机制更是尚未完全形成。侦查机关、起诉机关、审判机关和司法行政部门在司法鉴定活动中的权力、职责和义务不明确，制约着司法体制改革精神的落实，制约着司法鉴定行业的发展。

2. 鉴定范围和种类有待扩展

截至目前,我市核准登记的 38 家司法鉴定机构中,三类外鉴定机构有 15 家,而这 15 家鉴定机构中,有 14 家为 2005 年《决定》出台前登记。因登记和管理的法律依据不明确,目前,只能对现存的三类外鉴定机构进行延续登记,诉讼中大量的三类外鉴定机构无法通过统一登记纳入司法鉴定领域,不利于我市司法鉴定行业的规范和发展。

3. 鉴定机构区域布局和专业设置不合理

我市司法鉴定机构和鉴定人主要集中在南开(12 家)、河西(9 家)、和平(5 家)三区,占到全市鉴定机构的 70%,其他区很少或没有司法鉴定机构,存在着边远基层法院和老百姓委托鉴定难的问题。司法鉴定机构业务主要集中在法医临床类、物证类以及工程造价纠纷类,鲜有电子数据类、环境损害类等业务。

4. 监管手段缺失

关于鉴定机构及鉴定人的法律责任问题,规定的较为原则,实践中存在监管手段缺失,对违规鉴定机构及鉴定人无法给予恰当处罚的问题。关于鉴定人的权利义务的规定,则散见于不同的规定中,存在法律规定不明确、不统一的问题。三大诉讼法虽强化了鉴定人出庭作证的义务,但对其权利却未同等规定;司法鉴定援助逐渐常态化,对司法鉴定人援助义务也缺乏明确规定。

5. 鉴定管理依据不充分

2012 年司法部、国家认证认可监督管理委员会联合下发的《关于全面推进司法鉴定机构认证认可工作的通知》中,明确规定鉴定机构应通过认证认可,但对认证认可工作的管理手段以及未通过认证认可的处罚机制均未明确,实践中还面临着管理乏力的问题。实践中,我市非法人组织设立的大部分鉴定机构已经逐渐与设立主体脱离,独立运行,在鉴定机构需承担责任时,往往还会涉及设立主体的连带责任,容易造成管理混乱。

二、司法鉴定地方立法的必要性和可行性分析

(一)司法鉴定地方立法的必要性

1. 落实中央改革部署要求

党的十八届四中全会确定了司法体制改革的目标,内容之一就是健全

统一司法鉴定管理体制。司法鉴定体制涉及的内容相当广泛,也很复杂。统一管理是前提,它既是保证鉴定人和鉴定机构资质、能力、鉴定质量的基础条件,也是保证诉讼制度改革的必然要求。

2. 实践发展需要

由于立法方面的不足,司法鉴定的管理遇到了大量问题,比如部分鉴定意见使用单位在实践中使用"册中册""册外册"以及自定委托范围、自定收费标准;对三类外鉴定机构的管理依据不明确;准入门槛过低,鉴定机构资质不高,内部管理混乱;鉴定程序不规范,鉴定技术和鉴定能力达不到要求;存在重复鉴定、多头鉴定等,妨碍了司法行政机关对司法鉴定活动的管理,影响了诉讼活动的效率,严重制约了我市司法鉴定工作的发展。

3. 弥补国家立法缺乏

2005 年全国人大常委会颁布的《决定》中部分规定已经难以适应司法实践的需要和司法体制改革的形势。新修订的三大诉讼法只规定了鉴定的证据作用,对鉴定工作本身的管理问题并没有详细规定。司法部《司法鉴定机构登记管理办法》、《司法鉴定程序通则》等规章,过于原则,而且还存在着效力不足的问题。最高法、最高检、公安部以及多部门联合下发的文件由于制定主体的不统一,系统性不够。

(二)司法鉴定地方立法的可行性

1. 符合《立法法》规定

根据《立法法》规定,司法鉴定地方立法除涉及"诉讼和仲裁制度"这一项外,在目前国家尚未制定法律或者行政法规的前提下,我市可根据本地具体情况和实际需要,先制定地方性法规。我市司法鉴定立法主要涉及司法鉴定管理工作,是在立法法和三大诉讼法的框架下,对司法鉴定管理体制机制的规范和细化,并不涉及对诉讼程序本身的修改,符合《立法法》的规定。

2. 积累了丰富的实践经验

一是规范管理,抓制度建设。我市近年来先后制定下发了《关于建立和完善司法鉴定工作机制的意见》《关于司法鉴定人和司法鉴定机构执业考核办法》《关于司法鉴定人职业道德和执业纪律规范》等制度规定,基本健全了配套管理制度。二是强化素质,抓质量建设。推进认证认可工作,目前,38 家鉴定机构中,9 家通过国家级认证认可,23 家三类内鉴定机构,18 家通过省级以上认证认可。实践经验为我市地方立法奠定了实践基础。

3. 国内地方立法实践提供经验借鉴

目前,全国 19 个省、市颁发 17 个司法鉴定地方性法规以及 1 个法规草案和 1 个法规修改稿,为我市提供了有益借鉴。比如,在司法鉴定的范围和种类方面,《决定》规定了对"法医类、物证类及声像资料鉴定"实行统一的登记管理,对其他类鉴定的管理则不明确,重庆、青海、黑龙江等 11 个省(区、市)在一定程度上对《决定》规定的司法鉴定范围和种类进行了突破;在司法鉴定的管理和准入方面,山东、青海和黑龙江则明确规定实行"二次准入"式管理,即鉴定机构、鉴定人必须具有本行业执业资格,其行业执业资格由该行业主管部门认定,然后通过认证或者考试、考核取得司法鉴定机构、司法鉴定人资格,才能从事司法鉴定活动;在设立司法鉴定协调机构方面,黑龙江和重庆的地方条例中规定设立司法鉴定工作委员会或者司法鉴定专家委员会。

三、我市司法鉴定地方立法建议

(一)地方立法的基本原则

我市司法鉴定地方立法应本着"完善、补充上位法,适应和深化司法体制改革,确保司法公正、高效,真正解决实际问题"的思路,坚持法治原则、创新原则、总结与借鉴相结合原则,力求简明、实用、操作性强。

1. 法治原则

严格按照《立法法》规定的权限和程序制定,坚决做到不违反上位法的基本规定,不违反中央关于司法鉴定工作的基本精神。

2. 创新原则

在充分考虑我市实际的基础上,积极落实司法体制改革提出的新要求,积极探索推进司法鉴定工作发展的新技术、新方法,确保立法工作的适度超前性。

3. 总结与借鉴相结合原则

目前,各地对司法鉴定管理均进行了有益探索,制定了将近 20 部地方性法规,在此情况下制定我市《司法鉴定管理条例》,应处理好总结与借鉴的关系。

（二）地方立法建议

1. 明确司法行政部门统一管理职责

2005 年全国人大常委会颁布并实施的《决定》，明确要求建立司法鉴定统一管理体制。2014 年，党的十八届四中全会重申，将健全统一的司法鉴定管理体制作为司法体制改革的目标内容之一深入推进。建议明确司法行政部门对司法鉴定实施统一管理的法定职责，由司法行政部门统一负责司法鉴定机构、司法鉴定人的登记和管理，并统一鉴定机构的选择标准，明确司法行政部门对已经登记的司法鉴定机构实行名册管理的措施。

2. 扩展司法鉴定范围和种类

目前，环境损害类司法鉴定已纳入统一登记管理范围，新修订的三大诉讼法也将电子证据提到了与视听资料同等重要的地位，司法鉴定的种类和范围都会发生相应变化。建议在地方立法中根据诉讼的需求来进一步明确司法鉴定的种类和范围，适当淡化或取消司法鉴定三类内外的界限。

3. 明确行业准入条件及监管手段

关于行业准入条件，建议在不违背上位法及《行政许可法》关于许可设定条件规定的情况下，严格规范司法鉴定机构的执业准入条件，强化仪器、设备要求、以及对司法鉴定人执业能力的要求，并明确司法鉴定机构负责人应当是司法鉴定人；突出申请设立司法鉴定机构的法人、其他组织的行业资质要求，适用“二次准入”式管理。

关于认证认可，建议规定鉴定机构通过认证认可的要求，健全淘汰退出机制以及明确司法行政机关的管理手段。关于主体责任，建议对设立主体的责任、鉴定机构的责任承担进行规范，并参考《公证法》的规定，建立鉴定执业责任保险制度。

4. 明确鉴定人权利义务及责任承担

关于鉴定人的权利义务，建议在地方立法根据诉讼需要，明确规定司法鉴定人的权利和义务，明确规定司法鉴定人权利保障及依法承担司法鉴定援助的义务。关于鉴定机构及鉴定人的法律责任问题，建议在不违背《行政处罚法》规定的情况下，对司法鉴定机构和司法鉴定人的法律责任作细化规定，针对各种违法情形，分别设定相应的行政处罚。

5. 关于其他需要协调解决的问题

一是发挥司法鉴定工作委员会的作用。建议在地方立法中明确司法鉴定工作委员会人员、职责及管理部门。二是明确司法鉴定援助义务及保障措施。三是规定新技术在司法鉴定管理中的应用。建议在地方立法加强新技术在司法鉴定管理中的应用并明确建立司法鉴定信息交流机制,强化信息共享,推动司法鉴定管理与使用相互促进。

（课题组组长:天津市司法局副局长魏东;课题组成员:天津市司法局政策法规研究室主任史玉荣,天津市司法鉴定管理处处长单彬,天津市司法局政策法规研究室王金良)

2016 年天津市滨海新区刑事犯罪趋势特点及防控对策研究

冉丹丹

2016 年是滨海新区纳入国家发展战略以来的第十一个年头，十多年间新区社会经济进步不断发展、城市化进程不断加快，伴随着区域经济发展水平的不断进步，新区刑事案件发案也呈现出新的地域特点。2016 年，滨海新区检察机关严格执行刑事法律，坚持宽严相济刑事司法政策，依法惩治各类刑事犯罪，保证了新区社会大局持续稳定，刑事案件发案率稳中有降，群众安全感稳步提升。

一、刑事案件总体情况

2016 年，新区检察机关批准逮捕人数与 2015 年相比下降了 11.78%，下降幅度较大；提起公诉[①]人数，与 2015 年相比下降了 2.3%。新区社会治安形势基本稳定。

提起公诉的案件中，人数排名前十位的罪名分别是盗窃罪、故意伤害罪、危险驾驶罪、聚众斗殴罪、诈骗罪、交通肇事罪、走私贩卖运输制造毒品罪、寻衅滋事罪、抢劫罪、掩饰、隐瞒犯罪所得罪。

---

① 本文选取的是检察机关批准逮捕、提起公诉数据，之所以没有单独采用公安部门提请批捕、提请起诉数据，一是批准逮捕和提请公诉案件还包括检察院自侦部门（反贪局、反渎局）办理的自侦案件及侦监、公诉部门办理的追捕、追诉案件和公诉部门对取保候审直接提起公诉案件等情况，公安部门的提请批捕、提请起诉并不能涵盖所有这些情况；二是由于刑事诉讼环节的连续性，提取最具代表性的数据方便进行趋势分析和形势预测，故本文采用检察机关批准逮捕、决定提起公诉案件数据进行分析比较。

2010 年至 2016 年提起公诉①案件罪名分布情况(单位:%)

罪名排位	2010 年	2011 年	2012 年	2013 年
第一位	盗窃:28.5	盗窃:27.7	盗窃:21.4	盗窃:21.2
第二位	聚众斗殴:11.7	聚众斗殴:10.0	故意伤害:9.6	故意伤害:13.7
第三位	故意伤害:9.9	故意伤害:9.6	聚众斗殴:9.2	聚众斗殴:11.5
第四位	抢劫:9.2	抢劫:9.1	抢劫:8.6	走私贩卖运输制造毒品:5.5
第五位	交通肇事:6.8	交通肇事:6.4	交通肇事:4.8	交通肇事:5.3
第六位	掩饰隐瞒犯罪所得:4.1	寻衅滋事:3.5	寻衅滋事:3.9	抢劫:4.4
第七位	走私贩卖运输制造毒品/诈骗:2.9	掩饰隐瞒犯罪所得:3.4	走私贩卖运输制造毒品:3.1	寻衅滋事:3.7
总计	73.1	69.7	60.6	65.3

罪名排位	2014 年	2015 年	2016 年
第一位	盗窃:21.4	盗窃:23.1	盗窃:22.3
第二位	故意伤害:12.4	故意伤害:13.6	故意伤害:14.4
第三位	聚众斗殴:9.4	聚众斗殴:7.4	危险驾驶:9.1
第四位	抢劫:5.5	危险驾驶:7.0	聚众斗殴:7.3
第五位	交通肇事:4.6	走私贩卖运输制造毒品:5.7	诈骗:5.4
第六位	寻衅滋事:4.0	交通肇事:5.3	交通肇事:4.8
第七位	走私贩卖运输制造毒品:3.8	寻衅滋事:4.1	走私贩卖运输制造毒品:4.4
总计	61.1	66.2	67.7

由以上数据可知,2010 年以来,盗窃罪、故意伤害罪和聚众斗殴罪始终占据所有犯罪罪名前四名的位置,为新区范围内高发案件。但 2015 年、2016 年以来,危险驾驶犯罪占较高比例,并在 2016 年超过聚众斗殴犯罪列第三位。除此之外,诈骗犯罪七年来 2016 年首次位列年度高发犯罪前五名,而相反,其他诸如抢劫罪、寻衅滋事罪、掩饰隐瞒犯罪所得罪等传统高发犯罪有下降趋势。这样的犯罪数据也表明,近年来由于经济、社会的发展改变,区域内犯罪亦随之呈现出新的特点。

① 检察机关审查案件,提起公诉数据相比批准逮捕数据更为全面,为更准确反映新区刑事案件特点,故均以提起公诉数据为基数进行分析。

二、刑事案件主要特点

1. 职务犯罪总量持平，大要案占比下降

2016 年新区检察机关立案侦查职务犯罪案件中大要案占比 63.2%，与 2015 年立案数量相比，总量持平，大要案占比有所下降。近年来，滨海新区检察机关立案侦查职务犯罪案件呈现出窝案串案多、发案领域分散、犯罪手段更为隐蔽、侦办难度大等特点。

2. 外来人口犯罪占比过半，作案主体呈现地域特点

2016 年，新区检察机关提起公诉的外来人口犯罪占全区全部犯罪的 61.6%。2005 年滨新区被写入"十一五"规划并纳入国家发展战略，成为国家级建设新区，从此步入快速发展的轨道，新区加快开发开放促进了外来人口的持续增长，成为导致新区外来人口犯罪形势严峻的直接因素。

外来犯罪人口中无业人员占比 49.6%、有前科者占比 17.4%、河北、山东籍人员占 42.3%，在所有外来人员省份中占比最大。由于河北、山东与天津的地缘关系，来自这两个省份的外来人口数量相对较多。外来人口总数大于其他省份是犯罪人数多于其他省份的最主要因素，也使新区刑事案件呈现明显的地域特点。

3. 交通安全类犯罪占比大，运输危化品型危险驾驶案件频发

2016 年新区检察机关提起公诉涉嫌交通肇事犯罪和危险驾驶犯罪人数占全部犯罪的 13.9%。危险驾驶犯罪自 2011 年被写入刑法后，至 2016 年，犯罪人数涨幅近 7 倍，更是首次达到当年案件总量的第三位。运输危化品型危险驾驶犯罪在较短时间内频繁发生，严重威胁了道路公共安全，社会危害大。案件中涉及的运输工具大多为普通面包车或厢式货车改装而成，车内没有任何固定危化品的设备，车外没有任何警示标识，车上也没有任何安全防范设备，在夜晚或隐蔽处售卖液化石油气、柴油、汽油等石油产品。

犯罪主体绝大多数为男性，一半以上为无业和个体从业人员，外来人口犯罪占比 76.3%，多为小学或初中文化，文化程度较低，仅仅了解危化品的一般常识，没有任何危化品处置的专业知识或经验，严重威胁公共安全。

4. "伪基站"犯罪案件上升明显，危害公共安全

2016 年新区检察机关提起公诉涉嫌使用"伪基站"破坏公用电信设施、扰乱无线电通讯管理秩序等罪占全部犯罪的 3.8%。"伪基站"即假基站，其通过软件在未经运营商允许的情况下擅自占用公用电信网络通讯频率，

阻断公用移动通讯网络信号,并按照功率大小建立自己信号所能覆盖的范围,在该范围内搜索手机用户相关信息,并强行进行捆绑,之后冒用他人电话号码强行向捆绑手机发送商业广告、诈骗短信、木马病毒等。它不仅破坏正常的电信管理秩序,影响运营商的经营活动,危害公共安全,而且侵犯公民隐私,损害公民财产权益,甚至威胁到国家安全,社会危害性较为严重。

其围绕以"伪基站"设备为犯罪对象或犯罪工具的一系列犯罪,包括破坏公用电信设施罪、扰乱无线电通讯管理秩序罪、非法经营罪等八个罪名,并可能触犯诈骗罪等罪名,办理难度大。

5.毒品犯罪降幅较大,犯罪手段更为隐蔽化

2016年新区检察机关提起公诉涉嫌毒品类犯罪占全部犯罪的4.4%,与2015年相比,降幅达52.2%。这是新区公安机关及各相关部门不断健全完善工作体制机制,对毒品犯罪始终保持高压态势取得的禁毒成果。但伴随近几年信息网络的崛起,QQ、微信等成为犯罪分子的犯罪工具,手段更为隐蔽化,加大了侦办难度。毒贩利用网络媒体、微信、QQ、淘宝、易购等媒介,将毒品化整为零后,利用物流公司缺乏专业检验设备,工作人员缺乏防毒基本知识的短板,将毒品夹带于其他商品中运输。

6.轻刑犯罪比率较高,案件总体社会危害性不大

据对2016年新区一审法院已生效刑事案件的判决刑罚情况调查,判处不满七年有期徒刑犯罪人员的刑罚比重为94.6%,缓刑执行方式占犯罪人员总数的41.9%。犯罪的本质在于其具有社会危害性,危害性大小与应承担的刑事责任是相一致的,因此我们可以通过犯罪人员所受刑罚处罚反推其行为的社会危害程度。除几人无罪外,判处免予刑事处分、单处罚金、管制、拘役的(含拘役宣告缓刑),占犯罪人员总数的20.9%;判处不满三年有期徒刑的(含宣告缓刑),占总人数的51.97%;判处三年以上①不满七年有期徒刑的,占总人数的21.3%;判处七年以上不满十年有期徒刑的,占总人数的1.8%;判处十年以上有期徒刑的,占总人数的3.6%。可见,判处不满三年较轻刑罚的犯罪人员占犯罪人员总数的73.3%,由此可以推出犯罪的社会危害性大多比较小,属于较轻型犯罪。

---

① 本文所称以上、以下均包括本数。

三、刑事犯罪的防控

1. 司法机关形成执法合力，确保新区社会治安稳定

司法机关要严格依法办案，加强沟通协调，对严重危害人民群众生命财产安全和社会稳定的犯罪不断加大打击力度。同时，对重点区域、重点人群继续开展有针对性的清理、整治行动，不断提升干警查办新型案件办案水平，形成对犯罪分子的有力震慑。继续加大查办贪污贿赂犯罪力度，完善预防职务犯罪体制机制，重点查办发生在重点领域、破坏资源和严重损害群众利益的职务犯罪，形成查处惩治职务犯罪的高压态势。

2. 建立多渠道的预防犯罪平台，有针对性地进行法治宣传教育

法律意识淡薄是犯罪高发的主要原因，而法律意识的树立与法治宣传有紧密的关系。加强法治宣传教育，应从形式上与内容上多管齐下。一是应建立多渠道的宣传平台。充分利用自媒体渠道，通过官方微信、官方微博等方式发布相关信息。二是应当注重丰富内容。除了常规的法治宣传内容以外，应进一步贴近公众生活，丰富内容，包括但不限于：①针对尚未发生的违法犯罪的行为的提示，比如重大节假日之前的防盗提示等。②对犯罪情况及时通报，如关于性侵未成年人案件的熟人作案特点与防控等。③针对常见易发犯罪，及时向市民提示对犯罪的预防和自我保护方法；④大力宣传相关部门打击犯罪的成效，给民众以安全感。⑤紧跟热点，进行普法。三是宣传形式生活化。针对常见误区的犯罪解释，比如某些常见罪名的构成及犯罪后果，可采用图文结合的形式呈现活泼的内容。同时注意知识与案例相结合，充分做好以案释法工作。四是注重宣传对象的针对性。例如未成年犯罪嫌疑人主要是辍学的青少年，这部分人特别是外来务工人员，多在卖场、餐厅、KTV等场所工作，在法治宣传时应有针对性地与上述机构进行联系。五是加强重点区域与场所治理。在滨海新区人流密集地区，利用车载媒体、大型显示屏等设备，大力宣传防扒防抢知识，提高广大群众的防范意识。在城乡结合地、外来人口聚集地加大宣传与防控力度。

3. 开展专项打击活动，有效遏制多发性犯罪

一是要对侵财类犯罪、危害公共安全犯罪等有多发重化趋势的犯罪列为司法重点打击，及时、从严惩治，发挥刑罚的威慑和警戒功能。二是要加大对严重影响社会安定的暴力犯罪的打击力度。暴力犯罪是对社会危害最为严重的一类犯罪，遏制、预防暴力犯罪特别是严重暴力犯罪，是当前维护

区域社会治安秩序的重要环节。三是加强对“伪基站”犯罪的打击。根据“伪基站”犯罪的作案特点有针对性地统一部署集中打击,对违法犯罪形成震慑。四是切实加强道路安全治理。针对新区范围内交通肇事、危险驾驶犯罪多发现象,交通主管部门要切实加强道路监管和从严查处各类交通违法行为,加强驾驶员交通安全教育、交通安全法规方面宣传,提高驾驶员的交通安全意识。有针对性地组织专项治理,加大对醉酒驾车的查处力度,除了定时定点巡查外,增加流动巡查频次。

4.强化社会综合治理,从根本上减少犯罪

滨海新区经济发展水平较快,外来人口占比大,是全国社会管理创新综合试验区,要加强信息的收集、整理和研判,着力探索管理新模式。预防和减少犯罪,应坚持打防结合的刑事政策,健全完善专项打击与日常打击相结合的长效工作机制。一是强化管控措施,加强日常跟踪管理,建立针对外来人口的专项调查制度,加强对外来人口的监测调查。建议政府以社区为单位建立人员档案,进行就业培训,对于有创业想法的无业人员,由社区审核推荐申请小额贷款、推荐参加创业培训等。二是加快人口信息化建设,依法建立完善社会治安防范网络,逐步健全人口管理网络,进一步完善社区暂住人口登记制度。三是及时了解外来人口的司法需求,畅通他们诉求表达和沟通渠道,主动提供良好法律服务。四是对刑满释放人员和社区矫正人员,应着重关心其心理动态,及时了解生活与工作的难处,加强安置帮扶,化解因歧视而产生的矛盾或者潜在不安因素,帮助其尽快回归社会,降低重新犯罪率。五是社区(村)、街道(镇)、人大和政府信访部门和司法机关建立协作机制,强化综合整治,形成职能部门之间的联动。

(作者单位:天津市滨海新区人民检察院)

2016 年天津市滨海新区民事行政检察监督案件调研报告

陈　晖　李洪栓

2010 年 1 月根据《关于印发〈天津市滨海新区人民检察院机构设置方案〉的通知》和最高人民检察院的批复精神，滨海新区检察院成立。2010 至 2015 年，随着社会进步、法律完善和当事人维权意识的增强，滨海新区民事行政诉讼案件呈现逐年增长态势。2016 年，新区检察机关共办理民事行政检察监督案件 56 件，比 2015 年增长 47.4%，为新区检察院成立以来增长幅度最大的一年，实现了监督规模、监督质量和监督效果的全面提升，切实发挥了维护司法权威公正、保障和促进经济社会发展的职能作用。

一、民事行政检察监督案件基本情况

1. 裁判结果监督案件基本情况

2016 年新区检察机关共办理裁判结果监督案件 12 件，其中提请抗诉 1 件，建议提请抗诉 1 件，发出再审检察建议 2 份，发出再审检察建议后法院未予回复跟进监督提请抗诉 1 件，不支持监督申请 4 件，在办 4 件。监督效果较为明显，建议提请抗诉获得二分院支持，1 份再审检察建议法院接受并再审改判。不支持监督申请决定作出后未出现当事人上访、信访等影响社会稳定的情况发生。

2. 审判人员违法行为监督案件基本情况

2016 年新区检察机关共办理审判人员违法监督案件 12 件，其中发出改进工作的检察建议 1 件，发出纠正违法的检察建议 1 件，不支持监督申请 7 件，终结审查 2 件，在办 1 件。在监督效果上，纠正违法的检察建议得到法院书面回复并主动纠正，取得检法两院良性互动的实效。该不支持的依法作出不支持监督申请的决定,维护法院审判权威。

3. 执行活动监督案件基本情况

2016 年新区检察机关共办理执行活动监督案件 32 件,其中发出检察建议 11 份,不支持监督申请 14 件,在办 7 件。在作出监督决定的案件中,收到回复并采纳的 4 份,均已纠正,切实发挥了检察监督的职能作用。32 件执行活动监督案件中商品房买卖合同纠纷串案 18 件,化解社会矛盾、维护社会稳定工作任务繁重,经过检察机关的努力,没有出现非正常上访的情况,实现了涉法涉诉信访零出现的目标。

二、民事行政检察监督案件主要特点

1. 检察建议数量大幅增长,柔性监督成为主要监督方式

2016 年,新区检察院发出检察建议 14 件,其中对执行活动和审判人员违法行为监督占 85.7%。与其他监督方式横向比较,提请抗诉和建议提请抗诉案件数量仅各为 1 件。民事诉讼法的修改收窄了对生效裁判结果进行监督的受理条件,新区检察院所处的监督层级使得民行由以前采用提请抗诉、建议提请抗诉等监督方式为主转变为采用检察建议作为主要监督方式。

2. 不予监督案件数量降幅较大,司法资源利用效率有所提高

2016 年,不支持监督申请案件占办案总数的 44.6%。这和民事诉讼法修改前不支持监督申请案件数量占办案总数的绝大部分相比有大幅度的下降。监督的力度加大,同时监督的质量也随之提升。司法资源较修法前配置更加合理、运行更加高效,避免了当事人多头申诉、随意申诉对司法资源的耗费。

随着新区检察院普法宣传力度加大和与新区各职能部门沟通协作机制的建立,民行监督的案件来源渠道拓宽、受案范围逐渐扩大,当事人通过司法途径寻求最后救济的积极性不断提高,作出不支持监督申请决定同时做好释法说理工作也成为了检察监督内容的一部分。

3. 执行监督群体性案件时有发生,化解社会矛盾、维护社会稳定任务繁重

2016 年,新区检察机关共办理执行监督案件 32 件,其中涉众案件 18 件,占比 56.3%。执行监督呈现群体性案件易发多发,矛盾双方对抗性强、案件办理难度大等特点。如办理的李某某等 18 人的商品房销售合同纠纷案,当事人曾多次在法院、街道办等单位聚集,与开发商矛盾激烈,一旦处理

失当极易将不可控因素扩大化，使全体业主受到波及。民行部门深挖案件本质，摸底了解每位业主的不同情况和诉求，通过一对一做工作，释法说理、讲清利害、多次调解，终于促成当事人双方达成和解。

4. 融资租赁等涉自贸区案件逐渐凸显，新类型案件逐渐增多

2016 年，新区检察机关办理涉自贸区民行监督案件 2 件，其中 1 件为涉外买卖合同纠纷案件、1 件为融资租赁合同纠纷案件，检察机关对天津自贸区各类市场提供主体平等司法保护的职能凸显。同时，股权变动、股东权纠纷、法人合并与分立、金融衍生品等新类型案件在监督过程中纷至显现，监督领域不断拓展。

在履行监督职责过程中，新区院办理的一起融资租赁纠纷案件凸显了自贸区案件的特质：当事人韩某某认为审判人员存在违法行为，致使本应将所有权转移给自己的生产设备未依合同约定转移，向检察机关申请监督。民行部门经审查后认为，融资租赁是实质上转移与资产所有权有关的全部或绝大部分风险和报酬的租赁，资产所有权最终可以转移，也可以不转移。该案中虽然约定合同履行完毕后设备所有权转移给韩某某，但因韩某某违约在先，致使合同约定条件尚未成就，故所有权仍归属原所有人，遂依法作出不支持监督申请的决定。

5. 依职权监督遭遇瓶颈，“两益”范围较难界定

2016 年，新区检察机关共办理依职权监督民行案件 3 件，占全部案件的 9.4%。依申请监督和依职权监督双线并行的良好局面逐渐形成。例如，民行部门在审查相关案件过程中发现线索后顺藤摸瓜，依职权办理了一起债权人代位权纠纷案件，对法院审判人员违法行为发出检察建议并得到书面回复已纠正，合理把握了检察权谦抑性与主动性的界限，检察权的谦抑性决定了依职权监督的严格限制条件，启动依职权监督条件之一需符合侵害国家利益或社会公共利益，但是目前不仅实务上对“两益”没有明确法律规定，理论界也没有形成统一意见，掌握尺度稍有偏差就可能造成超范围监督。因此，在开展依职权监督工作上，既要敢于监督，又要善于监督，使法律赋予检察机关的依职权监督职能成为履行职责使命的一柄“利剑”，准确地斩断违法行为侵害国家利益和社会公共利益的痼疾。

6. 行政机关不履行职责和违法履行职责监督途径单一，监督难度较大

2016 年，新区检察机关在执法办案过程中共向行政机关发出检察建议 2 件，均得到回复已纠正，促进了行政机关依法行政、规范政府行为、助力政府职能转变。其中一起案件凸显了检察权对行政权的弥补和促进作用：民

事行政检察部门在办案中发现,区某政府职能部门在对诉争固定资产进行产权界定时,由于工作疏忽将其界定为个人投资,同时某镇政府作为诉争固定资产的原始投资者,未对产权界定提出异议,致使国有资产流失。在上述案例中,检察机关依法发出检察建议,行政机关接受并按建议内容纠正,形成了检察权与行政权的良性互动。但目前检察机关对行政机关不履行职责和违法履行职责的发现途径仅限于执法办案过程中,面对现实中群众对某些行政执法存在意见较大的现状,检察机关仍需要进一步探索完善行政执法检察监督机制。

三、对策建议

1. 充分发挥检察机关民事监督与行政监督、诉讼监督与非诉监督的作用,确保新区各类主体权益得到平等保护

新区检察机关要继续加大对民事、行政诉讼的法律监督力度,加强案件来源机制建设,建立常态化的民行宣传机制,保持合理办案规模,注重监督效果,树立监督权威。要以审判人员违法和执行活动监督作为开展工作的两个重要抓手,兼顾裁判结果监督,平等保护各类经济主体的产权和合法权益,确保各种所有制企业地位和诉讼权利平等、法律适用和法律责任平等、法律保护和法律服务平等。要维护弱势群体合法权益,继续做好支持起诉工作;加强理论调研,紧密结合试点地区经验,为检察机关提起公益诉讼做好准备。

2. 开展专项监督活动,确保重点案件、敏感案件依法得到正确处理

开展执行活动专项监督工作,统筹对执行案款滞留、执行行为违法、超限期执行等直接关系人民群众切身利益问题的监督。针对群体性案件做好社会稳定风险评估,制定矛盾化解预案,坚持和解程序前置,推行“每案必经和解”,力争在司法途径的最后一步实现和解结案,化解社会矛盾、维护社会稳定。开展涉自贸区案件专项评查,注意对法律适用调整和特殊政策措施的把握,严格规范办案流程和审批程序,依法维护审判权威,保障各类民商事主体法律关系稳定,保护投资者、创业者合法权益。

3. 试点开展行政执法检察监督,服务保障自贸区建设发展需求

天津自贸区进行了整合行政执法职能、改革外商投资管理模式、探索新型行政管理架构、实行海关特殊监管政策等行政执法领域的多项改革创新,这需要检察监督的外部力量帮助理顺体制机制、弥补行政权自身不足、加快

推进改革步伐。

新区检察院要依托驻自贸区检察室，以服务保障自贸区建设发展为根本目的，吸收国内外两方面先进经验探索开展行政执法检察监督的新举措、新路径。监督节点适当前置，建立行政执法信息与检察机关的共享和无缝对接机制，改变过去单一的事后监督局面，事中乃至事前及时提出完善制度的意见和建议，推动建立有利于自由贸易发展的制度体系。监督过程适度公开，使政府权力边界和检察机关履职过程置于公众监督之中，让人民群众实实在在感受到公平正义。

4. 构建新区检法两院沟通协作机制，密切配合开展依职权监督

新区检法两院应以服务新区发展、确保社会稳定为目标，相互配合，共同打击危害经济社会发展和人民安居乐业的虚假诉讼、恶意逃债、缠讼缠访等严重浪费司法资源、破坏司法权威、逃避法律责任的行为。新区检察院民行部门要与法院民庭、行政庭、审监庭、执行局建立定期沟通机制，将监督过程中发现的共性问题及时向法院通报，督促法院通过自身机制整改纠正。依职权介入虚假诉讼案件，维护司法权威，使意图利用司法达到个人目的的不正当行为无处遁形。依职权介入涉及国家利益和社会公共利益的行政诉讼案件，确保行政机关和行政相对人诉讼地位平等，在程序和实体两方面均实现公平公正。

（作者单位：天津市滨海新区人民检察院）

天津市“文化惠民”的新举措及其成效分析

张丽红

2015 年 1 月,中办、国办《关于加快构建现代公共文化服务体系的意见》下发后,两年来,在市委市政府和市委宣传部的强有力部署下,我市推出了一系列文化惠民的新举施,成效显著,这也使得我市公共文化呈现出蓬勃发展的良好态势。

一、主要举措

1. 构建文化惠民的长效运行机制

党的十八大以来,天津认真贯彻中央关于推进公共文化服务体系建设的一系列部署要求,从落实“四个全面”战略布局和新发展理念的高度,从满足人民群众精神文化需要出发,拓展文化惠民内容,创新文化惠民方式,不断提高文化产品和服务的供给能力,让越来越多的人共享文化发展成果。先后制定《天津市农家书屋长效管理机制实施意见》《天津市文化设施布局规划》等政策制度,印发天津市《关于加快构建现代公共文化服务体系的实施意见》,对当前全市现代公共文化服务体系建设进行全面设计和总体部署。建立职责明确、分工协作的公共文化建设协调机制,推动重大惠民项目的建设管理工作。

2. 创新推出文化惠民卡

2015 年市财政投入 2400 万元,发售文化惠民卡 6 万张,用于购买 11 个市属专业院团的演出门票。“文惠卡”每张面值 500 元,市民只需支付 100 元,余下 400 元由政府直接补助,部分场次享受补贴后的票价不足 10 元。2016 年,市财政进一步加大投入力度,文化惠民卡增发至 10 万张,并在原有普通卡基础上新增设郊区县卡、学生卡和公益卡三类。普通卡发行总数为 7

万张，包括 6 万张老会员卡充值激活以及新增发行的 1 万张新卡。郊区县卡今年试点在东丽区、北辰区、武清区发行，每个区 5000 张，共计 1.5 万张。普通卡与郊区县卡样式相同，持卡人充值 100 元，享受补贴 400 元，每张卡面值共计 500 元。学生卡共发行 1 万张，面向全市大学、中学和小学的学生发行。学生充值 40 元，政府补贴 160 元，卡面值 200 元。公益卡向领取最低生活保证金家庭的学生免费赠送，面值 200 元，总计 5000 张。

3. 统筹开展“文化惠民季”活动

2015 年 9 月下旬至 2016 年 1 月，由天津市委宣传部、市精神文明建设委员会办公室、市文广局、市新闻出版局举办了首次“天津文化惠民季”活动。“2016 天津文化惠民季”月。“2016 天津文化惠民季”将开展“惠民演出”“惠民影视专场”“惠民图书展销”“文化基层行”及“感知艺术 · 艺术品惠民展销活动”“感知传统 · 非遗展示活动”“文化园区惠民活动”“文化 · 创意 · 生活”等 8 类活动，涵盖戏剧、歌舞、交响乐、话剧等艺术门类，以及图书展销、书画鉴赏、工艺美术品展销、传统文化传承等活动。“惠民演出”方面，市文广局、北方演艺集团所属院团将开展“天津文化惠民消费演出季”，本市民营演艺企业、剧团、剧社院团也将结合实际情况开展惠民系列演出活动，同时还有来自北京、上海、河南、浙江等省市的院团带来精彩剧目。“惠民影视专场”方面，北方电影集团各电影院线结合暑期、节庆假期开展主题文化惠民影视专场。“惠民图书展销”方面，市新闻出版局、出版传媒集团、各区县文广局组织开展“弘扬社会主义核心价值观”全民阅读主题活动，利用节假日面向中小学生开展“快乐读书”“名家讲堂”“经典诵读”等图书推介赏析活动。民营实体书店结合自身特点开展图书展销活动。活动将为爱读书的群众搭建一个深入又立体的读书平台，让群众好读书、读好书。“文化基层行”方面，各艺术院团、文化单位结合实际情况积极组织开展文化下乡、基层巡演等活动。让乡镇群众不出家门也能看到精彩演出，把艺术的种子下到基层。“感知艺术 · 艺术品惠民展销活动”中，北方文投集团、天津文化产权交易所、文化产业园区等单位开展书画、艺术品赏析、品鉴、展销活动，为群众搭建一个艺术品的学习和交流平台。“感知传统 · 非遗展示活动”中，各区县结合传统节日广泛组织开展民间传统艺术表演、传统文化展示和特点鲜明的传统节庆活动。依据传统文化街区、历史风貌街区、名胜古迹、古镇古村落开展“魅力天津卫”“美丽乡镇”“老家记忆”等特色文化旅游活动。非物质文化传习场所开展“非遗”展览展示活动。让群众多渠道地了解“非遗”、走近“非遗”。“文化园区惠民活动”中，中国天津 3D 影视创意园区等开展“魅力文化新体验”,天津青年宫举办“设计·梦想”天津市青年艺术设计作品联展活动。同时,方特欢乐世界、水魔方、滨海航母文化产业园、极地海洋世界、米立方、凯旋王国主题公园、华侨城欢乐谷等也将开展多种形式的惠民活动。“文化·创意·生活”方面,滨海新区组织举办滨海国际文化创意展交会。市历史风貌公司开展“艺术·五大道”建筑设计体验和“创艺·生活”创意艺术品展览展销等活动。

4. 鼓励区县“各显神通”

在天津市公共文化制度设计与实践示范引领下,各区县铆足了劲头,在打造区域公共文化服务特色上开动脑筋,真抓实干。和平区、河西区、北辰区作为“全国公共文化服务体系示范区”,在区县、街镇、村居三级公共文化设施网络建设方面不遗余力;武清区在文化设施的硬件建设上肯投入,图书馆、博物馆、大剧院、文化广场相继落成启用;蓟州区把解决基层文化干部编制问题作为突破口,推进文化服务进镇入村;滨海新区探索通过“互联网+”模式,实现文化供给与百姓需求有效对接,打造“一站式”公共文化服务网络平台;宝坻区挖掘整理优秀传统文化,通过“京东大鼓艺术节”等全国性品牌活动激发城乡居民参与文化活动的积极性和创造性;西青区基层文艺社团建设成果丰硕;东丽区群众文艺人才辈出……“妈祖文化旅游节”“家庭艺术节”“外来务工人员艺术节”等群众文化活动常年不断,社区文化站、村居文化室遍布城乡。

5. 奉行文化惠民的“精准滴灌”

近年来,天津市委、市政府大力推进文化惠民行动,推广“菜单”式服务,实行“群众点单”“资源配送”的供给模式,公共文化服务由以往的“大水漫灌”变为现在的“精准滴灌”,提高了文化惠民项目的成效。2016年6月,天津市启动了“农民点戏、戏进农家”的文化惠民活动。该活动采取了“把选节目的权利交给农民朋友”的做法。各区县党委宣传部、文化广播影视局通过问卷、走访、座谈等方式,再提供涵盖百台精品剧目的“剧目册”,由农民群众根据自己的喜好和意愿“点戏”,确定最终演出剧目。天津市演出公司根据农民群众选定的剧目,与各区县和相关文艺院团进行沟通协商,确定演出时间、演出地点等,协调落实完成演出任务。活动自6月12日启动,已在宝坻区周良街道、宝平街道,北辰区青光镇、双街镇,宁河区芦台镇,津南区葛沽镇、辛庄镇,武清区大碱厂镇等多地,送去了13台演出。

二、主要成效

建设文化繁荣、社会文明的魅力人文之都，是我市“十三五”时期经济社会发展的主要目标。为了满足市民群众不断增长的精神文化需求，“十三五”期间，我市将深入实施文化体制改革和文化惠民工程。就目前来说，我市文化惠民举措已初见成效。

1. 契合群众需求，群众拍手叫好

京剧、评剧、话剧、歌剧、舞剧、音乐剧……丰富多彩的演出为天津这座国际化大都市增添了厚重底蕴，通过补贴降低票价也让越来越多的天津人乐享其中。以往天津将文化惠民资金直接补给各艺术院团，钱花在哪里很容易变成一笔糊涂账，百姓也并不一定得实惠。而为了将文化惠民落到实处，天津把补贴直接补到票价上，让百姓得实惠。特别是郊区县卡、学生卡和公益卡的推出，让文化惠民的面更宽，将文化惠民拓展到了农村、学校和低收入人群。大家普遍反映，“文惠卡”花钱不多，却能看到那么多精彩演出，这是实实在在的惠民。而“农民点戏、戏进农家”的演出有的在乡镇附近剧场进行，有的通过流动舞台车走到群众家门口。演出院团每到一地，受到当地父老乡亲的热烈欢迎。“农民点戏、戏进农家”，农民根据需求“选餐”，形式新颖，拉近了农村、农民与艺术家的距离。

2. 实现了社会效益和经济效益的双赢

早在2013年9月，天津就出台了《支持高端演出、高端展览和公益文化普及活动专项经费管理暂行办法》。专项经费按照“政府补助、降低票价”的原则，全部用于观众购票，其中一个硬性规定是，票价在300元以下的应占50%以上，这就意味着票卖得多，就补得多。政府投入模式和文化惠民方式之变在极大刺激有效需求的同时，也将“补贴蛋糕”切分权交给了观众，直接倒逼院团主动对接“需求端”加快“供给侧改革”，竞相排演叫好又叫座的优质剧目。以前各院团为了要政府的超场次补贴只注重演出数量，而不关心百姓是不是爱看、观众是否买账。文惠卡推出后，这种想法就行不通了。由于文惠卡将演出选择权交给了观众，各院团市场和竞争意识大大增强，都在努力研究观众的‘兴奋点’，积极创作贴近百姓需求的优秀作品。文惠卡项目运行至今，各院团的演出场次、上座率、观众人数都大幅增加，繁荣了本市的演出市场。据文惠卡大数据显示，天津各市属院团2015年商业演出914场，同比增加90.2%；平均上座率88.8%，同比增幅超过1倍。

3. 受到了社会各界高度赞誉

天津文惠卡受到中宣部、文化部及社会各界的高度赞誉。中宣部刊发简报《天津“文化惠民卡”拉动市场“三个转变”》,介绍文惠卡促进本市文化惠民和演出市场发展的经验。在文化部举办的全国戏曲工作座谈会上,天津文惠卡成为热点话题,广西、内蒙古等多个省、自治区来津学习考察。中央媒体多次刊发相关报道,如新华每日电讯 2016 年 6 月 14 日头版头条刊发稿件《文化惠民卡把“送文化”与“要文化”匹配起来——天津:让好戏找到观众,让观众知道好戏》。《中国文化报》评论称,“一张小小的文化惠民卡改变了津城演出市场。它不仅让普通民众享受到多种文化盛宴,更用低票价把文艺院团推向市场,促进更多优质剧目的产生,并以文化消费带动演出市场和文化产业的健康发展”。8 月 19 日,中宣部副部长景俊海一行来津调研本市文化惠民工作,并召开专题座谈会。调研组先后深入有关文艺院团和天津文化中心各场馆,详细了解剧目排练、惠民演出和公益文化活动情况,听取市文化广播影视局、北方演艺集团和天津京剧院、天津人民艺术剧院、天津市儿童艺术剧团、天津评剧院等汇报。调研组对本市创新发行“文化惠民卡”、开展“农民点戏、戏进农家”活动、实施高端演出高端展览补贴等做法给予充分肯定。

(作者单位:天津社会科学院舆情研究所)

天津市提升社区服务功能的对策建议

林　竹

我国城市社区服务始于1986年,经历了由民间组织自由管理的探索阶段,由政府全权管理的发展阶段,由政府资助、民营投资管理的改进阶段,到2014年向社会公开、群众合作的发展模式,我国社区服务进入完善发展阶段。当前的社区服务是政府、社区居委会、非营利组织、志愿者以及社区居民共同作用下进行的。天津市的城市社区建设在诸多方面先试先行,成为全国社区建设示范单位。在市政府的大力支持,街道办事处和居委会成员的共同努力下,目前天津城市社区服务工作运行良好,社区服务内容丰富多样,尤其在社区公共服务方面深受广大群众的一致好评。社区服务主要涵盖了社会保障、医疗保健、文体活动、综合治理等多方面内容,在志愿服务、居家养老、智慧社区方面也有突破性进展。同时社区服务发展中还存在着困境和问题,需要不断的完善和提升。

一、社区服务方面的突出进展

政府政策支持。自2013年"美丽天津·一号工程"倡导建立社区综合服务站,到2015年,天津每个街道已经拥有1个综合性社区服务中心,每个社区拥有1个综合服务站,已建社区每百户居民拥有社区服务设施面积不低于20平方米。提升改造后的社区服务站实现"一门式"服务,使困难救助、计划生育、就业养老、文化娱乐、志愿服务等需求都能在服务站内解决。近两年,市区两级财政累计投入3亿多元,采取改扩建、新建、租赁、购买等多种方式提升老旧社区办公服务设施功能。社区办公经费标准也由每年每户20元提高到40元;增设社区服务群众专项经费,每个社区每年不少于10万元;按照每年每户12元标准,设立社区公益事业专项经费,用于购买社区社会组织服务项目。2015 年天津市再进行改革,将社区居委会承担的工作事项由 140 余项缩减到 67 项,更好地提升了社区居委会的服务效能。

1. 网格化服务管理

本市各社区以 300 至 500 户为一个网格单元,合理配置网格员,实现了社区居委会管理全覆盖。居委会网格负责人定期开展入户走访,为残疾人、孤老、低保户等重点困难群体提供公共服务,及时收集和回应居民诉求,将过去被动应对问题的管理模式转变为主动发现问题和解决问题的新模式,推动了社区治理精细化、精准化。

错时服务模式。2016 年 7 月,天津在全市各社区居委会进一步推广“错时服务”模式,社区工作人员调整时间安排,不限于朝九晚五。按照错时上下班、全日值班、节假日轮休、公布联系电话等多种方式,保证居民 24 小时随时可以联系到居委会。率先开展“错时服务”的是天津和平区,该区各社区居委会将 8 小时工作时间延长到 24 小时“错时服务”就是给社区工作者排班分段“轮岗”,保证居民 24 小时随时可以联系到居委会工作人员。

3. 智能信息服务

2016 年 7 月天津市在全市推广掌上社区 APP 管理服务系统,通过一部手机,居民就可以足不出户享受到方便快捷的社区服务。居民可以浏览社区通知、了解最新政策、询问办事流程、获知社区新闻及活动等。目前,本市河东区东新街、河北区王串场街、河西区梅江街近百个社区已经开通掌上社区 APP 管理服务系统,社区居民只要在手机终端点击“我要办事”选项,就可以随时通过文字、语音等多种形式和居委会工作人员实现在线沟通、预约工作人员上门服务。

4. 智慧社区服务

智慧社区就是“互联网 +”支持社区管理与服务。今年,本市加速智慧社区布点布局,整合社区管理、物业、商户等信息,建立全覆盖智能化服务网络,让居民享受智慧生活带来的便捷。智慧社区涵盖了基础设施建设、公共服务、社会治理、文化生活、民生改善等多方面内容。生活在智慧社区的居民只要打开电视,通过遥控器便可在屏幕上选择各种服务,包括点餐送餐上门、呼叫医疗服务、电费缴纳、城市一卡通充值、信用卡还款、药品购买,了解社区动态、掌握最新的民生信息通知等。目前,本市和平、河西、武清等区的 30 个大型居住社区及 100 多个站点已开始智慧社区试点。

5. 社区卫生服务

天津市卫生计生委从 2016 年 6 月起启动“社区卫生服务提升工程”。

全市社区卫生服务中心按照服务人口数合理配备医务人员,全科医师每万人口4人、执业护士每万人口4人、执业(助理)医师本科及以上学历达到40%以上。同时,各中心还将组建由二级以上医院医师与基层医疗卫生机构的医务人员组成的签约医生团队,定期到责任区域开展巡回医疗或站点服务。国家卫生计生委公布2016年全国百强社区卫生服务中心名单,本市有9家社区卫生服务中心获全国"百强"称号。

6. 养老服务全覆盖

天津市已建立了以居家为基础、社区为依托、机构为支撑的养老服务体系,目前,97%的老年人依托社区服务居家养老,3%的老年人入住养老服务机构养老。针对多数老年人"养老不离家"居家养老,天津采取政府购买服务的方式,为低保、低收入、失能老年人等7类困难老年人,发放居家养服务(护理)代金券,天津市各区县街道建建立了居家养老服务中心,委托公益公司等服务单位开展居家养老服务,包括生活照料、家政服务、医疗康复、精神慰藉、法律咨询和应急服务等。同时,建设了养老服务日间照料中心、老年配餐服务中心、托老所等一大批社区养老服务设施。目前,全市实现社区养老服务全覆盖。民政部近日公布中央财政支持开展居家和社区养老服务改革试点地区名单,全国26个市(区)入选,本市河东区位列其中。

7. 早教儿童服务

2016年8月天津市2016年20项民心工程之之—"社区'儿童之家'家庭早期教育公益服务项目",社区指导站在红桥区和苑街康和园社区举行揭牌仪式。目前,全市10个社区"儿童之家"家庭早期教育指导站的试点筹备建设工作已基本结束,覆盖周边的社区家庭,免费开放,面向儿童和家长提供有组织的亲子活动、早教知识指导培训、儿童健康咨询等服务,借此逐步提升社区服务家庭早期教育能力

8. 快递便民服务

天津市2016年20项民心工程之一,在第八项"提升社区服务功能"中提出要建设500个社区快递服务设施。这是快递基础设施建设首次纳入全市20项民心工程。到今年10月已建成486处。其中社区智能邮件快件箱不仅能实现快件收寄,还能实现报纸、杂志、信件的接收,极大方便了社区群众,提升了社区服务功能。

二、社区服务功能提升面临的问题

1. 社区服务经费缺乏

公共财政给予社区服务的投入比重相当小,社区自身积累能力较弱。社区在搞活动时,往往通过去所在辖区的企事业单位拉赞助,而这很难要到,有的商户乐于出资,目的也主要是通过社区活动进行广告宣传、推销产品,这样不稳定的经济来源使社区服务难以搞活。资金缺乏使服务工作开展困难,阻碍了社区服务功能的发挥。

2. 社区服务队伍整体素质有待提高

各社区居委会工作人员的文化水平大多不高,没有社区服务等专业方面的技能培训。通过考试、选举、竞争上岗等机制吸引的社工人员多是新进的大学生,她们还缺乏在处理一些紧急的事项相关经验,需要后续的岗位培训。优化社区服务人员结构、提升服务水平是城市社区服务的当务之急。

3. 居民服务参与意识不高

社区居民的参与度是衡量一个社区服务发展水平高低的重要标志之一。目前天津市社区居民的参与程度并不理想。很多人认为社区服务完全是政府单方面的,只需被动接受即可,他们没有意识到自己就是社区建设和服务的主体。从参与社区服务活动的人群结构来看,大多数参与者属于离退休人员、老党员以及青少年学生,而那些真正有职业技能,能为社区提供有针对性服务的人员并没有投入到社区的建设和服务中来。

4. 社区服务的供需矛盾较大

由于资源有限,社区服务发展的不均衡性和滞后性导致了服务项目欠缺,服务水平参差不齐,因此不能满足广大居民的实际需要。社区居民需求较大的老人照料、儿童看护、营养配餐中心、家政服务等社区服务项目在社区的发展还比较滞后,供需呈现矛盾。平均十几个社区才拥有一个老年日间照料站服务水平有限。本该供不应求的照料服务却很少有人认可。

5. 社区非营利组织发展滞后

非营利组织在社区服务方面承担了大量的服务和管理职能,它的发展和运行与社区建设息息相关。天津市的非营利组织自主性不强,长期受到政府组织的直接或间接管控;制度不够完善,准入条件过高,使许多本应当成为社会团体的组织游离于体制之外;专业性不强,在为社区提供服务方面能力较弱,有的组织长期处于发展停滞状态;政府对于非营利组织的资金支持力度不够，慈善事业的参与程度不高，导致非营利组织的运营缺乏大量资金。天津市非营利组织在社区服务方面的现实表现与理想状态存在一定差距。

三、完善社区服务的对策建议

1. 整合社区各种服务资源

资源整合是城市社区服务发展的重要因素。政府应该出面整合资源，发挥行政管理的职能，健全各种有利于社区服务的规章制度，完善制度环境，让多元部门共同来参与城市社区服务的建设，即形成多元供给模式。合理配置资源、多方形成合力，提高各方对社区服务的参与度，真正做到让政府、非营利组织以及市场组织共同参与建设，充分利用各种资源，培育多方力量，使城市社区服务呈现出良好的局面。

2. 多渠道筹措资金

大力进行资源整合必须走社会筹集和政府出资的双重道路。在城市社区服务体系当中，既要包含无偿、低偿的福利性和公益性服务，也可以有为满足社区居民生活需要的有偿性的便民利民服务，通过有偿服务的利润来补给给福利服务，增强社区服务自身积累能力，为社区服务的发展增添活力。积极探索建立社区资金筹集办法，接受企事业单位、居民的捐赠，同时给予税收减免等优惠措施，加强监管，确保基金投入社区公共设施建设。鼓励辖区内企事业单位积极开放公共文化体育场馆及设施，为社区居民提供无偿、低偿服务项目，这样既节省大量资金，又实现资源共享。

3. 努力提高社区服务人员的专业化水平

加强对原有社区工作者进行系统化、专业化培训，对于考取社工资格证的工作人员给予适当奖励。提高社区服务人员对专业进修的热情和敬业精神。鼓励大学生积极投身到社区建设和服务中，在薪资方面给予一定提升，做好选人留人的机制。可以选任拥有专业知识技能兼职人员从事社区服务工作。积极鼓励青年人加入社区志愿者队伍，参加社会公益项目，从而提升社区服务的整体水平和专业化程度。

4. 建立以需求为导向的社区服务发展模式

需求决定供给，只有以需求为导向，才能提供个性化的社区服务。首先要做好调研工作，找出居民需要度高的便民利民服务项目，针对不同的社区提供不同的公共服务，做到“量体裁衣”，不搞“一刀切”。大多数社区居民希望社区能够提供多样性的便民利民服务，他们愿意以低偿或者有偿的方式购买自己需要的服务项目,方便自己的生活,解决生活中的后顾之忧。如何向社区居民提供更加有针对性的服务项目,满足社区居民的实际需要,是值得研究的内容。

5. 提高居民社区参与意识

社区居民对社区事务参与程度越高,服务水平就越高。要培养社区居民对社区的归属感,倡导鼓励有奉献精神的社区志愿者,各尽其能,发挥特长,为需要者服务,在服务中得到满足感。社区组织要站在居民的立场上,凡事为居民着想,让居民体会到社区服务给自己带来的实惠和方便,提高居民的社区认同感,居民才能有意愿参与社区服务活动。

6. 大力培育社区非营利组织

秉承社会福利社会办的原则,单纯依靠政府是不太实际的,所以要积极培育和发展非营利组织作为有效补充。政府应该为非营利组织提供更好的成长环境,在政策和制度方面给予适当放宽。例如,在资金、人事方面给予更多的自主性,适度降低准入门槛等,同时可以考虑引入竞争方式的拨款机制,准确把握立项的质量,确保项目的公益性。促进非营利组织更有活力的发展和壮大,担当起社区服务的重任。

(作者单位:天津社会科学院舆情研究所)

天津市推进京津冀人才一体化现状与对策建议

李　莹

京津冀协同发展是国家重要发展战略，区域发展的主要动力来源是高端人才的智力创造，因此人才是发展的第一资源。形成、拥有和保持、提升京津冀地区的人才竞争力，直接关系京津冀协同发展战略的推进。区域人才一体化作为区域一体化的重要内容，既是区域一体化的结果，更是区域一体化的助推器。从京津冀未来的协同发展趋势来看，打破“一亩三分地”式的人才机制，实现三地人才一体化发展是关键一环，需要加速推进。

一、推进京津冀人才一体化的主要举措

1. 启动京津冀人才一体化顶层设计

2016 年 2 月，三地党委组织部召开京津冀人才一体化发展部际协调小组第一次会议，审议通过了《京津冀人才一体化发展部际协调小组工作机制》《京津冀高级专家数据库管理办法》等文件，决定启动《京津冀人才一体化发展规划纲要》编制工作，为京津冀协同发展提供有力的人才支撑。

《京津冀人才一体化发展部际协调小组工作机制》明确了协调小组的领导体制、工作职责和运行机制。协调小组将根据中央和京津冀三地党委和政府的决策部署，围绕京津冀协同发展需要，负责区域人才一体化发展的统筹规划、政策研究、宏观指导、综合协调等工作，协调解决区域人才一体化发展中的重大问题，为三地党委和政府人才工作决策提供依据，并指导、督促有关政策措施的落实。

《京津冀高级专家数据库》是京津冀三地高层次人才资源的交流共享平台，具有信息查询、数据统计、综合分析、决策参考、社会服务等功能。为助

推京津冀协同发展和三地人才交流融合提供社会化服务和人才智力支持。按照《京津冀高级专家数据库管理办法》,数据库参建单位应及时做好本单位专家信息更新与维护工作,确保每年至少报送更新一次专家信息。

三地党委组织部委托中国人事科学研究院开展《京津冀人才一体化发展规划纲要》研究编制工作。重点针对三地无法独立解决的问题,突出区域人才一体化发展服务非首都功能疏解、政府简政放权、创新驱动发展等要素。《纲要》的编制将对高层次人才引进和使用、人才软硬件环境建设、人才与经济社会发展契合度等问题进行分析评价,提出切实可行、具有可操作性的政策建议。

2. 建设通武廊三地人才一体化示范区

2016 年 10 月 15 日,北京通州、天津武清、河北廊坊联合启动"通武廊"人才一体化发展示范区,并发布人才示范区建设宣言。2015 年"通武廊"三地启动了第一次人才工作联席会议,并签订了三地区域人才合作框架协议。经过一年的实践和探索,三地已从浅度合作转向深度开发,提出在规划、产业、人才、基础功能和环境保护等方面的合作,将在"十三五"期间,逐步实现人才引进互通、人才培养共育、人才评价互认和创新平台共享。示范区启动当日,在武清举行了首场三地人才联合招聘会。《宣言》提出,三地要逐步构建区域人才柔性交流机制,打造示范区互联互通社保信息平台,为人才流动提供数据信息监测。试点通武廊区域教育、卫生人才多点执业。此外,还将打造服务三地、辐射京津冀的人才资源服务产业园。

近年来,武清深入实施人才和科技双轮驱动战略,建立了较为完备的人才规划和政策体系,明确了建成京津之间富有创新能力和创业活力人才聚集地的目标。每年拿出上一年度区级一般预算收入的 5% 直接用于人才奖励。为抢抓京津冀协同发展重大战略机遇,启动实施了"慧聚武清"高层次人才引进工程和本土人才培养"鲲鹏工程",人才发展环境得到进一步优化提升。

3. 推出京津冀人才一体化承载平台

目前,天津各区都推出了京津冀人才一体化承载平台。如,东丽区引进了国家知识产权局下属的事业单位;静海区规划建设了团泊湖健康产业园,作为京津冀地区的健康产业基地。滨海新区还将实施重大人才工程计划,推动北京中关村创新政策、创新项目和创新人才向滨海新区延伸流动。人才落户及房租补贴等具体措施即将出台,其中,纳税额超过 1000 万元的企业员工还可享受"就业即落户"的待遇。

4. 成立京津冀人才协会联盟

该联盟是由京津冀三地党委组织部指导、12 家人才协会共同发起成立的社会组织，旨在促进区域人才协会间的交流融合，加强区域人才合作，实现优势互补、资源共享，增强区域人才整体实力和竞争力，服务京津冀协同发展国家战略。联盟将立足三地，着眼协同发展需要，为企业技术转型升级、环京津贫困带智力帮扶等提供支撑，努力把联盟打造成服务京津冀协同发展的事业平台。

5. 实现京津冀外籍人才资质互认

京津冀三地主管部门共同签署《外籍人才流动资质互认手续合作协议》。协议规定三地参照来华工作外国人分类管理标准，对高端外国人才(A 类)，实行工作手续互认。对京津冀外国专家管理部门已审查过的材料不再进行核验，对高端外国人才(A 类)迁入办理工作证业务，视同本(省)市外籍人才转聘业务。协议减免学位证书或技能资格证书、申请人体检证明等 5 种材料，只需提供工作许可申请表及相关证明等 4 种必须要件就可办理相关工作证件。协议的签订将为京津冀三地外籍人才流动提供更大便利，也将有力促进三地引智引才合作，吸引更多海外人才投身京津冀一体化发展。

二、进一步推进京津冀人才一体化的对策建议

从京津冀区域人才培养的基本情况来看，优质教育资源在三地的分布显著不均衡。每万名从业人员中具有研究生及以上学历的高端人才比例，北京是天津的两倍。受制于政策障碍、市场分割等因素，三地在人才引进、培养、专业布局和远景规划等方面，尚未形成合力。区域内存在整体人才资源结构的不均衡性、人员素质与不同产业结构的不适应性等问题。在推进区域人才合作机制方面存在着非政府主体参与不足、人才地方保护主义、跨部门协调不到位、跨地域机制束缚等方面的不足。进一步推进人才一体化，应加强以下方面工作。

1. 完善人才流动政策

京津冀经济圈需要加强自身的经济发展，就要为外部人才的进入提供良好的政策环境和发展平台。一方面加大科研和创新资金的投入，在推动科研和创新发展的同时，有效推动成果的转化；另一方面在政策和经济待遇方面向人才倾斜，吸引外部人才的流入。作为人才高地的北京，其城市承载

力与资源环境之间的矛盾逐渐突出,受制于交通成本、时间成本和竞争压力的加大,其优势已经大打折扣。天津应积极创设良好的人才发展环境,未雨绸缪,精准对接高端人才所关心的发展环境、科研基础条件、子女就学、收入落差和高房价等现实需求,可探索研究出台更人性化的人才政策,在引进高端人才方面,给予更优厚的待遇和条件,为高层次人才子女入学、就医等提供便利,才能让他们愿意来、留得下。三地共同制定京津冀人才自由流动社保转续实施办法,建立统一的社会保障信息系统,优化社保转续流程,简化社保转续手续,实现区域内社会保障无缝对接。改进医疗保险对接水平,提高医疗保险统筹层次,畅通医疗保险转移通道,实现异地报销、实时结算。

2. 加强人才交流合作

三省市人才网站相互链接,实现人才信息共享。人才服务信息、人才政策在区域内及时发布,共建三省市人才信息服务平台。推动人事代理合作,省市人才市场互为异地办理人事代理业务,逐步推进三省市人才市场准入,建立统一的人才大市场。充分利用三省市人才、智力、项目资源,合作举办人才交流和开展区域性的人才、项目、技术洽谈活动。三地可充分利用现有政策,探讨人才兼职研发、共建研发中心、共同立项课题研究等,发挥人才的潜在价值。三省以项目合作为主要载体,鼓励高层次人才从事咨询、讲学、兼职、科研和技术合作、技术入股、投资兴办高新企业或从事其他专业服务。同时,在共同研究职称制度改革相关政策的基础上,三省市人事部门核准的专业技术职务任职资格等予以互认。

3. 合理布局区域产业

人才资源"高低不平"的现状要求各地合理布局未来产业梯度,谋求发展效率的最大化。产业的发展,特别是战略性新兴产业的发展,主要受制于由人才决定的研发潜力。政府相关部门应针对区域专业人才储备、资源禀赋和产业基础,进行综合的风险分析,再决定未来的产业布局。积极搭建更广阔的人才交流平台,实现三地人才的错位互补,引导人才在区域内产业间合理流动。

4. 健全企业人力资源体系

在京津冀经济圈企业人力资源体系的设计中,应注重企业战略、企业文化与人力资源管理的融合。就当前天津地区的企业来看,一些企业的人力资源体系不是很完善。因此,企业的人力资源体系应从战略角度进行规划,即对企业现有的人力资源状况进行全面了解,包含总量结构以及预计的变动等，使人才体系可以配合企业的战略性发展。还应从工作和运行角度进行招聘、培训、薪酬、绩效以及劳动关系建设，为人才提供职业发展的通道。人力资源体系应当与企业文化建设紧密融合，具有凝聚力的企业文化可以帮助企业留住人才。

5. 优化人才培养战略

梳理京津冀人才培养协同发展中各方的特点、优势、需求及可能存在的功能重叠和冲突之处，理清中央和区域各层面、各类部门在京津冀区域人才培养协同发展中的责任结构与协同合作方式，构建一个权属明确、责任清晰、合作高效并且集合了政府、学校、社会机构和公民共同参与的京津冀区域人才培养机制，并以此为着眼点开展三地人才培养的协同合作。整体考虑区域未来人才需求总量，确立人才开发的重心、统筹考虑人才引进、培养的分工合作，实现人才结构的错位布局。进一步推进多元化校际合作。在京津冀深化区域合作的有利大环境下，可拓展与北京著名院校的深入合作，以教学资源共享、师生交流互换、远程网络协作、互相承认学历学制等模式，培养更高素质的人才。

6. 强化区域人才发展法制保障

用法制思维指导人才一体化工作，京津冀相关部门应坚持依法行政原则，凡涉及区域人才一体化的重大问题、重大事项、重大决策，广泛征求专家学者和相关群体意见，实现决策公开化、程序化和民主化。建立区域人才一体化重大决策监督机制，对已做出的重大工作部署，实时跟踪工作进展、评估实施效果、提出整改意见。强化区域人才法律服务，加强保护知识产权和商业秘密，切实维护人才和用人单位合法权益。建立京津冀区域人才征信系统，定期发布人才信用能力信息，降低区域人才信用风险，提升区域人才信用度。

（作者单位：天津社会科学院舆情研究所）

天津市精神文明建设的现状、特点与对策

叶国平

改革开放以来特别是党的十八大、市第十次党代会以来,天津认真学习贯彻习近平总书记系列重要讲话精神,认真贯彻中央决策部署,紧紧围绕文化强市和美丽天津建设目标,大力开展精神文明建设,以社会主义核心价值观建设为根本,全面实施市民素质提升行动计划,深入开展群众性精神文明创建活动,扎实推进公民思想道德建设,大力弘扬践行天津精神,积极培育社会主义核心价值观,各项工作取得新的进展,为美丽天津建设提供了强大的思想引领、文化支撑和精神动力。

一、基本情况

1. 注重思想统领,着力凝聚团结奋进精神力量

近年来,天津市在加强精神文明建设方面,始终坚持把理想信念教育摆在突出位置,紧密结合党的群众路线教育实践活动和"三严三实"专题教育,把学习宣传贯彻习近平总书记重要系列讲话作为重中之重,理论武装工作全面加强。市领导同志组成宣讲团,带头学,带头讲,引导带动广大党员干部深学、细照、笃行,深入推进中国特色社会主义和中国梦学习宣传教育,加大宣传阐释力度,广泛组织开展"精神补钙六进基层""万千百十""学者大讲堂""理论超市""五老巡讲团"等面向基层党员群众的宣传教育活动,进一步扩大了宣传教育的覆盖面和影响力,兴起了学习宣传热潮,推动了党的创新理论成果深入人心。

2. 注重价值观建设,着力推进认知认同和实践养成

抓知行统一,把培育和践行社会主义核心价值观贯穿精神文明建设全过程,充分运用媒体宣传、公益广告、文艺节目等持续开展宣传阐释和主题

实践活动，推动核心价值观落细落小落实。天津主要媒体全部开设了专题专栏，进行全方位多角度宣传。社会宣传覆盖广泛，编写市民读本、青少年读本，依托全市3800所市（村）民学校、1360个快乐营地、89个乡村学校、少年宫广泛开展宣传教育。公益广告宣传形式新颖，22个主题公园和广场、50万平米建筑围挡宣传画、近百块街头电子屏宣传遍布津城。中宣部专门在津召开“图说我们的价值观”现场会，推广天津经验。调查显示，天津市民对核心价值观和“天津精神”的知晓率分别达到93%和95%，认为本市开展核心价值观宣传教育实践活动成效好的比例占到81.5%。

3. 注重文明创建，着力提升城市文明程度

坚持利民惠民，群众性精神文明创建活动持续深化，社会文明程度大幅提升。一是坚持抓基层、打基础，把创建工作向社区、农村、乡镇、街道延伸拓展，广泛开展文明机关、文明企业、文明单位、文明社区、文明楼门、文明村镇、文明工地等创建活动，培育创建“细胞”，打牢文明创建根基。二是把创建活动作为提升市民文明素质的重要抓手，坚持一手抓教育，一手抓管理，努力提升市民在公共场所、交通出行、公共设施维护、人际关系等方面的道德修养，让市民群众在知礼修德中提升文明素养。三是从群众关心关注的利益诉求、文化生活、社会风气等方面入手，把文明创建同改善民生结合起来，着力促进教育、卫生、就业、社会保障和困难群体救助、社会治安、环境质量等与群众生活息息相关的问题解决，让创建活动成为惠及百姓的民心工程，让群众有更多获得感。调查显示，市民参与各类文明创建活动的比例占84%，对文明区县创建活动的支持率达到97.9%。

4. 聚焦工作短板，着力提高市民文明素质

天津在精神文明建设实践中，坚持问题导向，从集中解决群众反映强烈、影响天津城市形象的突出问题出发，坚持点面共抓、立破并举，深入开展专项治理，破除道德领域顽疾。大力推进诚信制度化建设，广泛开展诚信宣传教育，褒扬一诺千金的凡人善举，树立各行各业的诚信标杆，引导人们见贤思齐、重信践诺。持续开展文明服务、文明旅游、文明交通、文明祭扫四项专项整治行动，在扩大宣传、优化服务、规划管理、提升水平上下功夫、见实效。调查显示，有88.1%的市民对天津开展四项文明专项行动的成效给予充分肯定，有95%的市民认为当前天津市民素质比过去有进步。

5. 注重示范引导，着力倡导崇德向善社会风尚

注重发挥先进典型示范作用，广泛开展学习道德模范和身边好人活动，用人格化的力量感染群众、引领风尚。一是道德宣传实现了全媒体覆盖、常

态化刊播。从 2010 年起,天津市各媒体开设了“津门好人榜”“身边最美 365”“真情”等道德建设栏目 20 多个,常态化宣传群众身边的凡人善举。目前,天津共有 156 人荣登“中国好人榜”,2000 余人入选“天津好人榜”,形成了好人辈出的良好局面。二是学习宣传好人氛围浓厚。广泛组织开展市级道德模范评选表彰和全国道德模范推荐评选、“我推荐、我评议天津好人”等活动,天津 10 人当选全国道德模范,74 人被评为市级道德模范。三是让好人有好报。完善《天津市帮扶生活困难道德模范实施办法》,加大对道德模范等各类先进典型的资助、帮扶,形成学好人、做好人的浓厚氛围。调查显示,市民对近年天津评选出的道德模范人物的了解率达到 86.9%,对道德模范宣传活动的知晓率达到 92.6%,有 85.6% 的市民对道德模范宣传活动效果给予肯定。

6. 注重实践活动,着力激发市民群众参与热情

把开展志愿服务作为引导市民履行社会责任的有效载体,通过抓基础、抓规范、建队伍、搞活动,推动志愿服务制度化常态化开展。一是不断提升志愿服务规范化水平,建设开通了天津志愿服务网,有效解决了长期制约志愿服务制度化常态化的管理瓶颈。二是坚持把阵地建设作为志愿服务工作的重要抓手,在全市建成了 1900 多个志愿服务岗站,建设了 100 个市级志愿服务基地。三是坚持以群众需求为导向,以空巢老人、残疾人、困难群众、外来务工人员子女等为重点,广泛开展多种形式的便民利民志愿服务活动,形成了全民参与志愿服务热潮。四是积极探索、推广为志愿者建立保险和积分回馈等制度,以嘉许激励和权益保障反哺志愿服务,发展壮大志愿者队伍。目前,全市有注册志愿者 170 多万名、志愿服务团队 5100 多支。调查显示,市民对志愿服务精神的知晓率达到 93.3%,对志愿服务活动的支持率达到 94.9%。

二、主要特点

天津的精神文明建设在不断的探索推进、深化拓展、创新开拓过程中,取得了显著成绩,为天津经济社会发展作出了重要贡献,也积累了一些经验,主要具有以下几个特点:

一是坚持宏观谋划与因地制宜有机结合。市委市政府高度重视,把精神文明建设摆上突出位置,加强统筹规划,加强宏观指导,加大资金投入,作为推进美丽天津建设的有效抓手,坚持一张蓝图绘到底、一年接着一年干、

一届接着一届干。同时,注重从实际出发,因地制宜、分类指导,照顾基层群众切身利益,结合基层优势、地域特点、文化特色开展工作,积极构建各具特色的基层文明创建新格局。

二是坚持全面发展与重点突破有机结合。精神文明建设工作千头万绪,只有抓住关键,才能掌握工作的主动权。天津在精神文明建设中,不囿于铺摊子、摆场子、搞宣传、造声势,而是深刻领会精神文明建设工作的原则和要求,坚持以四个文明创建为载体,以四项文明专项行动为抓手,扭住重点、关键问题,有针对性地推动工作不断深化,从而实现以重点突破带动全面发展。

三是坚持改善民生与提升素质有机结合。将加强民生建设与加强市民思想道德建设相结合,把提高市民思想觉悟与解决实际问题有机结合,既加大投入推进各类民心工程建设,改善群众生产生活环境,又积极打造宣传文化阵地,开展群众性道德实践活动,创新教育形式和活动载体,丰富群众精神文化生活,促进市民文明素质和社会文明程度的提升。

四是坚持问题导向与典型示范有机结合。积极回应群众诉求,从解决群众关切的现实利益问题出发,从群众反映强烈的道德问题、社会现象抓起,持之以恒,扎实推进。同时注重培育亮点、典型引路、示范带动、形成特色,使精神文明建设形成亮点纷呈、特色鲜明的工作局面。

五是坚持政府主导与群众主体有机结合。既发挥党委政府作为领导者、发动者和指挥者的作用,加强协调、精心组织、周密部署,认真做好规划制定、政策扶持、宣传发动和思想引导工作,又坚持以群众认同为前提,以群众参与为基础,以群众提高为关键,以群众受惠为目标,切实增强精神文明建设的感召力和渗透力,充分调动群众参与的积极性主动性创造性,使之真正成为美丽天津建设和精神文明创建的建设者和受益者。

三、对策建议

1. 加强思想建设,实现由宣传教育向贯穿融入转变

要把学习习近平总书记系列重要讲话作为理论武装的中心内容,作为实现“两个巩固”、坚定理想信念、加强思想理论建设的根本任务,引导党员干部真学、真信、真用,切实增强政治意识、大局意识、核心意识、看齐意识。要运用展览、党课、报告、基层宣讲等多种形式,深入开展党中央治国理政新理念新思想新战略的学习宣传,持续深入宣传阐释“四个全面”战略布局和

五大发展理念,增进干部群众对中国特色社会主义的政治认同、理论认同和情感认同。要紧密联系干部群众的思想实际和工作实际,引导人们深化理解认识,增强贯彻落实的自觉性和坚定性。

2. 加强价值观建设,实现由认知认同向知行合一转变

要坚持深入阐释、广泛宣传,推动核心价值观宣传教育大众化。要充分利用各种教育基地、节庆仪式等,广泛组织开展多种形式的主题教育实践活动;坚持用核心价值观引领知识教育,把核心价值观全面体现到学校教育教学全过程;区分层次、突出重点,在党员干部中深入开展理想信念教育,在广大从业人员中深入开展职业道德教育,在青少年中深入开展民族精神和时代精神教育,在市民中深入开展社会公德、家庭美德教育,努力推进核心价值观落细落小落实。要积极推进核心价值观融入法律法规、政策制度和社会治理、行业管理,以良法善策和社会管理传导正确价值取向。要建立健全相关的监督、评价和激励机制,通过法律法规和各项制度的刚性约束,为践行核心价值观提供有力持续的制度保障。

3. 加强道德建设,实现由道德培育向道德自觉转变

持续加强社会公德、职业道德、家庭美德、个人品德建设,发挥典型示范带动作用,激发人们形成善良的道德意愿、道德情感,培育正确的道德判断和道德责任,进而提高道德实践能力和自觉践行能力。广泛开展道德模范、身边好人、最美人物评选表彰和学习宣传活动,引导人们深学、细照、笃行,更好地崇德向善、见贤思齐。立足基层、面向群众,广泛开展关爱空巢老人、留守儿童、残疾人、困难群众等学雷锋志愿服务活动,营造我为人人、人人为我的社会氛围。大力推进公民道德建设具体化、生活化,把公民道德建设同爱岗敬业结合起来,同自觉履行公民法定义务责任结合起来,引导广大群众从身边做起、从小事做起,从而自觉地向往和追求讲道德、尊道德、守道德的生活。

4. 加强载体建设,实现由组织发动向群众自愿转变

人民群众是精神文明建设的主体力量,群众性精神文明建设活动贵在群众积极参与、热情投入。要尊重人民的主体地位和首创精神,充分保护好、调动好、发挥好广大人民群众的积极性和创造性。要多到百姓之中听取意见,多到基层一线挖掘经验,多搭建群众乐于参与、便于参与的平台,以载体创新吸引群众、以榜样示范带动群众;围绕改善民生,充分利用文明社区、文明单位、文明窗口等创建载体,着力解决群众反映强烈的突出问题,真正做到创建为民、创建利民;把群众满意作为最高标准,工作过程让群众监督,

工作效果让群众评判,使创建工作拥有广泛群众基础,让群众在参与中受益,在受益中提高。

5. 加强制度建设,实现由上级推动向常态长效转变

精神文明建设是一项系统工程,又是一项需要广大干部群众积极参与的工作,因此必须立足当前,着眼长远,构建常态长效机制,用健全的法规制度规范创建,用科学的常态管理强化创建。要进一步强化党委政府统一领导、文明委组织协调、党政部门各负其责、群团组织密切配合、新闻媒体引导推进、城乡联动、军警民共建、广大群众积极参与的精神文明建设领导体制和工作机制。要健全投入保障机制,建立多元化的精神文明建设筹资机制,鼓励社会各界提供支持;要健全激励机制,把精神文明建设实绩纳入干部选拔任用和工作绩效考核;健全监督机制,积极运用群众文明巡访、热线监督、新闻监督、网络监督等,发挥群众监督作用;健全以城带乡、城乡文明共建长效机制,充分发挥各级文明单位的示范带动作用,推动城乡文明协调发展。

(作者单位:天津社会科学院舆情研究所)

天津市传统媒体的移动互联化探索与展望

毕宏音

近年来,随着网络信息技术日新月异的发展,以移动互联化为特征的传播载体、交互方式和使用受众也在发生着剧变。为掌握网络时代话语权,提升传统媒体的新闻传播力和舆论引导力,中央和天津市先后提出了推动传统媒体和新兴媒体融合发展的要求。为此,我市传统媒体积极行动,多方施策,在以移动互联化为抓手的融合发展上取得了实效。特别是作为地方传统媒体代表的《天津日报》和天津广播的探索之路,就更具典型意义。

一、传统媒体的移动互联化现状探索

推动传统媒体和新兴媒体融合发展,是党中央和天津市的明确要求,也为我市传统媒体加快融入新媒体指明了方向。天津日报社和天津广播作为两家重量级的地方性传统媒体,紧紧抓住了移动互联时代新媒体发展提供的契机,乘势而上,发挥专业优势,根据自身特点,有效开辟了新闻报道和舆论引导的新领域。

1. 两大传统媒体形成了各自的新媒体矩阵

天津广播从贯彻落实中央和我市相关要求,由各频率一线编辑、记者中抽调骨干力量组建新媒体编辑部至今,已经走过了 3 个年头。特别是 2015 年末和 2016 年初,在前期开设微博和微信公众平台的基础上,先后依托知名新闻客户端"今日头条"和"腾讯新闻",开设了"天津广播头条号"和"天津广播企鹅号"。实现了对"两微两端"的矩阵式全覆盖。统计数据显示,截至 2016 年 11 月底,天津广播官方微博的微博粉丝数量超过 70 万,比 2016 年初增长 35 万,稳居全国广播类微博影响力前十位;天津广播微信公众号粉丝数超过 8 万,比年初增长 4 万,日平均阅读量超过 8 万,影响力居全市媒体类微信号前三位；天津广播在"今日头条"和"腾讯新闻"上开设的"头条号"和"企鹅号"的影响力，则分别位居全国广电类头条号前十位和全国地方类"企鹅号"前十位。

天津日报集团则将新闻报道视为生命线，坚持走设计原创之路，举全社之力推出自己的新闻客户端，经过两年努力，设计研发打造出专属自己的新媒体品牌——"新闻117"。2015年10月，天津日报新媒体中心成立，负责"新闻117"的编辑工作。2015年11月7日，"新闻117"微信公众号上线。2016年1月17日，"新闻117"客户端正式上线。目前，"新闻117"的移动粉丝数量达到了30万。同时，通过新闻117客户端、微信公众号、微博等新媒体矩阵集中发布新闻的形式，形成了新闻类稿件的圈群化叠加推送，扩大了传播面和影响力。

2. 两大传统媒体形成了优势互补

从两大传统媒体的线下优势来看，广播的特点在于随时随地，贴近生活，党报的特质在于聚焦时事，深度阐发。两大媒体角度不同，各有侧重。《天津日报》和天津广播进军新媒体，并没有丢弃自己的看家本领，而是以传统强项为底蕴，以此为基础更好地融入新媒体，并做到了优势互补。

从天津广播新媒体报道内容看，虽包括了时政报道、新闻集纳、民生新闻、生活服务等方面，但民生类和服务类信息始终占有重要篇幅。再看"新闻117"，它"以全息、多维视角观察国内外政经类事件，及时传播时政、财经信息，突出新闻背景调查，挖掘前因后果，进行深度报道，呈现完整新闻脉络"为己任，报道始终突出"新闻"和"原创"这两个关键词，成立以来，围绕着时政新闻、经济新闻、网络热点新闻等，发出了大量的自采原创作品。

3. 新媒体时代的新闻报道永远在路上

为了适应新媒体时代，特别是移动互联时代随时随地随人的传播特点，两大传统媒体的网络报道基本做到了跨圈群和全天候。例如，天津广播的微信公众号每天早晨7点发布信息。天津广播头条号也是每天早晨7点左右发布以民生和服务类为主的信息，官方微博则早晨7点到晚上23点全天候滚动报道。"新闻117"则早晨推送短新闻合辑"津早相会"，日间随时更新，进行全天候发布。

4. 两大传统媒体移动互联化满足了不同网络受众的需要

经过不断培养和深耕，两大传统媒体已经与相当一部分网民建立了比较固定的互动关系。例如，大量有车族网民和中老年网民成为天津广播新媒体矩阵的忠实听众；再例如，一些关心时政的文化程度和职业声望较高的网民,成为了"新闻 117"的拥趸。这些网民几乎每天都会定时或不定时登录移动互联网,收看和收听他们所喜爱的节目,并频频转发和评论,与两大媒体之间形成了良性互动。

二、传统媒体的移动互联化探索的新特征

1. 把握传播规律,在新闻客户端中开疆辟土

有研究表明,除"网络即时通讯"以外,"搜索信息"和"看新闻"始终是移动网民上网的主要目的。而移动新闻客户端目前成为人们获取新闻的主要载体。《天津日报》和天津广播在新媒体建设中敏锐捕捉到这一变化,在开设官方微博和微信公众号的基础上,努力实现在这一领域的有效占领。

天津日报深谙内容是当前新闻客户端行业的主战场。他们的新闻报道突出"党端"特色,以立足天津,宣传天津,服务天津,结合中央对天津定位和天津面临的五大历史机遇为内容建设之本,重点打造原创型专属新闻客户端,取得了较好的传播效果。

天津广播则利用"腾讯新闻"和"今日头条"的新闻客户端领头羊的地位,在这两个优质新闻客户端上布局。例如,2016 年 3 月,腾讯公司推出了打造媒体共赢生态圈的"芒种计划"。天津广播积极响应,入驻包括腾讯新闻客户端在内的企鹅媒体平台,经不断深耕,天津广播"企鹅号"的覆盖度、互动度、活跃度有了很大提升,清博大数据提供的最新评估结果显示,至 2016 年 11 月末,天津广播"企鹅号"位列天津"企鹅号"榜首,在区域"企鹅号"50 强中排名第 3,在区域媒体类"企鹅号"50 强中排名第 2。

2. 突出自身优势,形成了比较鲜明的报道特色

天津日报社经反复调研,启动了结合传统报业优势与新媒体特点的新闻类项目,特别是 2016 年初"新闻 117"上线以来,突出了"政经新闻、深度报道、民计民生;宣扬新天津、服务京津冀、放眼海内外"的基本定位,且始终以原创作品和深度报道作为立身之本,特别是推出了每周更新的拳头品牌栏目——"津政一周"。2016 年 9 月 19 日,第一期"津政一周"文章《"临危受命",李鸿忠书记在天津这样"稳舵"》推出,阅读数迅速超过 5 万,网友纷纷点赞。26 日,第二期文章推出,反响更加热烈。后经不断完善定型,至今已经连续推出 9 期,总阅读数超过 25 万,目前,已拥有了一大批稳定的读者。

天津广播则发挥贴近百姓,走进生活的特色,既发布原创稿件,也充当信息的二传手,这些关乎百姓衣食住行等切身利益的信息,愈发受到关注。

例如,每天清晨的“早读新闻”系列报道,囊括了天气出行、时政新闻、城事要闻、交通新闻、经济新闻、社会新闻、文体新闻、图片新闻等信息。特别是有关气象、交通、供暖、医疗、教育、土地出让、学区房、房价、中小学教师流动等问题的报道内容,均成为了百姓关注度高的热点问题。

3. 虚实结合,线上与线下形成合力

两大传统媒体在新媒体融合的过程中,始终把握线上线下统筹兼顾的原则,通过虚实结合,努力形成线上与线下的共振。例如,2016 年 11 月初,天津广播新媒体通过发布市委市政府决策信息、与传统广播和相关部门联手开热线等形式,连续关注了本市提前供热的消息,使得几乎每篇报道都有极高的阅读量并被频频转载。再例如,2016 年初和 11 月,天津新闻广播“公仆走进直播间”节目分别推出《与区(县)长面对面——开局之年怎么干》和《委办局长年终访谈——2016 干得怎样?》系列节目。同时利用微博、微信、“头条号”、“企鹅号”等平台同时发布,介绍市民与区(县)长对话的核心问题,并且利用网络评论平台实现群众意见心声与政府决策设想的互动。受到了受众的欢迎。

新闻 117 则在客户端专门开设了“帮问”频道,针对网友遇到的各类问题,通过集团记者及时联系相关部门予以解答。2016 年 4 月 18 日,《〈帮帮我们〉丈夫是记者,赴地震现场进“非典”红区;妻子是上过战场的功勋女兵,如今身患白血病……》报道推出后,阅读人数迅速达 10 万 +,并形成线下爱心接力,24 小时之内即为陷入困境的病人张淑霞筹集到善款 89.8 万余元,赢得点赞无数。

4. 传递正能量,营造风清气正的网络环境

打击网络谣言,传播真实声音也是新闻媒体的责任。“新闻 117”多篇报道澄清谬误,明辨是非,2016 年 2 月,客户端开设“这不是真的”专栏,一周内即刊发了《国展中心大火是谣言》《天津是沿海,所以不需补碘? 呵呵!》、《呃,“上海女孩逃离江西”证实为假新闻!》等 10 多篇“辟谣”稿件,收到良好的社会效果。

天津广播头条号则针对百姓日常关心的生活类问题发出权威声音。比如今年 11 月 15 日清晨,一条“天津公交车将免费乘坐,是真的吗?”辟谣稿件刊出,稿件综合了“新闻 117”和“河北发布”的素材,逐一分析了“网帖”的疑点,并发出了真实信息。截至 11 月 20 日,该稿件获得 6 万 + 的阅读量。而科普“40 天长成的‘速生鸡’,能吃吗? 土鸡真的安全吗?”,也获得了 6 千次的阅读量。

三、传统媒体和新兴媒体融合的未来发展道路

尽管以“新闻 117”和天津广播新媒体为代表的我市传统媒体在勇闯新媒体融合之路上收获颇丰,但也应清醒看到,随着移动互联的高速发展,微博和微信已处于成熟阶段,新闻客户端市场的竞争日趋激烈。腾讯新闻和“今日头条”更占据了新闻客户端的半壁江山,作为地方性传统媒体,怎样百尺竿头更进一步,为未来的发展谋局布篇就成为关键。

1. 内容建设依然是核心

不论是传统媒体还是移动互联时代的新媒体,尽管会有多种新闻产品形态,但内容仍旧是核心。即使处于新媒体时代,可靠、权威、专业和原创的优质信息仍为稀缺品。因此,应减少二次加工信息,提升独家报道、调查报道的比例。而在自媒体崛起,网络信息来源鱼目混珠的特殊状态下,更要求传统媒体在新媒体融合过程中努力提升专业技能,做“一专多能”的新媒体好记者,既要秉持专业主义,更要学习掌握新技术,认真将“走转改”落实到实处,用新手段讲好新故事。

2. 视音频传播将是下一个“战场”

今后,全媒体内容将成为新媒体变革的重要趋势,音频、视频内容将在智能设备的推动下更具竞争力。因此,我市传统媒体在新媒体融合中要逐步增加报道中的音视频比例,推出 H5 等报道形式,更好地解决用户需求痛点,不断增强新闻可读性、可视性、可听性,在融媒体语境下讲好中国故事,唱响美丽天津。

3. 向个性化和定制化服务方向发展

创新是发展的不竭动力。将拥有大体量用户的互联网产品——“两微一端”经营好,不但需要技术创新,还要具有互联网思维,尊重互联网的个性化发展规律,充分利用大数据采集和用户调查等手段,对新媒体用户的数据运用和使用习惯进行系统跟踪和研究,欢迎用户参与新闻发现,再进行深度挖掘,尝试精准推送个性化、定制化内容,提升用户体验的舒适度和满意度。

(作者单位:天津社会科学院舆情研究所)

天津市特色高中发展的现状及对策建议

肖庆顺　陈雨亭　翟　艳　武秀霞

为促进普通高中由标准化、规范化向多样化特色发展，“十二五”时期，市教委在全市范围内分三批创建50所特色普通高中。2015年6月，首批24所特色高中实验项目三年建设周期完成。2015年9月~2016年4月，市教委委托市教科院组织评估验收组对天津市首批24所特色高中实验项目进行了评估验收。我们以24所学校为例，对天津市特色高中的发展进行系统研究，以深化特色高中建设，促进我市高中多样化特色发展。

一、天津市特色高中发展现状

1.教育行政部门的政策制度引导促进了特色高中建设

特色高中的发展以学校为建设的主体，但也离不开教育行政部门的政策引导。天津市教委对此有比较充分的认识，通过出台相关的特色高中建设系列政策，同时对一些特色学校在招生录取等方面上给予相应政策，及时进行评估验收，以评促建，鼓励区县进行特色学校建设等制度引领了各区县高中进行特色建设。

2.特色项目建设推动了普通高中多样化发展，成效明显

寻找正确的定位是学校进行特色建设的首要工作。在24所特色项目学校中，每所学校都明确了特色定位，找到了学校发展的特色。特色学校发展的类型呈现多样化，有利于实现学校特色的错位发展，避免了同质化；学校环境明显改善，师生对特色有深入了解、参与度高，课程建设和社团活动丰富多彩；促进了学生综合素质和教师专业发展，教师获得荣誉明显增加，校长的办学理念和思想明显提升；大多数学校初步形成了有特色的育人模式，促进了普通高中的多样化发展；一些学校通过特色建设，引领了区域基础教育发展。

3. 各项目学校定位准确,体现多样化发展

首批 24 所学校特色定位体现了多样化,主要有:①创新导向发展型,如南开中学"拔尖创新型人才培养"、天津一中"理科创新型人才培养"和天津实验中学"科技创新型人才培养";②学校历史传统发展型,如崇化中学"全面发展,人文见长";③师生需求导向发展型,如四十七中的卓雅教育、四十五中的幸福教育、宝坻一中的发展性教育;④单项素养发展型,如天津中学"综合实践活动课程常态化"、二十中学的"语商教育"特色;⑤综合高中导向发展型,如军粮城中学"普职渗透"的培养模式。这些定位符合学校的发展实际,体现了多样化发展。

4. 注重过程建设,学校文化建设效果明显

各特色高中都非常注重过程建设,都成立了特色学校建设的相关组织,明确了分工,建立了特色学校建设的相关制度,并通过课题研究和协同创新推进特色项目建设。每一所特色高中都对自己的办学理念、"一训三风"进行了重新审视,通过提升概括,进一步明确办学理念;有的则进一步继承和发展,在新的条件下赋予办学理念新的内涵,并明确学校的发展愿景。

5. 校本课程和社团活动是特色建设的亮点和重要体现

在评估指标中,学校的校本课程和社团活动得分比较高。每所特色高中项目学校都开设了大量的校本课程和社团活动,促进了学生的个性化发展,在一定程度上满足了学生的兴趣爱好和发展需求。

各学校重视课程建设,将其作为特色学校建设的重要组成部分和重要途径。校本课程开发丰富多彩,数量多,类型多样,并与社团活动相结合,体现出丰富性、选择性特点,在校本课程实施中实行选课走班制度。

社团活动丰富多彩。一是社团数量多,类型多样;二是以学生为主进行组织管理;三是很多学校的社团有自己的章程,通过章程规范社团,体现了社团发展的规范性;四是学生可以按照自己的兴趣选择加入不同的社团,发展自己的特长,弘扬个性;五是社团活动课程化。社团活动和校本课程相结合,通过社团活动实施校本课程;六是一些学校结合当前创新创业的新形势,通过开设双创社团进行创新创业教育。

二、存在的不足

1. 教育政策引导需要加强,特色学校建设缺乏财政支持

当前新高考制度改革和学生发展核心素养等研究成果给特色高中建设

带来了新的契机和挑战,很多高中在特色建设中不知道如何应对,这就需要教育行政部门出台相关政策予以支持和引导。

特色学校建设过程中缺乏必要的财政经费支持是影响特色学校发展的重要因素,致使建设中的一些项目和活动无法开展,影响了建设效果。

2. 特色高中建设的制度创新不足

每一所学校在特色建设过程中都采取多种途径加强制度建设,但不少项目学校在项目建设的后期,面临国内"新高考"改革势,呈现出了不同程度的观望心理。由于主动进行制度创新以适应高中发展新趋势的动力不足,不少学校拥有的属于其自身专有特色的制度并不多见。一是制度不健全,没有形成整体的制度体系;二是一般性的常规制度较多,在学校的特色办学理念指导下,与学校特色建设理念契合度高的制度少。

3. 教学中特色办学理念体现不足

调查研究发现,普通高中学校的特色在课堂教学中体现不足,评估中课堂教学一项的得分也是最低的。存在的不足表现是:有些学校的课堂教学的模式和方法运用的效果需要提升,有些甚至不能达到常规课堂的要求;特色办学理念对课堂教学的引领作用不明显,课堂教学不能充分体现学校的办学理念。

4. 不同特色高中学校之间的发展存在明显差异

由于各学校对特色建设的重视程度以及学校发展基础的不同,不同的特色项目学校之间差异明显,大到校园环境的建设,校本课程开发和社团活动的数量和质量,师生的参与认同、课堂教学及实施成效等,小到档案资料的整理,都体现出不同学校之间的差异;学校主要领导的变更成为影响特色学校建设的最重要因素;有些学校在历史传统、软硬件条件有着良好的基础但建设效果不明显,有些学校条件并不好反而取得了比较好的效果。

三、对策建议

1. 对教育行政部门的建议

(1)加强政策引导,完善政策体系。积极的政策引导是特色高中建设的重要动力,教育行政部门要结合新的高考制度改革以及学生核心素养的研究,通过完善政策体系,进一步引导学校的特色建设:制定《特色学校建设的指导意见》,从行政角度指导规范学校的特色建设,避免学校在特色建设中的无序状态和新的千校一面现象;完善特色学校建设经费保障制度,给予学校经费使用的自主权;根据不同学校的特色建设情况在招生、课程设置等方面给予相关政策;完善评估验收标准体系。

(2)以特色高中评估为契机,建设品质学校。在促进特色高中普遍发展的基础上,对一些建设成效特别显著,特色明显的学校重点建设,形成 10 所左右的"品质高中",使其成为在全国有影响力并且能够发挥榜样示范作用的品质高中。主要从四个方面遴选和建设"品质高中"指标:一是特色内涵的深入挖掘;二是围绕学科素养整体进行学科建设;三是提升特色校本课程的品质,四是探索制度创新。

(3)抓住关键领域引领特色高中学校积极应对新高考改革。通过对关键领域的专项引领,引导特色高中学校在特色建设中积极关注和应对新的高考制度改革以及学生核心素养的研究。一是在特色高中实验学校中,选择几所学校培育天津市普通高中综合素质评价改革示范校,试点探索,积累经验。二是以学科建设为基础,建立高中学校的课程体系。市教委和市财政局联合启动"天津市市级学科建设基地",成立"天津市普通高中学科建设专家指导委员会"以及"天津市普通高中学科建设办公室",出台市级学科建设基地建设的配套措施。结合新的高考改革对高中课程体系的要求,以及学生核心素养的基本要求,以"学科建设"促进天津市普通高中对课程体系、教学内容、教学方法以及教师专业研究等方面的整体性改革。三是以各个学校的校本课程和社团活动的走班经验为基础,研究制定高考选考科目的选课走班制度。

(4)形成教育行政引导、教育科研支撑和学校自主发展的建设机制。创新特色学校建设的体制机制,发挥教育行政部门、教育科研机构和学校三者的积极作用。教育行政部门通过完善政策等继续加强引导,强化政府支持力度;由教育行政部门牵头,加强教育科研机构和高校对特色学校建设的支持,通过联合开展科研加强对学校的常态性理论指导,提升指导学校特色建设,发挥教育科研的支撑作用;鼓励学校特色在建设中进行创新,发挥学校在特色建设中的主动性,通过学校的自主发展促进特色建设,最终形成教育行政部门引导、教育科研支撑和学校自主发展的特色高中建设机制。

2. 对学校的对策建议

(1)注重特色建设的整体规划和顶层设计。学校要把特色学校建设与学校改进相结合,着眼于学校的内涵提升;正确处理好继承与发展的关系,结合新的发展形势进一步明确定位,特别是学校的特色发展理念,结合新的高考制度改革和学生核心素养的研究,完善和丰富内涵,在学校的教育教学等各个方面全面体现学校的特色;建设过程需要突出特色,避免模式化,同质化,形式化。结合新高考改革的挑战和要求,学生核心素养研究以及互联网+等新的教育发展形式和要求,研究新形势下的特色高中建设路径和方法突破。

(2)注重建设过程,完善校内特色建设的相关制度。特色学校建设过程是关键,每所学校要继续完善领导机构和专家小组,制定组织机构的活动机制,充分发挥组织的作用;完善体现特色理念的教师发展、课程发展、社团活动、协同创新等制度,努力实现以制度促进学校发展。

(3)注重师生参与,做到特色建设深入人心,内化和外化。师生是特色学校建设主体,建设过程需要通过实践活动等多种方式取得师生的理解和认同,使他们内化于心,外化于行动,在自己的工作和学习中通过各种方式参与特色建设。

(4)加强体现学校特色的课程体系建设。课程是学校教育的载体,是实现立德树人的基本途径。学校要加强课程建设,形成体现学校特色的丰富的可供选择的课程体系;在课程体系建设中注重以特色办学理念为指导,注重对学校课程进行整体规划,形成学校的课程发展规划,充分利用当地的课程资源,并充分发挥高校、教育科研机构中专家的专业指导作用。

(5)以办学特色理念引领课堂教学,通过学科建设提升教学质量。课堂教学是特色学校建设的基本途径和依托。在特色学校建设中每所学校都要从课堂教学的主要环节、内容的深度挖掘、师生互动等各个方面体现学校的特色办学理念,通过特色办学理念,激发课堂活力,提升课堂教学质量。学校需要充分发挥学科的作用,通过加强学科建设提升课堂教学质量。

(6)创新和推动教师专业发展。教师是特色学校建设的主体,每所学校在建设过程中应该通过创新和推动教师专业发展促进特色高中建设。特别是加强校本研修,充分利用互联网+等现代信息技术搭建平台促进教师发展,使教师的教育教学工作全面体现特色建设。

(7)加强学生社团及常规活动的指导,体现丰富性和个性化。

当前,各个学校的社团活动结合校本课程开发,呈现出丰富多彩的局面。但应该看到,学校的社团活动既要体现学生自主,也要加强引导和指导,避免放任自流。教师要注重对社团进行管理和指导,使"自我发展"和适当引导有机结合,减少学生在组织活动时的失误,也避免一些社团流于形式。社团活动较少的学校,应该积极创造条件,丰富不同的社团内容和形式,增加学生的可选择性,满足学生多方面的发展需求。

(作者单位:天津市教育科学研究院基础教育研究所)

天津市普通本科高校向应用型转变的现状与对策研究

张　妍

2015 年 10 月,教育部、国家发改委和财政部联合下发了《关于引导部分地方普通本科高校向应用型转变的指导意见》,提出推动一批地方本科高校转型发展,探索应用型高校发展模式,培养应用型、复合型、创新型人才,优化人才培养结构、提升人才培养质量,满足经济结构调整和产业升级对人才的要求。推进地方高校向应用型转变,是优化我国高等教育层次结构和类型结构、改革人才培养模式的有效策略,是"十三五"乃至更长时期我国高等教育发展面临的重大任务之一。

为了更好地了解高校向应用型转型发展工作的进展情况,从而发现问题,解决问题,积极推进高校转型发展工作,课题组深入到我市十多所地方本科院校进行了调研,通过访谈、问卷等方法,了解和分析了当前地方高校转型发展的现实状况,归纳总结了高校面临的主要问题,并提出了推进地方高校向应用型转型的几点对策建议。

一、天津市地方高校转型发展的现状

1. 高校对"向应用型转变"已达成初步共识,但对"转型"的认识还并不深刻

《指导意见》颁发后,所有被调研高校均对文件进行了全面的学习、研究和探讨,半数以上被调研高校在学校章程、党代会或教代会中对"应用型"发展理念有明确涉及,深化了对"向应用型转变"的认识。高校对"向应用型转变"的认识主要体现在以下几方面:首先,为了优化高等教育结构、满足经济社会发展对应用型人才的需求、促进高校毕业生就业,推进地方普通本科

高校向应用型转变势在必行。地方高校只有为地方经济社会发展作出贡献，为地方政府服务、为区域行业企业服务，才有自己的地位。因此，转型的根本是高校办学思路的转变。其次，对应用型的认识需要不断深化，高校可以在学校、学院、专业、课程等各层面，专业建设、课程建设、实践教学、人才培养、师资建设等各环节进行转型试点，但不可操之过急，观念转变需要一个过程。大多数被调研高校根据对应用型的认识，正在或计划对人才培养方案进行修订，在教育实践中落实应用型高校的发展理念，推进高校向应用型转变。多所被调研高校领导都提出，抓住这次转型发展的机遇，明确学校的发展目标，使学校发展走在同类院校的前列或再上新台阶。

被调研高校对"应用型""应用型人才"的理念虽有一定认识，但还不十分清晰。《指导意见》并未明确解释何为"应用型"、"应用型人才"又是什么样的人才，究竟怎样去做，没有成型的模式。关于应用型的认定标准和方法、未来发展前景、对学生的影响、以及转型或不转的利弊等问题，教育行政部门也并未做出明确说明。概念不清、政策指向不明晰给高校转型发展带来了一定的困惑。

2. 高校根据自身特色和优势，制定学校发展规划

高校借此"向应用型转变"之时机，再次慎重思考、梳理本校的特色和优势，根据国家重大发展政策和地方经济社会发展策略，制定学校的发展规划；根据学校的历史积淀、特色和优势，在学校整体转型、学院转型、部分专业转型、学科专业群转型等不同层面进行转型的决策。例如：职业技术师范大学根据自身职业技术教育的特色，决定高校整体推进转型，且人才培养目标定位十分明确，他们要培养的人才不是研究型院校培养的"设计工程师"，也不是高职院校培养的"技术工人"，而是把设计图纸变成产品的"现场工程师"。科技大学根据本校学科间发展水平的差异性，决定走混合型路线，即学校在全国排名前列的三个优势学科类争取建设一流学科，而与实务结合紧密的计算机、艺术等专业则推进向应用型转变。外国语大学在通过"外语+专业"复合型人才培养、定制式人才培养等方式推进向应用型转变的同时，还积极建立研究中心或智库，提高自身咨政服务的能力和水平。体育学院在整合学校现有硬件和学科资源的基础上，面向社会对康复专门人才的需求，建设体育康复医院，加强产教融合，促进教育、产业和社会需求的全面结合。

3. 加强"双师型"师资建设，注重教师实践能力培养，但"双师型"教师内涵有待明确

高校已然认识到教师实践能力的提升和"双师型"师资队伍建设对推进

向应用型转变以及培养应用型人才的重要性。大部分高校在招聘时,要求教师有实务工作经历;在职称晋升时,要求教师去企业工作、服务,尤其是青年教师,一般是每五年至少有 3 ~6 个月的工作经历,学校在经费和工作量上予以支持,着力培养教师的创新精神和实践应用能力,解决教师实践经验不足的问题。对"双师型"教师的培养,高校主要通过"派出去"和"请进来"两个途径,即派遣教师到企业学习、工作,及聘请企业退休的实际操作经验丰富的人员来校讲座,以此来提升师资队伍的实践能力。财经大学还尝试在内部质量评价机制等管理机制方面进行突破,探讨如何将教师评价与应用型的政策结合起来,如:教师评价强化科研如何应用于教学、如何服务于社会,对教师能力进行测评等,以此来提升教师的教学热情、学生的学习兴趣。

从被调研高校双师型教师所占比例来看,整体来讲比例较低,除了职业技术师范大学和体育学院达到 30% 以上,其他被调研高校大致都不足 5%,还有近一半高校由于对"双师型"教师的界定标准不清,无法进行统计。对"双师型"教师的内涵界定不明,不利于高校"双师型"教师的引进和培养。

4. 加强实践教学环节,重视学生实践能力的培养,但依然面临很大困难

高校着力加强实践教学体系建设,促进产教融合,加强学生实践应用能力培养。绝大部分被调研高校的实践教学或实习实训课时占专业教学总课时比例达到 20% 以上,工业大学和体育学院达到 40% 以上。学生在校期间实习实训时间方面,被调研高校基本都在 6 个月左右,工业大学和科技大学达到 9 个月以上,音乐学院达到一年以上。行业产业协会和企业积极参与学校教学,主要通过开展技能培训、举办讲座、为人才培养目标制定提供咨询建议、引导学生毕业论文(设计)选题等多种方式。

虽然高校越来越重视实践教学,但是依然面临很大的困难,尤其是实习实训。设备、实习基地等硬件建设和实习接收单位问题是困扰实践教学的两大瓶颈问题。现在总的来讲,设备、基地等硬件设施的建设远不能满足教学需求,尤其是保障高质量实践教学的需求。实习接收单位提供的接收时间、人员定额、实习内容等方面的条件,由于学生实习安全保障、企业生产效率保障等方面原因,仍有很大的局限性。

二、推进高校向应用型转型的建议

1. 深化理念认知,建立共识

推进高校向应用型转变,首先应明确理念,统一认识,建立共识。高校

向应用型转变,可以是学校整体的转型,也可以是某学科某专业的转变、应用型人才培养模式的改革、实践教育体系的强化、产教融合的深化等多层次多方面的内容。应用型是高等教育的一个类型,是职业教育体系的一个层次。"应用型"概念的提出完善了高等教育结构体系,为高等教育结构的优化提出了发展方向和目标。明确理念内涵对政策的有效实施和推进至关重要。

2. 推进高校分类管理、教师分类培养和评价,加强"双师型"教师队伍建设

推进高校向应用型转变,应建立高校分类体系,实行分类管理,制定应用型高校的设置标准和评价标准。建立以需求为导向、以办学目标和人才培养目标分类为依据的高校分类评价机制,教师分类评价和学生发展评价是其主要内涵。将"双师型"教师列为师资的一个类别进行管理和评价,建立校企共同参与的"双师型"教师评聘机制,完善"双师型"教师的培养机制,建立以学术贡献和经济社会服务贡献为评价指标的考评机制。提升教师实践能力和创新能力是加强"双师型"教师队伍建设的核心内容,直接影响应用型人才的培养质量。

3. 强化实践教学环节,提高学生的实践应用能力

实践教学环节在培养应用型人才、推进高校向应用型转变过程中,占有重要地位。强化实践教学环节主要从下面几个方面着手:一是更新教学理念,提高实践教学课时比例,优化实践教学体系;二是突出学生能力培养,开设综合性、应用性和涉及性实验,探索工程性、研究性和个性化实验;三是加强产学研合作,积极引导企业参与,探索人才培养新途径;四是强化教师实践能力,保证实践教学质量;五是构建涵盖实践教学管理、实践教学计划、实践教学大纲、实习实训、实验以及毕业论文(毕业设计)等所有环节的实践教学质量监控评价体系,保障实践教学质量。

4. 加强政府统筹协调,制定完善的配套政策

推进高校向应用型转变并不是单一一个政策就可以实现的,需要多项相关政策的支持和配合。首先,给予高校更大的自主权,让高校在课程设置、岗位设置、资金使用和分配、完全学分制等方面可以根据自身的需求进行改革,主管部门可以通过评估效果来进行管理。其次,制定支持企业介入教育的政策,如完善学生实习保险制度解决企业提供实习机会的后顾之忧、实施减免税收政策激励企业更积极地参与高校人才培养,使企业看到加强产教融合在企业自身发展所需的人才培养和技术创新方面的利益所在,同

时增强企业辅助高校培养人才的社会责任感,积极接收大学生实习,做好产教融合。最后,推进职业导向的专业评估,建立体现应用型导向的指标体系,有利于推动高校突出应用性,向应用型转变。总之,在建立和完善相关运行机制、保障政策、激励机制等方面,政府的作用不可替代。

(作者单位:天津市教育科学研究院高等教育研究所)

天津滨海新区国有文化资产整合与利用研究

倪方树

推进文化资产整合与利用,对推动改革、增强文化软实力、促进文化产业发展、繁荣文化事业具有重大意义。滨海新区作为一个新成立的区域,面临着"塘汉大"三区合并时遗留下来的一系列文化体制机制问题。通过文化资产的整合,一方面,要为目前文化资产分散经营、规模小、碎片化、管理体制机制僵化等疑难问题寻找新的解决措施;另一方面要为滨海新区文化资产整体布局和有效利用,以及国有文化资产的保值增值寻找新的解决途径。

一、滨海新区国有文化资产发展的现状

自 2009 年滨海新区成立以来,其文化资产与文化资源都得到了不同程度的发展,不仅在规划布局上进行了重大调整,而且在公共文化供给能力、资源利用水平等方面都上升了一个大台阶,特别是在"文化 + 旅游"产业发展上,已经呈现出不断上扬的势头和独具一格的竞争优势。然而,在以影院、剧院、图书馆、文化馆、艺术馆等为代表的国有文化资产整合利用上,进展依旧较慢。

(一)滨海新区国有文化资源的基本情况

滨海新区国有文化资产主要分布在四个区域,即原塘沽区域、原汉沽区域、原大港区域和天津经济技术开发区,具体情况如下。

1. 原塘沽区基本情况

目前塘沽文化局下属单位共有 12 家,人数 550 多人,在岗职工人员数 243 人。这 12 家单位是:塘沽文化馆、塘沽图书馆、塘沽少儿馆、塘沽博物

馆、塘沽画院、大沽口炮台遗址纪念馆、塘沽大剧院、塘沽新华书店、北塘影剧院、长征影剧院、塘沽文工团、新港影剧院。目前,文化馆、图书馆、少儿馆、博物馆、画院是全额拨款单位,文工团、大沽口炮台遗址博物馆为差额拨款单位,大剧院部分为财政拨款,其余为自收自支。

2.原汉沽区基本情况

汉沽文化事业主要有公共图书馆、汉沽大剧院、电影公司和文化馆。其中,汉沽大剧院属于震后援建项目,1985年投入使用,2006年重新改造,事业单位,在编17人,退休员工31人,占地面积11000平方米,建筑面积4600平方米;汉沽公共图书馆于1988年成立,事业单位,在编人员20多人,退休人员不详,资金主要来源于财政拨款,经费主要用于购书和设施维护;电影公司于1982年成立,在编人员2人,拥有一栋2层小楼,建筑面积约800平方米,无经营收入,目前以出租维持工资发放和社保缴纳;文化馆于1949年成立,在编人员35人,拥有一栋办公楼、一栋文化活动楼和一座演出小剧场,总占地面积约3000平方米;汉沽文化活动中心共有6层建筑,其中5~6层为汉沽刻字艺术馆,据了解,汉沽刻字艺术馆为目前国内大规模的刻字艺术馆,3~4层为汉沽文化局办公场所,其他楼层用途不详。

3.原大港区基本情况

大港剧院,于2009年10月建成投入使用,由原大港区政府全额投资2.7亿元,建筑面积27800平方米。大港剧院现由全额财政拨款事业单位大港文化馆管理运营,共30人;大港图书馆于1996年投入使用,占地面积20亩,建筑面积4570平方米。图书馆为全额拨款事业单位,员工人数32人,主要提供社会公益服务,主要职能是对文献的收集、整理、储存、传播;大港新华书店为自收自支事业单位,员工人数15人,主要从事图书批发兼零售、日用百货、文化体育用品零售、自有房屋租赁。大港电影发行放映站注册资本43万元,为自收自支事业单位,员工人数4人;中国古林古海岸遗址博物馆,由市、区、单位自筹总投资1000万,2003年10月建成,建筑面积2200平方米,保护用地面积8.4公顷,年维护成本为150万元。该单位目前共有6名员工,为全额拨款事业单位。

4.其他功能区情况

天津开发区现有文化体育基础设施包括5个体育场和一个集图书阅览、档案管理、信息情报为一体的图书馆档案馆,图书馆档案馆单位性质为事业单位。从经营管理上看,目前开发区已有的文化基础设施如图书馆、体育场等全部对外免费开放,这些设施维护及管理单位为全额事业单位。

(二)滨海新区国有文化资产整合与利用面临的问题

滨海新区文化资产整合与利用面临的问题是多方面的,整理后发现主要存在这样几个问题:

1. 体制改革进程缓慢

滨海新区文化事业单位主要集中在塘、汉、大、开发区等区内,其中图书馆、博物馆、文化馆等大多是全额拨款事业单位,文工团、遗址公园等多属于差额拨款事业单位,大剧院、新华书店等多属于自收自支事业单位。从目前来看,新区内的事业单位还没有达到文化体制改革的目标和要求,不仅在经营体制上缺乏适应市场规律的灵活性,而且给政府带来了沉重的财政包袱。

2. 经营困难

一是图书馆为财政全额拨款事业单位,对外免费开放,完全没有创收来源,书籍种类和样式更新缓慢,受众面狭窄,靠财政拨款来维持运营;二是博物馆属于社会公益文化事业,收入来源也主要为财政拨款,维护成本和人工成本高,无力进行展品的更新,也无相关展品展出活动;三是文化馆除了财政拨款以外,主要收入来源为出租场地所获得的租金和通过开展各种特色培训班所获得的一些收入。如塘沽文工团、新港影院、长征影院等的主要收入来源也是场地租金;汉沽文化馆则主要通过开办版画刻字培训班来进行创收;四是各地新华书店目前场地设施陈旧,书籍更新速度慢,经营状况不理想;五是各区大剧院经营模式上主要以出租场地承办演出、会议、电影放映为主,总体来看经营乏力,市场化程度不高,场所使用频率不高,经营效果不够理想。

3. 文化基础设施发展落后

一是缺乏规划,布局不合理。原塘汉大各区分别建设自己的文化设施,设施功能定位相似,部分基础设施体量大,存在布局重复浪费和资源闲置情况。开、保、高等区因主要以发展各类产业为主,文化基础设施较为缺乏,随着各区内居民的逐渐增多,文化基础设施也需要统一规划、统一建设。

二是设施陈旧,可利用价值低。塘、汉、大等区的文化基础设施大多建成于上世纪八九十年代,普遍比较破旧,由于其建设年份较长,设计落后,已经很难满足现代文化基础设施的功能要求,更新改造成本高,利用价值较低。

三是维护成本高,运营困难。目前滨海新区塘、汉、大及各功能区的文化基础设施,大多数利用率较低,全年经营效果不理想,维护成本高,需要财政拨款给予补贴。如中国古林古海岸遗址博物馆年维护成本高达 150 万,全部依靠财政补贴;大港剧院每年也需要大量的财政拨款维持。

二、文化资产整合与利用的重点路径

文化资产整合是近几年文化领域研究的重点问题,也是各地政府文化体制改革探索的重点方向。从现有实践情况看,目前,文化资产整合主要有以下几种路径:

(一)整合管理机构,创新管理体制

通过管理机构的重新整合,组建国有文化资产经营管理公司或组建大型文化产业集团。一般来说,是以国有文化资产(土地、建筑、设备、知识产权等)为基础,按照现代企业制度,组建国有文化资产经营管理公司或者组建大型文化产业集团。这种方式,即保证文化产业发展的正确方向,也可以广泛吸纳社会资本参与公共文化服务,满足多层次、多样化的文化需求。

(二)创新资金运作模式

2010 年 3 月 26 日,中国人民银行会同中宣部、财政部、文化部、广电总局、新闻出版总署、银监会、证监会和保监会等九部委联合发布了《关于金融支持文化产业振兴和发展繁荣的指导意见》,这是近年来金融支持文化产业发展繁荣的第一个宏观金融政策指导文件,针对我国文化产业的发展提出了切实有效的金融解决方案。可以说,该意见的出台对文化产业资金运作模式多元化发展起到了至关重要的作用。从目前的实践情况看,概括起来主要有以下 5 种:资产证券化、上市融资、利用直接投资、产业投资基金、引入风险投资等。

(三)实施资产改造

资产改造,尤其是存量文化资产改造,对国有文化资产整合与再利用,具有重要意义。存量文化资产一般是指区位条件好、土地价值高、经营不善的文化场所(如原闲置的剧院、电影院等经营性文化单位和文化馆、图书馆、书画院等公益性文化单位),以及一些闲置的工厂、仓库等老“物业”。存量文化资产的改造和再利用,就是对这些存量文化资产市场价值的再挖掘。让这些曾经“宝地”重焕光彩,延续城市文脉。比如,北京的 798 艺术区

改造。

（四）打造产业园区

在文化资产的整合与利用的进程中，不仅需要“无形”的资本运作，也需要园区、景区等“有形”的空间载体。自2004年以来，文化部先后命名了两批国家文化产业示范基地，共包括78家国有和民营文化企业以及文化体制改革中转企改制单位。目前，典型的载体形态包括：创意文化产业园、开发主题文化景区、历史性文化场所复兴等。

三、滨海新区文化资产整合与利用的对策

文化资产整合与利用直接影响着滨海新区文化事业和文化产业的发展。结合前文分析，滨海新区在推进文化资产整合与利用的过程总，要把握好以下几点：

（一）构建以国有资本为主导的文化资产运营主体

整合塘汉大、开保高等六个主体区域的国有文化系列企业，探索组建国有文化资本投资运营公司，形成国有文化资本监管与运营职能分开，国有文化资本所有权与经营权相分离，相互制约、相互协调的新体制。投资运营公司是构建以管资本为主的新监管体制的主要抓手，是真正实现政企分开、政资分开的枢纽和平台。

（二）完善国有文化资产管理体系

健全“四管”相统一的工作机制。加强资产基础管理，健全重大事项审核制度，完善人力资源管理体系，依托对人、事、资产的管理，加强对国有文化企业生产经营导向的调控。

（三）统一规划、合理布局文化基础设施

加强对公共文化设施的监管，健全与经济、政治、社会建设统筹协调的管理机制，形成各级各部门同心协力，齐抓共管，共同抓好公共文化服务体系建设的新局面；进一步完善区、街（镇）和社区（村）三级公共文化设施网络，配好配齐专职人员和相应设备设施，实行社会文化设施共享，对于农家书屋和社区书屋建设，要做好后续跟踪管理，定期作好图书充实更新服务，

扩充内容和品种,增强实用性、针对性、指导性和服务性,最大程度地满足群众的精神文化需求;进一步提升公共文化的服务能力,努力实现公共文化资源共建共享,着力解决基层文化设施分散、重复建设,使用效率不高的问题,使有限的资源得到充分发挥。

(四)拓宽文化产业投融资渠道

将国有文化资产的整合与利用放到发展文化产业这个大环境中,以文化产业的整体发展来促进国有文化资产的整合与再利用。因此,文化产业的发展应逐步建立由政府主导,企业、个人和社会广泛参与的多元化投入体系。对公益性文化项目,以政府投资为主;对经营性文化项目,需要以政府投资为引导,带动社会资本进行投资。鼓励社会力量对文化事业的捐赠,组建区域文化发展协调基金和各类文化产业基金组织、文化投资公司,允许社会和个人参与兴办文化艺术基金。

(五)制定差异性扶持政策支持公益性文化发展

在资金投入、税收、人才、土地等方面对这两类文化资产实行差异化政策。对经营性资产则运用市场化的手段,盘活资产,做到资产保值、增值。同时,从资金投入、税收、人才、土地等方面对两类文化资产实行差异化政策。在文化资产整合中,明确公益性资产所占的份额,在人员分配、物质保障和政府投入等方面,优先保障公益性公共文化服务,严禁经营性活动对公益性文化资产的侵占。同时,对于一些公益性文化服务,也可以通过国有资产的参股、控股以及政府采购等形式,通过市场化手段弥补公益性文化服务的不足。

(六)打造平台助推文化产业发展

搭建"六大平台",形成多元化、多层次的服务保障新格局。一是完善政策平台。二是搭建投融资平台。三是建设公共技术平台。四是打造人才平台。五是探索建立产品交易平台。六是发展行业服务平台。

(作者单位:天津滨海综合发展研究院)

天津滨海新区政务服务领域电子证照库建设与应用研究

王　利

随着我国行政管理体制改革工作不断深入和信息技术发展水平不断提高,依托信息化技术创新政府服务模式,提高政府服务的效率和水平,进而推动政务服务流程的科学再造,已经成为当前中央和各省市建设服务型政府的重要抓手。2016 年,国务院办公厅颁布了《推进“互联网 + 政务服务”开展信息惠民试点实施方案》(国办发[2016]23 号),从顶层设计的高度,以简化优化群众办事流程,最大程度利企便民为出发点,对涉及政务服务事项的证件数据、相关证明信息等跨部门、跨区域、跨行业互认共享提出了具体要求。在此背景下,加快天津滨海新区政府服务领域电子证照库的建设和应用已成为近期各地推进电子政务工作的重点方向。

一、电子证照的运用是实现政务服务网上全流程办理的重要前提

在我国,各类证书文件已经深深地渗透到每一位公民的日常工作、生活当中。甚至于在出生之前,“准生证”就经在不知不觉中成为每一个家庭为其子女准备的第一份证件。据不完全统计,目前我国与自然人相关的家庭婚姻类、身份类、学习工作类、迁徙旅行类、财产相关类、特殊工种操作类以及其他类证书累计多达百种以上。这些证书作为资格证明、权利凭证,其生成、核验和使用环节目前都需要在线下才能完成,是目前制约政府服务无法完成在线办理全流程闭环的关键因素之一。

电子证照是由计算机等电子设备依照一定的技术和安全规范标准生成的数字形态的证照信息记录,广义上加具电子签名的电子文件也可纳入电

子证照的范畴。相对于那些在各部门办事环节流转的实体证书文件,电子证照的优点主要有以下几点:

1. 防伪性能好

电子证照生成有安全标准,其使用有程序规范,不仅在技术上杜绝假证、假照泛滥可能,而且在证书查验使用环节对工作人员的专业性要求也大大降低,有利于综合性服务窗口的设立。

2. 流转效率高

电子证照的生成、存储、使用均能在线上完成,群众办事不用再多次往返各个部门,反复提交纸质材料,在减少资源浪费,还大大降低群众办事的时间成本。

3. 有助于促进部门协同,形成全新政府服务理念和模式

电子证照的应用必然要求建立跨部门电子证照库,通过电子证照的部门间共享,将从源头上杜绝"奇葩证明"、"循环证明"等现象,对政府各部门打破信息壁垒,提升服务协同,加强事中事后联合监管,增强主动服务能力都有很大的促进作用。

二、当前电子证照应用正处在蓄势待发阶段

近年来,中央和地方大力推动电子证照在电子政务领域的应用,相关国家标准正在抓紧研究制定,福建、广东两省结合自身改革任务,经过多年积累,目前已经形成一定的技术储备和应用经验。在此背景下,电子证照的应用和推广整体上处于蓄势待发阶段,预计将于三到五年时间在"互联网 + 政务服务"中得到应用。

1. 相关国家标准正在加紧研究和密集发布

中央对于电子证照应用探索早在几年前就已开始,2009 年底,中共中央办公厅、国务院办公厅印发了《电子文件管理暂行办法》(厅字[2009]39 号),对电子文件等新型载体形态档案的管理提出了具体的规范和要求。国家税务总局 2013 年开始牵头各地税务部门参与电子证照建设,第一个电子发票于 2013 年 7 月初在北京京东商城正式诞生。随着电子证照应用需求日益增加,由国家层面颁布跨地区、跨部门、跨行业的电子证照各项技术标准和使用规范已成为各界共识。2016 年 10 月 14 日,《电子文件存储与交换格式版式文档》,简称 OFD (OpenFixed - LayoutDocument,国标号:GB/T33190 - 2016)正式发布。OFD 是国家电子文件标准体系的重要组成部分,

它的发布将使我国电子公文、电子发票、电子证照等领域应用有据可依，势必大大促进电子证照相关技术和应用快速发展。除了电子文件的版式标准以外，涉及电子证照安全、共享规范等标准体系也正由国家信息中心牵头研究制定。

2. 福建省积极探索电子证照研究和应用

福建省关于电子证照的研究和应用探索已有近十年的经验。由省档案局、省电子文件管理联席会议办公室、省数字办共同制定了福建省电子证照标准，对电子证照的生成、变更、注销、共享、应用和服务的全过程实现了规范化、标准化管理。福建省按照统一标准、统一技术架构建设电子证证照共享系统，由省级负责省直部门电子证照的生成、共享与应用；由市级负责本市级所辖市、县、区电子证照的生成、共享与应用。目前福建省电子证照共享服务系统已初步建成，电子证照转换工作覆盖了所有省直部门的涉企电子证照，累计生成电子证照 150 多万本。从 2016 年开始，省直单位电子证照库建设开始列入省效能办绩效考核。

3. 广东省已完成电子证照在政务领域应用地方立法工作

2015 年底，广东省人大常委会通过《广东省商事登记条例》，其中专节规定了“电子化登记”内容，确定了“加具电子签名的电子文件、电子档案与纸质形式材料具有同等法律效力”、“全程电子化登记涉及的电子签名与手写签名或者盖章具有同等的法律效力”等条款，这是我国首个明确电子证照在电子政务领域法律效力的法律条例。除此以外，条例还规定申请人在过渡期可以使用银行 U 盾等商务电子证书签名，从而大大降低企业使用电子证照的成本，加快了电子证照在广东省政务服务流程中的试点应用。该条例已于 2016 年 3 月 1 日起正式施行，推动广东省乃至全国在电子政务创新领域迈出关键一步。

三、天津滨海新区建设电子证照库的基础和优势

福建和广东两省电子证照的工作发展历程表明，电子证照库的建设技术上既不能脱离政务信息化发展的总体水平，在应用上又最好能够与具体的改革试点工作紧密衔接。凭借审批制度改革和“电子市民中心”的建设探索，滨海新区不仅具备了建设电子证照库的基础条件，同时还产生了在下一步的政务服务改革中建设电子证照库的应用需求。

1."电子照片"在审批流程的线上流转为电子证照的应用积累了经验

在政府职能转变的改革工作中,滨海新区以行政审批制度改革为抓手,率先在全国实现一个窗口流转闭环式审批服务模式创新。在办事流程上,新区审批局采用高拍仪,对办事环节涉及到的证件和表格拍照,所得"电子证件照"通过网络在部门内部流转,审批局内部各办事部门予以承认,从而达到让数据和信息多跑路,企业和群众少跑腿的服务效果。尽管"电子证件照"在格式标准、安全标准和跨部门使用上与真正的电子证照还有很大区别,但审批局的业务创新无疑验证了电子证照在新区推广使用的可行性,并积累了使用经验。

2.个人库和法人库的建设为电子证照的应用提供了信息支撑

电子证照库的建设不是一项孤立的工作,需要与人口、法人、空间地理、社会信用等基础信息库互联互通,通过各类基础信息的比对,保证所生成电子证照真实性和有效性。新区法人库和个人库的建设已有一定基础,法人库目前已包括新区 15 万个法人的 173 万条信息,整合了区审批局、市场监管局、国税局、地税局的法人有关基础信息,实现企业名称、信用代码、注册资本等法人基础信息的跨部门共享。在建的个人库将实现新区市民教育、医保、婚姻、工作等信息的跨部门共享。新区法人库和个人库建设成果为新区进一步建设电子证照库提供了重要的信息支撑。

3."电子市民中心"网上全流程服务理念产生了电子证照库的建设需求

新区"电子市民中心"是方便群众办事的一站式在线公共服务平台,是新区继行政审批制度改革后,在政府服务领域的又一重要改革创新举措。目前,一期工程已上线的民政、人社、卫计委、教体委四部门共 80 余个服务事项中,有很大一部分服务事项需要办事人至少到现场一次,对纸质证照的刚性需求是影响实现全流程办事服务的重要因素。从实现全流程线上办事的角度考虑,下一阶段"电子市民中心"功能的提升需要通过电子证照库的建设和应用予以补充和完善。

四、天津滨海新区建设电子证照库的思路建议

电子证照库建设是一项系统工程,既需要明确牵头单位,还需要多个部门的协同配合。

1.研究制定跨部门电子证照标准体系

在民政、人社、教体委、卫计委等部门服务事项梳理工作的基础上,整理

总结目前各部门所用证照的基本信息、照片信息、副本信息，按照规范性、合理性和可用性原则，研究制定新区跨部门电子证照的数据配置、底图制作等格式标准，确保部门之间互认互通。借鉴电子商务领域已成熟应用的电子签章技术，提高电子证照的防伪性和使用过程的抗抵赖性。积极参与国家层面电子证照的标准制定工作，为电子证照国家标准的制定提供实践借鉴。

2. 建设电子证照库和配套制度体系

建设涵盖民政、人社、卫计委、教体委等多个部门常用证照信息库，形成全区电子证照生成、颁发、应用的平台载体。研究完善电子证照管理制度体系，实现电子证照的统一生成、归集和共享。通过电子证照的共享复用，进一步明晰政务服务事项逻辑链条，提高“电子市民中心”大数据挖掘及主动服务功能。以制定电子证照应用相关绩效考评制度为抓手，提高部门对电子证照应用工作的重视程度。

3. 同步推进存量证照转化和新增证照生成

率先推进居民身份证、户籍证明等日常使用频率较高的证件，以及民政、人社、卫计委、教体委、审批局、市场监管局、国税局、地税局等个人和法人业务部门现有存量证照的数字化转化工作。推进目前各部门已有业务系统与电子证照库对接，在新业务办理的同时实现增量电子证照实时生成。

4. 推广电子证照的应用

推动电子证照应用与政务服务全流程绑定，加快政务业务流程办理与电子证照使用的融合。以电子市民中心建设工作为契机，推广电子证照应用试点工作。依托通用办件系统，促进电子证照在电子市民中心后台办件各环节的应用，力争全流程电子化审批，实现在线办理全流程闭环服务。

（作者单位：天津滨海综合发展研究院）

天津市城市慢行系统研究

张小蕾

城市慢行系统是一个多元复合概念。它兼具交通性和社会性两种功能,既包括活动于城市慢行空间之中的人,也包括人们在城市慢行空间中实施的各类慢行行为,还包括人们实施慢行行为的各种慢行空间。发展并完善城市慢行系统,已成为未来城市发展的方向,它是解决日益严峻的能源危机、环境污染等问题的有效路径,也是人们对机动车时代到来之前的传统出行方式的回归和再发展。

一、天津市城市慢行系统的现状

天津市为推进"美丽天津"建设,推进城市健康、绿色、可持续发展,提高城市居民生活水平和生活质量,也在近年开展了城市慢行系统的建设,但由于起步较晚,且缺乏完善的成熟经验可借鉴,难免存在各种问题急需改进。

1. 人车矛盾突出,出行安全堪忧

随着天津的快速发展,城市常住人口和外来人口持续增长,人口老龄化水平不断提高。截止 2015 年末,天津市常住人口 1546. 95 万人,比 2014 年末增加 30. 14 万人;其中,外来人口 500. 35 万人,增加 24. 17 万人,占常住人口增量的 80. 2%。常住人口中,城镇人口 1278. 40 万人,城镇化率为 82.64%;65 岁及以上人口 148. 66 万人,占 9. 6%。常住人口出生率 5. 84‰,死亡率 5. 61‰,自然增长率 0. 23‰。2015 年末天津市户籍人口 1026. 91 万人,其中,城镇人口 766. 21 万人,乡村人口 260. 70 万人。

在天津人口和老龄人口不断增长的同时,随着城市交通机动化的快速发展,天津的汽车保有量也在持续增长,截至 2015 年末,全市民用汽车拥有量 283. 05 万辆,其中私人汽车 234. 75 万辆;民用轿车拥有量 183. 56 万辆,

其中私人轿车 165.51 万辆，分别增长 1.0% 和 1.1%。当年新注册民用汽车 23.14 万辆，其中私人汽车 17.99 万辆；新注册民用轿车 12.24 万辆，其中私人轿车 10.50 万辆。尽管天津的道路交通设施和环境连年快速发展，但是由于汽车保有量大幅增长，道路供需矛盾仍然十分突出。与此同时，机动车、非机动车、步行等出行方式混合，快行与慢行交通空间隔离不足，导致出行安全堪忧。

2. 慢行出行方式被忽视

随着人们收入的增加和生活水平的提高，越来越多的人有能力购入机动车。与此同时，人们也逐渐将拥有私家车和私家车的价值，作为显示个人财富和身份地位的标识，这种物质化、表面化的追求也促使城市居民汽车保有量连年增长。尽管我国很多城市采取了机动车限购、限行措施，仍然难以抵挡城市居民购入私家车的热情需求，慢速出行方式被严重忽视。

而在道路交通建设方面，机动化的交通发展战略和措施成为主导。城市交通规划和设计皆偏向于机动化的快速出行方式，快速路、机动车道等快速通行道路飞速增长，而人行道、自行车道等慢速通道却越来越少。城市交通发展模式走向了快速机动化的道路，但中国多数城市由于人口密度和资源限制等原因，却并不真正适合机动化的快速城市交通发展模式。

3. 慢行设施缺乏，设计不合理

由于机动化的快速交通发展模式成为多数城市的选择，导致城市慢行空间被严重蚕食。城市慢行空间常被各种其他设施所占用，快速通道与慢速通道之间缺乏有效隔离，导致常有机动车为了抄近路或者摆脱拥堵而开上慢行通道。现有慢行空间和设施严重缺乏，且设计不合理，例如现有慢行通道不能有效连接商业、休闲、文化、娱乐等空间，导致慢速出行缺乏连续性；公共交通系统在高峰时期运力不足，公共交通站点的选择和路线设计欠合理；行人过街设施和通道配置不足或者设计不合理，行人随意横穿快速车道现象严重；慢行空间休息设施不足，环境卫生状况不佳，降低了市民的慢行舒适度和满意度等等。

4. 不文明出行行为突出，惩罚力度不够

市民不文明的出行习惯和机动车驾驶员的不良驾驶行为，使快速与慢速出行方式的矛盾突出，道路交通安全系数堪忧，交通拥堵严重。行人、非机动车随意穿行于机动车道，交通法规意识淡漠，闯红灯现象严重，这既严重降低了机动车的正常通行速度，也给行人和非机动车带来巨大的安全隐患。机动车驾驶员随意并线、不规范停靠、开车接打电话、不打转向灯、随意占用非机动车道和公交车道等不文明驾驶行为,也在城市各处屡见不鲜。与此同时,由于警力不足、惩罚力度不够等原因,导致上述不文明出行行为长期存在,市民和驾驶员也缺乏足够重视,没有形成文明出行的良好风气和习惯,给城市慢行系统的发展带来了隐患。

二、天津市完善城市慢行系统的基础

在城市慢行系统的发展方面,天津市具有一些良好的基础,应当予以充分、有效利用,促进城市慢行系统的完善。

1. 行为基础

天津曾是中国著名的自行车之城,自行车的生产量和保有量巨大。直至今天,多数天津市民仍然保持着自行车出行的传统,一项 2013 年进行的调查显示,在日常出行方式方面,约有 34.7% 的天津市民选择步行,31.7% 的市民选择非机动车出行,16.7% 的市民选择个体机动交通,16.9% 的市民选择公共交通,即使在北京、上海这样的特大城市,自行车、步行等慢速交通方式,仍然占有非常大的比重。天津市民对自行车等慢速出行方式的坚守和情有独钟,成为发展城市慢行系统的良好行为基础。

2. 自然环境基础

天津生态绿地资源丰富,河流水系发达,自然保护区面积较大且种类多样。市区内从社区、公共绿地,到道路绿化带,从城市公园到滨水休闲区域,从原始生态自然保护区到人造园林绿化设施,在营造了良好的城市休闲环境的同时,也为城市慢行系统的发展,提供了优越的自然环境基础。截止 2015 年末,全市共有环境监测站 17 个,国家生态区 1 个,自然保护区 8 个,自然保护区面积 9.06 万公顷,城市人均公园面积 9.83 平方米。

3. 设施基础

天津目前城市交通体系较为完善,可供选择的出行方式和组合多样,道路交通网络完备,交通设施和各类公共设施配备逐步完善,尤其是城市公共交通近年来取得长足发展,轨道交通建设加快,5 条地铁线路同步建设,为市民出行提供了便利,为城市慢行系统的完善提供了良好的设施基础。

表1　天津 2012 ~ 2014 年城市交通市政设施情况

指　　标	单　位	2012	2013	2014
年末实有道路				
铺装道路长度	公里	6462	6933	7275
铺装道路面积	万平方米	11611	12440	13144
人行道面积	万平方米	2752.00	2952.16	3141.00
人均拥有道路面积	平方米	17.88	18.74	16.71
年末实有桥梁				
桥梁座数	座	736	809	869
立交桥	座	89	103	110
年末实有路灯盏数	万盏	28.20	29.40	30.99

备注:数据来源《2015 年天津统计年鉴》

表2　天津 2012 ~ 2014 年城市公共交通情况

指　　标	单　位	2012	2013	2014
公共汽车				
运营车辆	辆	8405	9670	11164
线路条数	条	536	566	657
线路长度	公里	12732	13460	14881
客运总量	万人次	135744	136489	151012
日均乘客人数	万人次	372	374	413
每万人拥有公共交通车辆	标台	16.2	17.0	18.3
营运出租汽车	辆	31940	31940	31940
轨道交通				
地　铁				
运营车辆	节	450	450	450
运营线路长度	公里	78.5	82.5	86.9
客运总量	万人次	8019	19986	25098
津滨轻轨				
运营车辆	节	156	156	176
运营线路长度	公里	52.2	52.2	52.2
客运总量	万人次	3081	4310	4824

备注:数据来源《2015 年天津统计年鉴》

4. 旅游、文化基础

城市慢行系统具有交通、娱乐、休闲、文化等多种功能,需要旅游、文化等相关领域的发展做支撑。天津 2015 年全年共接待入境旅游人数 326.01 万人次,增长 10.1%;其中外国人 300.54 万人次,增长 10.3%。入境旅游外汇收入 32.98 亿美元,增长 10.2%。接待外省市游客人数增长 11.2%,国内旅游收入增长 12.3%。2015 年末全市共有星级宾馆 97 家;旅行社 427

家,其中有出境资质的 44 家;A 级及以上景区 112 个。天津文化产业快速发展,截至 2015 年末,全市共有艺术表演团体 66 个,文化馆 19 个,博物馆 22 个,公共图书馆 31 个,街乡镇综合文化站 241 个。

5. 政策基础

天津高度重视城市交通体系的建设发展,编订了《天津近期建设规划(2011 ~2015)——综合交通规划》等城市交通发展的指导性文件。同时,面临日益严重的交通拥堵、环境污染等"城市病",天津也启动了城市慢行系统的规划和建设,目前正在着手编订《天津市中心城区步行和自行车交通规划研究》,力图构建适应天津国际化城市发展,符合绿色、低碳要求,贯彻以人为本理念的城市慢行系统,满足市民提高生活品质的殷切需求。

三、完善天津市城市慢行系统的建议

发展城市慢行系统,已成为未来城市发展的方向之一,天津市已经计划在解放南路、新八大里和天拖地区开展规划试点,优化城市慢行空间,此外还可以在以下几个方面完善城市慢行系统:

1. 商业空间

围绕滨江道、大悦城、奥城等商业区域,建设商业慢行空间。完善商业慢行空间的休息设施,优化提升绿地空间,美化环境,满足大流量人流的购物、娱乐、休闲等需求。以商业设施为中心,建设辐射四周的慢行通道,在合适的地方设置步行优先区,完善道路交通设施,保障步行者的路权。提高通过公共交通方式到达商业空间的便捷性,实现慢行系统与商业设施的互相促进。

2. 历史文化空间

依托鼓楼、古文化街、估衣街、五大道等历史文化街区,建设城市历史文化慢行空间。利用历史文化特色街区的传统风貌和建筑特色,在不破坏原有街区风格的基础上,完善步行、自行车骑行通道和配套设施,提升慢行通道沿途的绿化景观水平,让人们在舒适的环境中,体味天津的人文情怀。

3. 都市休闲空间

围绕海河沿线、城市花园、图书馆、博物馆、剧院、体育馆等,建设都市休闲慢行空间。在海河沿线铺设专供行人、自行车通行的特色步道,完善沿途绿化美化,建成滨河特色观光慢行空间。利用现有的城市花园、图书馆、剧院等休闲场所,完善配套商业、休闲设施,提升公共交通通达性,丰富市民休闲生活。

4. 社区空间

围绕现有集中居住社区,建设社区慢行空间。以方便社区居民通勤、生活为主要目的,为市民提供步行、自行车、公共交通、轨道交通等多种通勤方式及组合,增加自行车存放点等设施,方便不同通行方式的转换。提升社区绿化,完善社区购物、运动、休闲、教育、医疗等设施,使居民在近距离内解决日常生活的基本需要,减少远距离、跨区域快速出行,缓解交通拥堵。

5. 交通枢纽空间

建设兼具交通、商业、休闲等功能的交通枢纽慢行空间。提升现有交通枢纽,合理规划设计新型交通枢纽,使其在发挥便捷不同交通方式转换功能的同时,兼具商业、休闲等功能,使人们在交通枢纽即可解决多种生活需要,减少市民出行距离,缓解城市交通压力。合理设计交通枢纽布局,完善交通设施和其他配套设施,在方便出行、换乘的同时,保障人们的出行安全和舒适度。

(作者单位:天津社会科学院发展战略研究所)

天津市社区公共体育服务供给现状与改进策略研究

王　丽

近年来,天津市委、市政府非常重视群众体育工作,已初步建立起覆盖城乡、服务广大人民群众的基本公共体育服务体系。截至目前,我市已建有各类体育场地 1.6 万个,人均体育场地面积 2.12 平方米,高出全国平均水平(人均 1.46 平方米)。成立各类体育社会组织达 5000 多个,培养社会体育指导员达 3 万名。经常参加体育锻炼的人数比例达到 41.3%,城乡居民达到《国民体质测定标准》合格以上的人数比例达到 93%。天津市群众体育发展水平的核心评价指标均处于全国前列。

社区体育是群众体育最主要的表现形式,社区公共体育服务是以满足社区成员公共体育需求为目的,由政府主导、社会参与、公益性的社区体育服务总和,也是政府提供公共服务的重要组成部分。充分发挥社区公共体育服务的各项功能,不仅能有效满足社区公共服务的多样性要求,也能弥补公共服务的不足,更好的提升社区公共服务的质量。

一、天津市社区公共体育服务供给的现状

1. 注重社区体育设施建设

目前,我市已基本实现了社区、行政村公共体育设施全覆盖,为广大人民群众参加体育锻炼,提高健康水平提供了物质设施保障。2016 年,天津市体育局安排体育彩票公益金 3000 多万元,在本市社区、行政村建设了近 1000 个健身园,建设了东丽湖和金钟新市镇 2 个体育公园。此外,还投入 6000 万元,在全市 10 个区域建设 120 多个多功能运动场地和若干个全民健身工程示范园,并且我市已开始实施体育设施建设空间布局规划,建设市、

区县、街镇、社区(村)四级全民健身设施,打造体育设施“15分钟健身圈”,各类体育健身场馆、设施将大幅度增加。

2. 培育和扶持社区体育组织建设

按照“政府主导、部门协同、社会参与、市场助力”的原则,我市已基本建立起市区政府推动、部门联动、社会参与、市场运行的全民健身组织体系。其中社区群众体育活动的组织有以街道办事处牵头建立的群众体育组织;文化站、体育中心、青年之家;文化馆、文化宫、俱乐部;辅导站、辅导中心;体育公园;锻炼小组;棋社、球社等。这些组织按照一定的期限,定期举办小型的群众体育活动,较好地满足了市民群众多样化、多层次、多方面的体育文化需求。

3. 开展丰富多彩的体育文化活动

2017年十三届全运会将在天津举行。为抓住举办全运会契机,推动全民健身事业的发展,我市自2015年实施了“全运惠民工程”,开展了丰富多彩的市民体育健身活动。在全市范围内发起组织了“2016年健身大拜年系列活动”,与市妇联、总工会等单位联合发起并举办了第35届“三八”健康杯妇女健身大赛、职工迎“五一”体育健身嘉年华等活动。举办了第六届“体彩杯”全民健身运动会。举办了篮球、排球、羽毛球、足球、网球等项目的全市第二届业余联赛以及海河龙舟节、海河国际龙舟赛、团泊湖国际铁人三项赛、首届全国行业职工足球赛、市民健康跑、奥林匹克日长跑等群众健身活动,并且各个区根据自身体育特点,也举办了独具特色的群众体育活动。如:红桥区开展了“绿色家庭、绿色出行”亲子骑行嘉年华活动;南开区举行了第二十一届全民健身运动会“学府杯”华牌赛;东丽区举办了全国花毽联谊活动;津南区举行了首届武术文化节活动等。

4. 不断完善公共体育事业相关的政策法规

政策法规在公共体育事业建设中发挥着重要作用,它能够让公共体育事业有法可依,切实保障人民群众的体育利益和体育权利。在认真实施《全民健身条例》的基础上,我市相继出台和修订了《天津市公共体育设施布局规划(2014~2020)》《天津市社会体育指导员管理办法》《天津市全民健身工程管理办法》《天津市群众体育社团管理办法》《天津市全民健身实施计划(2016~2020年)》等多项全民健身的管理规章制度,并相制定和颁布了《关于推进健康天津建设的实施意见》《天津市“全运惠民工程”实施方案》《天津市体育局2016年20项民心工程实施方案》《“迎接全运会健康新天津”全民健身系列活动实施意见》等多项政策意见实施方案,确保了我市群众体育工作的健康发展,保障了广大市民的健身权利。

二、天津市社区公共体育服务供给存在的不足

1. 居民对社区公共体育的参与度较低

城市居民参加体育活动的形式多种多样,但大都根据自己的兴趣爱好去选择运动项目,锻炼场所等。由于当前社区公共体育服务的内容安排或结构体系不尽合理,且同质化现象较为严重,许多服务内容出现重叠现象,并且组织的社区体育活动常年趋于一致,活动形式较为单一,导致了社区公共体育服务难以满足不同年龄、不同爱好、不同层次居民的的体育文化需求,一些居民对社区体育活动和服务不感兴趣、不愿参与,社区居民的参与度较低。

2. 社区公共服务组织管理体制不完善

目前我市的体育管理仍旧是纵向与横向的条块结合。纵向管理体系为:市体育局—区体育局—街道办事处和社区居委会;横向体系为:政府体育组织机构、街道下的社区体协、社区体育组织、企事业单位的体育组织等。无论是“条状”管理体系还是横向“块状”体系,社区体育管理与组织内部都缺乏有效的相互沟通与合作。在纵向上,它们有明显的隶属关系;在横向上,它们各自为政,互不往来,缺乏有计划的统一布局和管理,特别在街道社区体育非政府组织发展不充足的状况下,容易造成社区公共体育管理的缺位和越位,出现社区体育活动组织不力、资源整合困难、体育设施利用率低等问题。

3. 社区公共体育经费紧张来源单一

天津社区公共体育经费主要依靠政府财政支持和体育彩票公益金。《天津市体育彩票公益金支持体育事业专项资金管理办法》明确规定,体育彩票公益金有 70% 用于群众体育,主要用于建设公共体育场地、设施和捐赠体育健身器材;资助群众体育组织和队伍建设;资助或组织开展全民健身活动;组织开展全民健身科学研究与宣传建设全民健身点等。在社区公共体育经费来源中,企业和个人赞助所占的比例很小,居民的体育消费投入也较少。单一渠道的经费支持已不能满足社区公共体育发展的要求,经费问题已成为制约其发展的关键。

4. 社区专业体育指导人才缺乏

社会体育指导员是社区公共体育服务的骨干力量,他们是做好社区居

民体育知识普及,开展群众性体育活动不可或缺的专业性人才。但是我市社会体育指导员数量严重不足,2015年天津市常住人口为1546.95万人,社会体育指导员的人数约为3万人,只占常住人口总数的1.9‰。目前,我市从事社区公共体育服务的人员主要是爱好体育健身的志愿者,多由退休干部、家庭妇女等组成,他们较少受过专门的系统培训,直接影响了社区公共体育服务的质量和效率。

三、天津市社区公共体育服务供给改进的对策建议

1.问需于民,提升居民社区公共体育的参与度

社区公共体育服务作为最基层直接面向居民的基本体育服务,首先,应当"问需于民",不断完善利益表达机制,使不同的主体在社区公共体育服务中能够发出自己的声音,使民意能够及时准确的得到顺应和上传。其次,组织开展社区居民体育健身档案管理服务和室内体育场(馆)设施开放服务,增加社区居民普遍需求量较大的体育产品数量,丰富体育产品内容体系,实现其服务内容均衡化和服务数量动态化的发展模式。再次,建立社区体育运动动员机制。发动全社会成员广泛地参与体育活动,通过政策、法规、舆论宣传等,来发动和激励居民自我参与、自我组织、自我发展社区体育,使人们在社区氛围中逐步形成参与社区公共体育事业的志向和热情,促进社区体育健康持续发展。

2.健全社区体育组织,培育民间体育团体

社区体育组织和民间体育团体是社区居民参与体育活动和锻炼的主要载体。加强社区体育组织网络建设,首先要健全街道、乡镇综合文体工作机构,并通过购买服务的方式设立全民健身岗位,配齐工作人员,推广社区、行政村"居民健身会"体育社团组织管理模式,完善"绿色健身站",实现街道、乡镇和社区、行政村体育组织的全面覆盖。同时,体育主管部门要加大对民间体育团体的培育力度,鼓企业与社会体育组织等参与社区体育建设,力求突破企、事业、社区独立和封闭的建制格局,逐步横向发展。搞好社区间联合,与社会体育交叉的新组织体系联合,呈现出纵横交叉、条块结合的系统网络化趋势,以满足社区居民日益增加的体育健身需求。

3.多渠道筹集发展资金,保障社区体育健康持续发展

在解决社区公共体育发展资金来源问题上,要形成政府财政支持、社区自筹、民间资助等多种形式的资金来源和渠道,并多方面开发社区体育服务

资源。第一,要加大政府公共体育服务财政投入,设立社区公共体育服务专项资金,以更好的满足社区居民的公共体育需求。第二,形成良好的社区体育投资氛围,鼓励个人、企业、商业和行业部门以及其他社会团体投资社区体育,并在土地使用、资金贷款等方面给予优惠政策。第三,通过开展各种形式的社区体育有偿服务,获得社区体育的长期、健康和稳定发展。在社区健身活动中,可以根据自愿的原则收取一定的费用,为健身活动的发展提供资金补充。

4. 加强体育指导员队伍建设,提高社区居民健身质量

提升社区公共体育服务的居民满意度,要切实发挥社会体育指导员的积极作用,不断推动全民健身活动的广泛深入开展。在社区成立社会体育指导员服务站,在社区居民小组建立社会体育指导员服务点,积极推行社会体育指导员网格化、定位化、岗位化的工作与服务机制。构建社会体育指导员与服务岗位"二位一体"的管理模式,以保障社区体育指导工作健康有序的开展。同时,规范社区体育指导员队伍建设和业务培训,切实提高其业务水平和工作能力,以持续提升社区体育公共服务的居民满意度。高校、职业院校和培训机构也要加强社会体育指导员的培养力度,开设社会体育课程和相关专业,以输送更多的优秀体育人才到社区体育指导员队伍中去。

(作者单位:天津社会科学院发展战略研究所)

天津市物业服务需求现状与趋势研究

高　原

截至2015年12月31日,我市共有物业服务企业1424家,规模以上企业155家。目前天津的物业管理企业大致分为三类:第一类为具有一定声誉的品牌企业,即以往十年由国有大型企业鼎力扶持起来的发展快且标准高的物业服务企业,它们是天津物业管理行业的龙头企业,至今领跑行业的发展,如万科、顺驰、天房、天孚、安华、华厦等。第二类是与物业管理市场应运而生的市场化物业管理企业,这类企业有的属微利经营,有的则举步维艰。第三类是外省市步入天津市场的物业管理企业,这些企业凭其多年大规模的成熟物业管理经验大势压进,步入天津市场,占有一席之地。

一、天津市物业服务的基本情况

目前我市物管市场呈现四大特点:首先是随着开发商品牌意识的提高和业务细化的需要将逐步丢弃"自建自管"的观念,把项目交给专业物管公司;其次是国企改制逐渐使房管所脱离政府部门,成为自负盈亏的企业实体;第三是现有物管项目开始实行招标,不称职的物管企业会被业主炒掉,由新的"管家"取而代之;第四是行政事业单位的后勤服务社会化为物管企业的发展提供了难得的机会。

除现有住宅小区必须进行物业管理外,伴随着政府机构的体制转轨和企事业单位的改制,政府机关、学校、医院等单位的后勤服务已逐渐社会化,物业管理的客观需求已经产生,而且会越来越多,北京万科物业负责建设部机关大院的物业管以及莲花物业负责国家计委生活区的物业管理已经说明了这一趋势的必然性。

1. 我市物业服务需求趋势

2015 年天津市房地产业增加值为 605.42 亿元,同比增长 6.1%。房地产开发投资 1871.55 亿元,同比增长 10.1%。商品房销售面积达到1771.07 万平方米,相比去年增长 9.8%;商品房销售额 1790.01 亿元,同比增长 20.4%。存量房交易升温,全年交易面积为 1289.6 万平方米,增长 61.7%;交易额为 1290.4 亿元,增长 78.6%,相较去年都有大幅度的回升。如图 1、图 2 所示。

图 1　2011 ~ 2015 年天津商品房销售面积及增长

数据来源:国家统计局

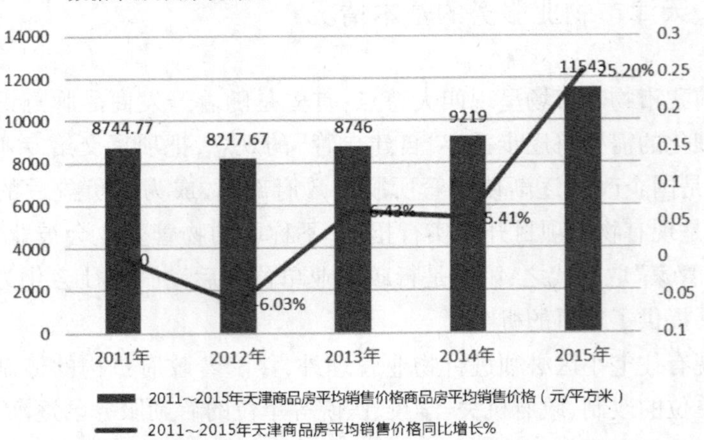

图 2　2011 ~ 2015 年天津商品房平均销售价格及增长

数据来源:国家统计局

2. 我市物业管理价格指数分析

价格指数是反映不同时期一组商品(服务项目)价格水平的变化方向、趋势和程度的经济指标,是经济指数的一种。2015 年 12 月,二十大城市物业服务价格综合指数为 1018.69,较去年同期上涨 0.99%,较 2015 年 6 月上涨 0.35%。我市的物业管理价格指数较去年同期上涨 1.44%,涨幅较大,显示出广阔的市场发展前景。如图 3 所示。

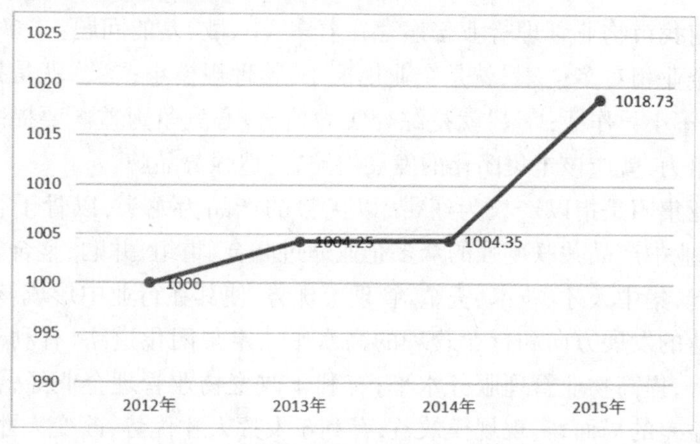

图 3　2015 年天津市物业管理价格指数

数据来源:中经数据库

3. 我市物业服务企业资质结构分析

物业管理企业资质是物业服务企业的资质证书,分为三级,不同级别的物业服务企业在注册资本,专业人员配备以及服务范围等都有不同的规定。截止 2015 年,天津全口径物业服务企业 1424 家,其中一级企业 17 家,二级企业 83 家,三级企业 979 家,三级暂定 345 家。如图 4 所示。

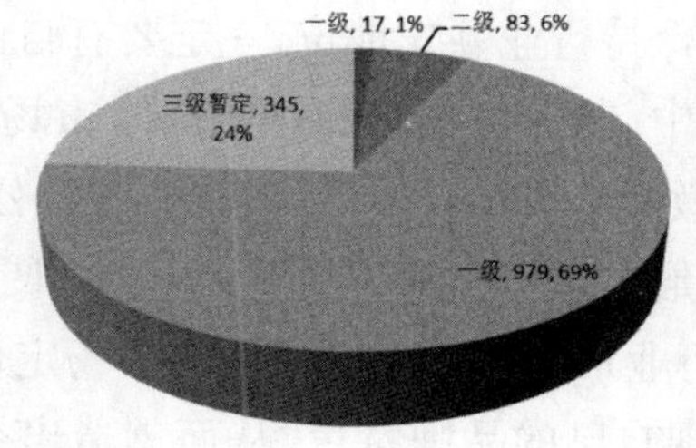

图 4　天津市物业管理服务企业资质结构

数据来源:天津统计局服务业处

二、天津市物业服务业发展趋势分析

随着我市物业管理市场的日趋增长和成熟,我市的物业管理将呈现以下发展趋势。

1. 走集团化发展道路,打造强势品牌,提高核心竞争力

目前我市物业管理行业普遍存在着多、小、散、差的问题。“多”就是物业管理企业相对多;“小”就是企业规模小,管理规模小;“散”就是技术力量分散,孤军小兵作战;“差”就是综合实力差、核心竞争力差。要提高企业的核心竞争力,就应该走集团化的发展道路,打造强势品牌。

企业集团是指以产权为纽带,以优势的产品为龙头,以骨干企业为核心,把行业中产品关联度强的众多企业通过联合、重组、并购、整合等形式组织在一起,集中人才、技术、资金、管理等优势,使其在行业中形成核心企业,代表行业的发展方向和行业管理的高水平。走集团化道路,有利于集中企业的优势,提高物业管理服务水平;有利于改变物业管理企业经营规模小、经济效益差的局面,实现规模效益;有利于发挥人才优势,改变人才、技术力量分散的局面;有利于拓宽经营领域,实现企业发展的良性循环;有利于参与市场竞争,在竞争中求发展;有利于走出国门,进入国际市场。

我市物业管理在集团化发展道路上有望取得以下方面突破:一是出现跨地区的物业管理企业集团,如深圳某物业管理品牌公司与上海或北京某品牌物业管理公司联合组建的企业集团;二是出现跨行业的物业管理企业集团,即以某物业管理品牌企业为骨干与清洁公司、保安公司、绿化公司等相关行业组建的企业集团;三是组建全国性的物业管理企业集团,即以各地物业管理骨干企业为成员形成全国物业企业集团。

物业管理企业要保持行业领先地位,一定要有自已的品牌,必须把产业发展汇入到这一潮流中,制定和实施品牌战略。市场竞争是残酷的,“胜王败寇”。在竞争日益激烈的市场环境下,各物业管理公司将会更加注重企业内部管理质量和外部形象,“以名牌闯天下,以质量取天下,以服务守天下”,创立企业名牌,树立行业形象。通过较准确的市场定位,创造出与市场需求相适应的“产品”,体现自已的品牌特色,从而创造出企业的品牌效应,这不仅有助于与业主有直接相关的公众建立一种良好的信任与合作关系,也有助于在相关公众中树立威信产生亲和力,产生“慕名而来”的结果,提高企业的竞争力。

2. 发展高新技术，提供个性化、专业化服务

随着高新科技在现代物业建设中的大量应用，物业管理也不再是传统意义上的简单原始的清洁、绿化和安全巡视管理，高科技管理技术越来越成为物业管理的主要内容。特别是宽带网络和计算机技术的迅速普及推广，为物业管理企业服务手段的革新提供了新的平台。高科技管理将是物业管理行业发展的主导方向。电子化、网络化、智能化的服务手段将会被物业管理企业普遍采用。

目前相当多的物业公司利用物业的智能化设备，将通信网络系统、Internet 网络和电话交换系统集为一体，为客户和供应商搭建一个专业的信息服务平台，实现了物业管理信息化，物业服务网络化。利用现代信息网络技术建立服务供应商的信息网络，通过有效的评估并以契约的形式与供应商之间建立长期或短暂的合作关系，为业主及时提供各项专业服务。

不同的物业使用人对物业管理和服务的需要是不同的，而同一物业企业也不可能满足每个物业使用人的全部需要。所以，现代物业管理就是要从更深更宽的范围内解决这个问题——即提供个性化服务。这样社会结构中的多种功能就渗透到了物业管理中，由物业管理企业进一步把这些功能发挥出来，为物业使用人提供更加优质、更有针对性的服务，同时物业使用人也可更多地接受物业的服务。个性化服务要求从业者提供更专业的管理、更专业的服务。而专业服务公司、职业经理人就是专业化的产物。

将来物业管理的各项服务内容均由相对应的专业化公司提供最精致的专业顶级服务。比如专业设备维修公司、专业电梯工程公司、专业保洁公司、专业保安公司、专业家政代理公司等。专业化分工使各项服务内容趋于极致，并使成本费用降至最低，从而让消费者、物业公司、专业公司都成为赢家。

3. 加强法制管理，规范物业市场

“依法管理”是物业管理生存和发展的基础。国务院《物业管理条例》及相配套的《前期物业管理招投标管理暂行办法》《业主大会规程》《物业管理服务收费管理办法》《物业管理企业资质管理办法》《物业服务收费明码标价规定》《业主公约》（示范文本）、《前期物业服务合同》（示范文本）《普通住宅小区物业管理服务等级标准（试行）》等物业管理法规、规章及标准的相继出台，不仅标志着我国物业管理进入了依法管理的新时期，而且为各地开始进入新一轮物业管理立法的高峰期。

随着《物业管理条例》的贯彻和各地方立法的完善，物业管理的定位和

有关概念将重新界定,物业管理中政府行为将逐步淡化,虽然在相当的一段时间里政府作为管理主体的地位不可取代,政府将逐步全面退出物业管理行业,真正实现完全的"市场化"运行。"物业管理"在管理的同时,作为"千家万户"联系的纽带、社区人文环境建设桥梁的作用日益突出,其各项"服务"功能将不断强化;物业管理行业关系得到进一步协调;政府从物业管理行业的逐步退出,"物业管理企业协会"的规范和成熟,业主自治机构的完善,"物权法"等概念的引入,将进一步理顺物业管理行业负责机构、各物业管理公司、物业业主之间的关系,在保障业主、住户合法权益的前提下,更便于物业公司日常工作的开展。

目前,我国物业管理不仅驶入高速发展的快车道,而且进入法制化、规范化发展的新时期。如果说,入世对我国的企业来讲是重新"洗牌"的话,那么《条例》的实施,对物业管理企业来说才真正进入了重新"洗牌"的时期。也就是说,谁能按照《条例》依法经营、依法管理、依法服务,谁就能在激烈的市场竞争中得到规范和发展,反之,谁不依法进行运作,谁就将被市场经济的汪洋入海淹没,最终被淘汰出局。

4.奉行"以人为本",创造"和谐社区"服务理念

市场意识和市场竞争,对于物业管理行业来说,既是机遇又是挑战。而对即将到来的挑战,物业管理企业要生存、要发展,就必须走进市场参与竞争。因此,物业管理企业应当在国内物业管理规章制度不断健全、物业管理市场容量不断扩展的机遇下,坚持"以人为本"创造"和谐社区"服务理念,不断创新服务平台,才能获得市场。

物业管理作为劳动密集型的服务行业,最终的顾客是居住者,居住者的满意才是衡量物业公司工作的最终标准。随着人们生活水平从量到质的飞跃,人们对居住环境的需求将不满足于现有的条件,向往的是"天人合一"的环境,关注的是居住质量,追求的是高品位的生活。因此,新世纪的社区建设,应当把"以人为本"的服务理念,贯穿到房地产规划、建设的全过程中。

物业公司不仅要注重对硬件的管理,更要注重提供优质的服务,从完善居住者的居住生活出发,提供高水准的服务;以诚恳、守信、积极的态度对待居住者;关心居住者,满足居住者的需要,不断改进服务质量。只有这样,才能真正尊重居住者需求,进而为其提供更细致、更周到、更体贴的人性化服务。

(作者单位:天津社会科学院发展战略研究所)

天津市微信公众号发展现状、问题及对策研究

于家琦

我国从2011年开始微信发布以来,经历了2012年4月朋友圈上线、2012年7月公众号上线、2013年8月微信支付上线、2014年9月微信企业号上线、2014年12月微信城市服务上线,已走过6年的发展历程。微信用户从2013年3月的1.9亿成长为2016年8月的8.06亿,微信从最初的社交通讯工具,成长为连接人与人、人与服务、人与商业的平台。其中,微信公众号是开发者或商家在微信公众平台上申请的应用账号,可以给关注者推送文字、语音、视频、图片以及多图文消息,推送的内容可以是重要通知、趣味互动或产品营销等。截止2016年3月,微信已汇聚公众号超过1000万,公众号日提交超过70万群发消息,其大众传播属性和影响力已经十分明显。

一、天津市微信公众号发展现状

2016年1至6月,清博舆情报告显示,天津地区微信公众号整体运营数据为:517个账号共计发布35953次,累计推送文章116867篇,阅读总数超过2.8亿,点赞总数超过156万次。监测时段内,单个公众号平均文章数为246篇,日均推送1.35篇。以单篇文章来看,平均阅读数2423,平均点赞数为13。头条阅读总数超过1.51亿,占文章阅读总数的53%。

1.企业类公众号优势明显

将天津市微信公众号按照“政务”“企业”“媒体”“自媒体”四大类进行分类数据统计。企业类公众号123个,在账号活跃度、信息抵达率上优势较为明显,文章总数(43106)、阅读总数(127117350)等均为最高,平均微信传

播指数(WCI)为532。企业类公众号的阅读总数高达1.27亿,占整体阅读总数的45%,其他类型账号与之相去甚远。企业类微信公众号中,银行、运营商类占比重较大,分别占18%、13%,这源于银行系统、运营商下属网点较多,其官微成矩阵运营。百货商场、房地产开设的微信公众号较多,均占11%,显示出此类企业的新媒体意识浓厚。

媒体、自媒体类公众号账号数量分别为126个、135个,在整体传播力上十分接近,平均WCI值分别为333和329。尽管媒体类文章总数(28006)较自媒体(19773)略胜一筹,但在阅读、点赞数上并未显示出更多优势。媒体类阅读总数为6.6千万、点赞数为33.6万;而自媒体类阅读总数为6.9千万、点赞数为30.4万。自媒体类公众号的头条阅读总数占自身阅读总数的60%,而媒体类公号头条阅读总数占自身阅读数45%,显示出自媒体类公号对于头条文章传播力的依赖,超过媒体类公号。媒体类微信公众号中,报纸杂志类公号占比高达40%,电台类居于次位,占比22%,电视类主要包括一批天津本地电视频道的微信官微。自媒体类微信公众号中,本地资讯和生活服务类自媒体较多,分别占25%和18%。行业类、美食类的垂直公号,占比分别达到22%、15%。

政务类微信号133个,平均WCI值为238,在四类账号中居于末位。政务类账号发布次数为10640,超过媒体类(6639)和自媒体类(6312),文章总数为25982,多于自媒体类(19773),但是推送反馈效果相对较差,阅读总数2.1千万、点赞总数22.7万均为四类中的最低。政务类微信公众号中,各政务部门占比并不均衡,不同类别之间相差甚远。消防、工会类占据第一梯队,分别占18%、14%,妇联、财税类占比分别为9%、8%;团委、交通、法院类占比均低于5%。其他类账号,涉及边检、环保、户政等多个政务领域。

2.微信传播力仍有提升空间

天津微信公众号的平均微信传播指数(WCI)为357。WCI值在200及以下的公号,占比37.33%,其中包括一部分影响力较低,运用状况不理想的公号,还包括一些处于零发布状态的僵尸号。WCI在200~600之间的公号,占比总计达到47.39%,这部分公号位居天津微信新媒体阵营的中游区域,具备较大的发展潜力。WCI在600~800的公号,占比11.03%,WCI超过800的公号,占比仅为4.26%,其中1000以上的为0.39%。

天津微信传播指数排名前10的分别为:①天津大城小事:平均阅读数21911,平均点赞数186,WCI值1036;②天津那些事:平均阅读数20027,平均点赞数97,WCI值1021;③中国移动天津10086:平均阅读数42180,平均点赞数122,WCI值981;④天津交通广播:平均阅读数13670,平均点赞数47,WCI值979;⑤天津人:平均阅读数22445,平均点赞数79,WCI值963;⑥每日新报:平均阅读数11196,平均点赞数43,WCI值952;⑦天津潮生活:平均阅读数13017,平均点赞数39,WCI值945;⑧天津交警:平均阅读数11839,平均点赞数46,WCI值940;⑨你好天津:平均阅读数6537,平均点赞数101,WCI值935;⑩天津玩艺儿:平均阅读数8568,平均点赞数41,WCI值916。

3.微信公众号文章内容聚焦本地热点

天津微信公众号的文章中,进入热门文章前30的阅读量均达到10万+,点赞最高者达到了31455,单篇文章传播力强劲。从入榜账号看,“中国移动天津10086”“天津那些事儿”“天津交警”“平安天津”等不同类型账号都有入榜,其中企业类、自媒体类账号表现最为抢眼,其次是政务类。从入榜文章类型看,“企业优惠”“时政杂谈”类信息入榜率较高,共计9篇,其次是“城市发展”“生活常识”、“地域热点”等。入榜文章的推送位置几乎均为头条位置,显示了头条传播力的优势地位。综合观察入榜文章,热门话题中除了部分时政类杂谈,其余均为地域热点。信息的地域接近性十分明显。天津各大微信公众号聚焦本地热点,从不同层面满足了民众的基本信息需求。

比如,政务微信热门文章前10中,天津交警发布的“天津交警有大动作了”、天津市人民检察院发布的“津门最美女检察官,等你来点赞”等,阅读数均为10万+。企业微信热门文章前10中,天津那些事发布的“纪委干得漂亮!天津36名官员落马,看看有没有你认识的”,阅读数为10万+,获2136个赞。媒体微信热门文章中,天津交通广播发布的“逆天了!天津14条地铁完整站点规划,有经过你家门口吗?”、天津广播发布的“重磅!影响一千万天津人!医保新政出台,看完这20条干货你就明白了!”,阅读数均为10万+。自媒体微信热门文章前10中,天津大城小事发布的“天津版《南山南》,我把天津唱给你听!”,阅读数超过10万,获16879个赞。

天津微信新媒体的推送内容中,地域热点占比20%,是本地微信公号的主打内容。信息上的地域接近性,使得此类信息更容易获得用户关注。民生资讯占12%,趣味杂谈占11%,政务发布占10%,各大公号围绕当前群众广泛关注的医疗、教育、就业、养老、交通等问题,有针对性的提升发布信息对受众的实际价值。此外,企业动态7%,科普知识5%,亲子教育4%等信息,扩充了本地微信新媒体推送结构上的丰富性,满足了不同用户对于信息的多维度需求。

二、天津市微信公众号发展中面临问题

1. 顶级优质公号稀缺、僵尸号拉低整体传播力

微信传播指数(WCI)是通过微信公众号推送文章的传播度、覆盖度及账号的成熟度和影响力来反映微信整体热度和公众号的发展走势。2015 年的全国微信公众号 500 强的统计显示,前 500 名的平均 WCI 值是 1765,有 165 个账号大于等于平均值;WCI 值突破 2000 的有 41 个账号。"人民日报"以 WCI 值 2209 稳坐头把交椅,排在 500 强末位的账号的 WCI 值为 1655。而 2016 年 1 月到 6 月的天津微信公众号数据显示,平均微信传播指数(WCI)为 357,处于较低的水平。一方面,顶级优质公号仍然缺乏,WCI 值在 1000 以上的只有 2 个,分别为天津大城小事(1036)、天津那些事(1021),仅占 0.39%,离 500 强还有不小的距离;另一方面,WCI 值在 200 及以下的公号占了三成多,还包括一些处于零发布状态的僵尸号,这些都影响了天津微信新媒体的整体传播状况和影响力。

2. 存在微信公众号不公平竞争现象

2016 年 9 月随着微信平台的系统升级,许多原本阅读量轻松达到"10 万 +"的微信公众号,图文推送的阅读量大幅缩水,有的甚至只有平时的几十分之一,这暴露了微信公众号中存在的数据造假问题。以评估微信数据为专业的"新榜"的监测数字显示:六成微信大号阅读数下降,其中 124 个暴跌达 80% 以上。营销号、企业号、公关号以及一些承揽广告的自媒体"造假率"高,成重灾区。阅读量等数据如同电视的收视率一样,是广告商青睐的一个重要指标。公众号运营者不惜花钱伪造数据繁荣的目的,不外乎赚取更多的广告。天津微信公众号在今后的发展中应警惕这种不公平竞争现象,如果这类问题不能及时得以遏制,用户接受信息的真实性就会受到影响,同时影响广告主的投放和判断,进而危害互联网产业的整体生态。

三、天津市微信公众号运营及管理对策

1. 吸引受众有效注意力是微信公众号运营的正途

对微信公众号运营者而言,要提高传播影响力,需要更有效地吸引和保留自己的用户,让顾客有更高的体验度,这样的公众号才能具备更长远的投

资价值。微信公众号运营者需要做好两件事:其一是获得受众的有效注意力,其二是让受众对广告产生兴趣。微信公众号运营者要将自己的用户当作传播者,考虑传播者通常愿意向他的朋友圈发送什么内容。那些能够体现用户品位的高雅独特、个性阳光、富有情趣并且真正有品质的文章和图片通常更容易被转发。吸引受众的有效注意力是第一步,接下来要让受众对广告产生兴趣从而让广告主愿意出资是更为重要的一环。目前,一些做得好的微信公号都发展了独特的原生广告。比如为了推销儿童读物,亚马逊曾经在美国社交媒体 BuzzFeed 上发布过一个名为"你像哪本儿童读物"的测验。这样的广告既是可以分享的内容,同时又可以产生较好的广告效果。实际上,原生广告就要将广告从一种附属品、累赘,转化为自身创造流量、能够吸引受众注意力的主角。

2. 微信公众号应引入第三方监测数据

为从源头上防止微信公众号出现数据造假问题,应引入独立的第三方监测微信公众号数据。2016 年 9 月的造假事件曝光后,87.2% 的广告主期待引入独立第三方广告监测平台,确保其广告投放行为的真实性。10 月初,不刷量媒体及机构联盟的首批发起方之一清博大数据推出了一款自媒体数据打假引擎——微信公众号异常评估工具,它主要是基于公众号的历史传播数据和 9 月 28 日当天的传播数据,包括形成头条阅读变化率、篇均阅读变化率、日均阅读离散程度等近十个指标,来判断一个公众号造假的概率。工具推出后就获得广泛关注,截至到 10 月 11 日 18 点,就有 98700 个公众号参与测试。此外,还有一些具有数据监测能力的机构,如新媒体第三方价值评估机构"新榜"、移动互联网第三方广告监测机构艾媒咨询等,也可以针对微信公号文章进行分钟级的监控与分析,判别机器流量。

3. 制定新媒体行业规则、完善相关法律法规

从新媒体行业自律的角度,应建立新媒体数据监测行业的组织或协会,共同探讨和制定出行业标准和规则。数据监测机构的评估工具和方法应该通过有效的认证,由行业主管部门对信得过的机构颁发相关资质,让更有责任感的数据监测机构获得更多服务机会。从监管者的角度,应完善相关法律法规,对因虚假数据发布等问题造成重大影响的微信运营者追究其法律责任。目前,微信平台关闭账号的惩罚力度与这种涉嫌违规违法的法律责任不能匹配,有关职能部门有必要明确或细化相关法律法规,对这条黑色利益链进行法治层面的打击和规范。以微信为代表的社交平台,成为新的媒体传播核心渠道,媒体拥抱社交传播已成为大趋势,适时规范新媒体行为将

为众媒时代提供法治保障。

（作者单位:天津社会科学院舆情研究所）

天津市文化产业法律保护的调查与分析*

王者洁　畅婷婷

近年来,天津市把发展文化产业作为转方式、调结构、加快现代服务业发展的重要内容,采取多项措施推动文化产业加快发展。我市文化产业增加值连续保持年均20%以上的增长速度,积极促进了我市文化大发展大繁荣。文化产业的快速发展离不开法律的保驾护航,注重对文化产业法律保护,不仅是践行党的十八届四中全会“全面推进依法治国,建设中国特色社会主义法治体系”的重要体现,亦有助于将文化产业发展更好地纳入法治化轨道,从而保障文化产业规范有序的发展。

一、天津市文化产业法律保护的现状

(一)立法上——地方性法规的基础保障性作用增强

目前,我市已颁布了与文化产业相关的地方性法规8部,如《天津市电子出版物管理条例》、《天津市旅游条例》、《天津市促进商业发展若干规定》等,与其他直辖市相比,数量相对较为丰富。如:上海出台与文化产业相关的地方性法规7部,北京和重庆与文化产业相关的地方性法规均为4部。

纵向层面看,我市在上位法规定下,依法制定地方性法规,注重发挥优势,突出自身特色,为文化产业的发展提供持续的强劲动力;横向层面看,我市与文化产业相关的地方立法涵盖了文物保护、旅游管理、文化会展、专利促进与保护、文化市场综合执法等方面。基本上逐渐构建了内容详实、措施日趋细化、操作性日渐增强的与文化产业相关的法规保障体系。

---

* 基金项目:天津市2014年度艺术科学规划资助项目《天津市文化产业立法保障研究》阶段性研究成果,项目编码C14068。

(二)司法上——知识产权审判取得新成绩

近年来,天津市法院把加强司法保护作为知识产审判工作的总基调,不断加大司法保护力度。据统计,自 2012 年至 2015 年,天津市法院平均每年受理各类知识产权案件 1472 件,审结 1327 件,结案率 90%。年均受理案件数上升 73%,审结案件数上升 80%。以受理的一审知识产权民事案件为例,其中著作权纠纷年均 729 件,占 73%;商标权纠纷年均 158 件,占 16%;专利权纠纷年均 73 件,占 7%;其他知识产权案件年均 40 件,占 4%。[①]

2015 年以来,天津法院通过精细化审判,提高知识产权审判的影响力。如华夏未来文化艺术基金会诉百度网讯科技有限公司等侵害商标专用权纠纷案,在裁判理由中明确指出,网络服务提供者未尽到相关注意义务应承担过错责任,对于规范网络竞价排名服务具有重要意义。2016 年,天津高院制定了《侵犯商标权纠纷案件的审理指南》,以归纳商标侵权判定方法,推进司法标准化工作。总体上,天津法院坚持"加强保护、分门别类、宽严适度"的知识产权司法保护基本原则,依法制止各类侵权行为,保障知识产权权利人的利益。与此同时,通过明晰法律标准,划定行为界限,合理确定保护强度,有效防止知识产权滥用,为文化市场主体创造公平合理的发展环境。

(三)执法上——文化市场综合执法行动取得成效

天津市文化市场发展呈现良好态势,初步形成了门类齐全、结构合理、供求平衡的统一、开放、竞争、有序的综合性文化市场体系。为适应文化市场的发展,建立统一、高效的文化市场综合执法机构,成立了文化市场行政执法总队。根据《天津市文化市场相对集中行政处罚权规定》,文化市场行政执法机构集中行使法律、法规、规章规定的由文化广播影视行政管理部门、文物行政管理部门、新闻出版行政管理部门、版权行政管理部门行使的行政处罚权。该机构的建立有利于形成权责明确、行为规范、监督有效、保障有力的执法体制,标志着本市文化市场行政执法工作向规范化方向发展跨出了重要一步。

我市文化市场综合执法将工作重点放在网吧的规范运营、盗版的综合整治、网络文化市场执法的规范等方面。一是以规范网吧运营为重点,采取

---

① 统计数据根据天津法院网 2012 – 2015《天津法院知识产权司法保护状况白白皮书》公布数据整理。

分班轮流参与的方式，对辖区内的网吧进行高密度、高频次的检查；二是以整治盗版市场为重点，按照打击重点、兼顾一般、全面推进的原则，加大版权执法监管力度；三是以深化网络文化市场执法为重点，充分发挥文化市场管理工作领导小组办公室的协调机制作用，定期研讨网络文化执法的重点难点问题；四是以开展整治非法卫星接收设施专项治理为重点，清理未经批准擅自安装的境外卫星电视接收设施，以维护本市卫星电视传播秩序。

二、天津市文化产业法律保护存在的问题

（一）立法层面文化产业基本法规缺位

虽然我市出台了一系列关于文化产业的地方性法规，但其内容仅仅规制文化产业某一方面，无法从整体上保障天津市文化产业的健康发展。早在2008年，深圳市即出台了《深圳市文化产业促进条例》，2009年，太原市也出台了《太原市促进文化产业发展条例》。然而，目前本市尚无一部统领现有文化产业领域发展的立法成果，亟需将效果良好的相关政策上升到地方立法的层面，借鉴深圳、太原等地立法的经验和实践效果，同时结合本地特色，制定出台适宜本市的《天津市文化产业促进条例》。

此外，地方性法规在现有文化产业规范体系中比重较低，我市目前文化产业地方性法规仅8部，而政策性文件49部，显然对文化产业的保障大多集中于政策性文件，立法层次较低，法规数量较少，直接影响其权威性和有效性。一些行之有效的政策尚未以法规形式加以确定，难以形成文化产业的整体性制度框架和宏观导向。

（二）司法实践中侵权损害赔偿数额认定困难

目前天津市七成的知识产权纠纷涉及文化产业领域，其中涉及互联网、动漫产业、娱乐产业等新兴文化产业的纠纷占到很大比例。这些新兴领域的一大特点便是与高新技术手段愈加融合，加大了侵权行为的隐蔽性、便利性，降低了侵权成本，扩大了侵权范围，增大了侵权损害赔偿认定的难度。

虽然《商标法》《专利法》《著作权法》均规定了侵权者赔偿数额计算方法，即侵权人应当按照权利人的实际损失给予赔偿；实际损失难以计算的，依据法定赔偿。司法实践中，由于知识产权损害赔偿的特殊性，实际的损害很难用证据还原，权利人通常难以取得被控侵权人获利的证据。同时，权利

人证明获利的数额与侵权期间和侵权产品的对应关系较为困难,导致法院多采用法定赔偿的方式来确定赔偿数额。但法院在适用法定赔偿时缺乏细化的规则和依据,对于侵权人过错程度、侵权行为性质如何、侵权时间长短对权利人实际损失的影响以及侵权人违法所得认定标准不一,造成了法院判赔标准的不统一。

(三)行政执法管理监督机制尚不健全

文化市场执法涉及到公安、工商、文化综合执法、城管等多家行政管理部门。例如,针对"黑网吧"的取缔查处,文化市场主要监管部门文化市场行政执法大队只具有警告、罚款、停业整顿等一般性处罚权力,没有对"黑网吧"查处取缔的权限,而工商部门几乎对所有的营业性行业都有监管责任,往往难以予以行之有效的配合。各部门执法权限的交叉以及管理与执法权力配置上的分散,不仅导致推诿、扯皮现象时有发生,而且影响执法的效能。

同时,监督机制的不完善也成为制约当前我市文化综合执法水平提高的因素。监督机制一般分为行政监督与社会监督,其中行政执法内部监督是重点,目前文化市场综合执法机构自行监督多以自上而下的内部考核为主,难免令社会公众对其公正性有所质疑。比如,针对不作为、乱作为、慢作为等执法行为与执法不规范、不严格、不透明、不文明等执法现象,行政执法系统内部的监督流于形式。社会监督本应是文化市场综合执法常态化管理的一项重要举措,但在当前实际工作中,一般性举报投诉监督难以引起相关部门的重视,群众的举报控告只是象征性的经过公文流转程序,反映的问题未能获得实质性解决。

三、完善天津市文化产业法律保护的对策与建议

(一)出台《天津市文化产业促进条例》

在当前国家层面文化领域基本法缺位的情况下,当及时出台地方性法规以填补本市文化产业领域法规空白,从而发挥法规的稳定性对文化产业的发展起到推动作用。党的十八届四中全会《决定》提出制定文化产业促进法,2015年9月6日,《中华人民共和国文化产业促进法》起草工作已正式启动。我市亟需有效利用地方立法权限制定一部总领式的《天津市文化产业促进条例》,以地方性法规的形式明确本市文化产业发展的指导思想、基

本原则、发展目标，明确文化产业经营者的权利义务以及政府的职责、法律监督和法律救济。且在此基础上，及时出台或修订各项配套政策，以法律保障为主、政策支持为辅，为促进本市文化产业发展提供全面的法律保障。

《天津市文化产业促进条例》可设计为总则、分则、附则的体系结构。具体内容为：一是明确文化产业的促进原则和立法目的。促进文化产业发展应当坚持市场主导与政府扶持相结合、坚持社会效益与经济效益相统一；鼓励地方特色与文化多样性；鼓励自主创新和知识产权保护，以促进和保障文化产业发展为目标导向。二是明确政府的责任和义务。政府应当加强文化产业发展的领导工作，引导扶持文化产业发展，做好文化产业规划，负责本地区文化产业的综合协调、指导服务和监督管理工作。三是完善文化产业政府扶持机制。建立文化产业的市场培育、税收优惠、资金支持、出口扶持、人才引进等各项机制。

（二）全面提升知识产权审判能力

其一，细化法定赔偿的依据，促进审判质效的提升。加大对法定赔偿的调研力度，形成科学合理的评定因素，确定法定赔偿数额的具体操作规则。侵权行为的方式、性质、持续时间、规模、当事人的主观过错、权利的类型和状态、被侵权产品的市场价值、价格、知识产权使用许可的种类、时间、范围，以及侵权行为发生时的合理转让价格、合理许可费用等均应作为确定法定赔偿数额的考量因素。

其二，推行知识产权典型案例参考，实行大要案信息报送制度。选择、整理、编写和发布知识产权典型案例，以《天津知识产权审判》为载体，及时发布并向最高人民法院推荐，加强经验交流和信息共享，扩大天津法院知识产权审判的影响力。同时，实行大要案信息报送制度，下级法院受理新类型、疑难复杂、有重大影响的知识产权案件后，应及时向天津高院报告情况，通报关联案件。

其三，加强交流合作，促进知识产权保护形成合力。与知识产权行政机关建立协作机制，通过信息通报、资源共享等方式，充分发挥各自的优势，加强协调配合，共同保护知识产权。同时，加强与行业协会的联系和指导。文化产业行业协会作为由文化产业从业者所组成的非盈利性组织，更为了解广大从业者的需求与疑惑，可以就相关侵权、收费等切实关系经营者利益的问题，听取从业者的意见，以促进本市文化产业健康规范发展。

(三)创新行政执法管理监督机制

一是明确各有关部门的职责,建立信息沟通渠道。将日常工作所涉及的文化行政综合执法事项,逐一制定流程分解文本和行政处罚自由裁量基准并向社会公开。建立各职能部门之间工作信息沟通渠道,把握文化市场的管理动态,加强案件抄告或移送,实行行政执法与刑事司法的有效衔接。通过开展联合执法、信息沟通,形成部门联动、协同作战、齐抓共管的文化市场监管长效工作机制。

二是落实联席会议制度,探索高效工作机制。适时邀请公安、工商等职能部门、文化市场经营单位参加会议。针对较为复杂的违法违规情况,可协调配合开展查处行动,如工商部门负责查处擅自设立、未办理任何报批手续的无证照电玩城、网吧等场所;公安部门负责对这些场所从事赌博活动的予以查处;消防部门对具有消防隐患的上述场所依据《消防法》采取强制关闭等措施。

三是加强各项监督,健全责任机制。形成"有案必回访、要案必参与、执法必监督、有责必追究"的内部监督机制。健全执法监督组织体系,探索层级监督的新方式,从静态监督向动态监督、从被动监督向主动监督、从事后监督向事中与事前监督发展。公开投诉监督电话、邮箱,建立网上在线举报系统,接受社会监督,对群众投诉问题确保有报必查、有查必果。此外,可邀请人大、政协、法制办、社会监督员以加强对文化市场的有效监督。

综上,文化产业的可持续发展是国民经济规划的重要内容,文化软实力已成为新时期综合国力竞争的重要因素。围绕天津市总体发展目标,不断探索与经济社会发展要求相适应的文化产业法律保护,形成符合社会主义文化产业发展规律的法律保障机制,既是天津市文化产业得以快速、健康发展的必要条件,又是深入文化体制改革的必然要求,更是全面提高天津市综合实力的重要路径,对实现"加快文化改革发展、努力建设文化强市"战略具有重大的现实意义和深远的历史意义。

(作者单位:天津工业大学)